分かりやすい
公用文の書き方
［第2次改訂版］

礒崎陽輔 著

ぎょうせい

はしがき

　この本のオリジナルである「公用文の書き方」は、私が地方公共団体に勤務していた時期に、職員の啓発を目的として書き下ろしたものである。

　昔は、文書に厳しい幹部や年配の職員がいて、よく注意されたものだ。最近は、そういう人もいなくなって、文書も乱れてきた。という声を、よく耳にする。そうした中で、私は、先輩方に倣って文書の書き方にうるさく接していたのであるが、職員から言っていることを一回まとめてくれないかという依頼を受けた。そこで、早速まとめてみようということで作ったのが、この「公用文の書き方」である（その後修正や追加をしているが、本書中枠で囲んだゴシック体の文章のこと。）。

　以来、私の所属の職員には必ず配布し、習熟をお願いしている。最初は、私の思い込みから誤りも多く、随分迷惑も掛けたものであるが、職員や篤学の人から御指摘をいただく都度マイナーチェンジを重ねてきた。

　「公用文の書き方」は、公務員が日常文書を作成する際に気を付けなければならない表記上の留意点を中心に取りまとめたものである。こうした本は、ありそうであるが、意外とないものである。一方では、法制執務の観点からその専門家によって書かれた本が幾冊かある。また、一方では、地方公共団体が独自に編集した様式、用例を含む執務提要もある。しかし、公用文の表記法について体系的に記したものは、極めて少ない。

　そこで、この本では、第一に、法制執務プロパーの内容は割愛している。この分野では既に立派な専門書があり、付け加えることもないからである。第二に、この本は、国語を論じたものではない。この本は、公用文に特有のルールを体系化したものであり、決して国語表記の在り方

に物申そうというものではない。そのため、同音異義語の解説も、基本的には国語の領域にあるものと考え、最小限度のものにとどめた。第三に、公務員の日常執務によって習得すべき（On the Job Training）内容、すなわちどのような文書を実際に作るべきかということにも触れていない。これは、正にOJTによって習得すべきであるからである。ただし、最も典型的な公用文である通知の文書スタイルにも最近相当の乱れが見られることから、「通知文の書き方」を第9章に掲げておいた。

　こうした本を出版するのは、大変勇気がいることである。大なり小なりルールブックである以上、間違いは許されないからである。しかし、人間のすること、多くの誤りが含まれていることと思う。この本をたたき台として世に送り、大方の御批判をお受けする心境である。

　　平成14年4月

　　　　　　　　　　　　　　　　　　　　礒　崎　陽　輔

改訂に当たって

　平成22年11月30日、内閣は、常用漢字表を大改正し、新たな「常用漢字表」（平成22年内閣告示第2号）を制定した。常用漢字は、新たに196字が追加され、5字が削除されて、2,136字となった。また、従来制限的であった「読み」が多数追加された。

　今回の常用漢字表の改定に伴い、公用文の表記にどのような影響があるのであろうか。それは、同表に196字が追加されたわけであるから、今まで公用文上平仮名で書いていたものが漢字で書けるようになるということに尽きている。ここでは、公用文上影響が大きいと思われる語句について整理しておきたい。

　まず、熟語では、「挨拶」「明瞭」が漢字で書けるようになった。また、今まで平仮名と分かち書きしていた「進捗（ちょく）」「貼（ちょう）付」「補塡（てん）」が全部漢字で書けるようになった。「拉（ら）致」も漢字で書けるようになったが、これは事実上後追いである。1字の漢字としては、「誰」「頃」が漢字で書けるようになった。

　送り仮名の付く漢字では、「遡る」「貼る」「溺れる」が漢字で書けるようになった。また、従来の常用漢字の読みが一部拡大され、公用文でしばしば添削の対象となっていた「委ねる」「育む」「応える」「関わる」「鑑みる」「全て」も漢字で書けるようになった。

　このほか、公用文によく出てくるものを掲げると、「完璧」「危惧」「毀損」「斬新」「恣意」「失踪」「真摯」「緻密」「破綻」「必須」「比喩」「肥沃」「払拭」「捕捉」「未曽有」「賄賂」が漢字で書けるようになった。都道府県名も全て常用漢字で書けるようになったが、これは従来漢字で表記しているので、影響はない。ちなみに、今回の改定では、身体の一部を表す語句（尻、膝など）や病名（潰瘍、鬱病など）がたくさん漢字で書けるようになった。

法制執務的には、上記の語句は余り法令に用いられるものではないので、影響は少ないものと考えるが、公用文一般ではそれらの表記に今後十分留意しなければならない。

　今回の改訂は、新「常用漢字表」の制定に伴い、その改正点を解説しつつ、同表に準じて多くの箇所で書き替えを行ったものである。

　　　平成22年12月

　　　　　　　　　　　　　　　　　　　礒　崎　陽　輔

　　　　　　　　改訂版（増補）の発刊に当たって

　最近、LGBTなど性に対する意識を含め、国民の差別意識に変化が見られる。そうしたことを踏まえ、従来「追補」として掲載していた「差別用語・不快用語」を加筆するとともに、それを第10章として章立てすることとした。

　はしがきに書いたように本書はルールブックであるから、改訂の度に記述を増やすのはいかがかと思われるが、日々職員と接しているとそのことも失念していたということがたくさん出てくる。御理解いただきたい。

　　　平成30年7月

　　　　　　　　　　　　　　　　　　　礒　崎　陽　輔

第2次改訂版の発行に寄せて

　「公用文作成の要領」（昭和27年4月4日内閣官房長官依命通知別紙）の実に70年ぶりの改定のため、令和4年1月7日文化審議会が新たに「公用文作成の考え方」を建議した。これを受け、政府は、同月11日内閣官房長官から「「公用文作成の考え方」の周知について」各国務大臣宛て通知を発出した。「公用文作成の考え方」は、令和3年3月に公表された同審議会国語分科会の「新しい「公用文作成の要領」に向けて（報告）」（以下「国語分科会報告書」という。）を受けて作成されたものである。

　本書も、今回、新たな「公用文作成の考え方」に準拠し、大幅に改訂し、第2次改訂版とした。しかし、公用文の基本は「常用漢字表」にあり、同表が改定されたわけではないので、現在の公用文の表記が一変するようなことはない。現行法令にも、影響を及ぼすことはほとんどないと言ってよい。

　では、「公用文作成の要領」がどのような点で改定されたのであろうか。以下に、その概要と評価について記しておきたい。

① 　漢字、送り仮名及び外来語の書き方については、既存のルールによることとし、原則として変更していない。漢字の使用については、「常用漢字表」によるものとし、その具体的な運用は従来の「公用文における漢字使用等について」の通知によるものとしている。送り仮名の付け方については、「送り仮名の付け方」によるものとし、その具体的な運用も同通知によるものとしている。外来語の表記は、「外来語の表記」の告示によるものとしている。

② 　公用文の種類を法令のほか「告示・通知等」「記録・公開資料等」及び「解説・広報等」に分類し、特に「解説・広報等」については、漢字の使用や送り仮名の付け方において読み手に親しみやすいようマスコミ表記に準じた表記ができるものとしている。ただし、その特例

については、国語分科会報告書において幾つかの例示が挙げられているものの、具体的な基準を示しておらず、個々の官庁の判断に委ねられている。

③　数字及び符号の使い方については、全般的な再整理が行われている。最も大きなこととして、横書きの読点について、これまで原則としてコンマを用いることとされていたが、官庁ごとに取扱いが異なっていたことから、基本としてテンを用いることに改められた。そのほか、日本人の姓名のローマ字表記は、従来の慣行を改め、姓名の順によることとされた。

④　「公用文作成の要領」においては、主として公用文の「表記」の在り方について示されていた。一方、「公用文作成の考え方」においては、公用文の書き方の心構えや「表現」の在り方に関することが過半を占めて示されている（国語分科会報告書では、「文書作成に当たっての要所や留意点」と呼んでいる。）。こうした部分は、公用文の書き方に直ちに影響を及ぼすものではない。

　第一に、「解説・広報等」について、公用文の書き方の原則によらず、それを読む人に親しみやすい表記ができることとしたことは、一定の評価ができる。しかし、その具体的基準を示さなかったことから、ルールを定める現場に負担を掛ける可能性があり、官庁ごとに表記が区々となることになった。法令表記に重心がある公用文の書き方を見直そうとするのであれば、もっと明確な基準を立てるべきではなかったか。

　また、特に広報においては、政府広報を始め地方公共団体を含めて既にマスコミ表記に倣っている所が多い。そのこととの関係をどう整理するのか、具体的な方針は示されていない。

　第二に、国語分科会報告書には公用文の書き方の心構えや「表現」の在り方に関することが多く掲げられ、よく練られたものであって内容的には評価すべきものである。しかし、規範的な内容であるため、公用文の書き方のルールとするには難しいものがある。率直に言って、実際

に、公務員がそうした部分にどれだけ目を通し、どれだけ実践できるか、見通せない。さらに、「公用文作成の考え方」の当該記述は、報告書の内容を要約しているので、理解しにくい。考え方に定められた内容を徹底するための具体的方策が求められる。

　こうした点を踏まえ、本書では、「公用文作成の考え方」のうち「Ⅰ　表記の原則」については、変更点について細大漏らさず解説することとした。一方、「基本的な考え方」「Ⅱ　用語の用い方」及び「Ⅲ　伝わる公用文のために」については、公用文の「表記」のルールの中に取り込めるものはできるだけ関連する章で解説することとしたが、それ以外の公用文の書き方の心構えや「表現」の在り方に関する一般論的な内容はあえてなぞって解説することはしなかった。屋上屋を架することになるからである。

　本文中「「公用文作成の考え方」では」又は「国語分科会報告書では」と記載し、今回の変更点を随所で説明している。また、巻末には、「公用文作成の考え方」を掲げた。考え方は極めて簡潔にまとめられているので、国語分科会報告書を改題した建議の「解説」にも直接目を通していただきたい。

　また、今回の改訂に際し、公用文の書き方の歴史的経緯、公用文によく出てくる語句の語法（使い方）やマスコミ表記との異同について、これまでの研究成果を踏まえ、各所で加筆した。あわせて、「公用文作成の考え方」で「解説・広報等」における公用文の書き方の特例が認められたことから、広報文の書き方について初めて追補に掲げた。

　　令和4年3月

　　　　　　　　　　　　　　礒　崎　陽　輔

＊　国語分科会報告書は文化審議会建議の中で「「公用文作成の考え方」解説」と改題されているが、内容的に大きな変更はないので、本書では国語分科会報告書からの引用のままとした。国語分科会報告書及び文化審議会

建議については、次のホームページを参照してほしい。
https://www.bunka.go.jp/seisaku/bunkashingikai/kokugo/hokoku/

目　次

序章　公用文の書き方について

　「はしがき」に書いたように、この本のオリジナルである「公用文の書き方」は、私が地方公共団体に勤務している時に、職員の啓発を目的として書き下ろしたものである。

　そのため、最初は用紙12、3枚程度にまとめたコンパクトなものとし、できるだけ職員の負担にならないよう配慮した。

　時々それを教材として研修会を実施し、必ず最後に「今日帰ったら、寝る前にもう1回復習してください。きっとよく眠れます。」と言ったものである。一つ一つ覚えなければならない事柄もあるが、できるだけルールとして覚えられるよう工夫したつもりである。是非一度通読してほしい。

　文書は中身が大切であり、「てにをは」など余り重要ではないのではないか、という考え方もあり得る。私も、「てにをは」に執着しているわけでは決してない。しかし、私たち公務員が行う事務の仕事もプロの仕事である。プロの仕事である以上、そこには職人芸があり、匠（たくみ）の世界がなければならない。そして、匠の世界には、必ず形（かたち）というものが必要である。

　今の日本に一番欠けているものは、この形である。

この本は、公用文の表記方法について解説したものである。したがって、はしがきでも述べたように、どのような公用文を実際に作るべきであるかということを目的としたものではない。まして、立派な公用文を作るこつをお伝えしようというものでもない。

　なぜならば、公用文といえども日本語で書かれたものであり、分かりやすい、体裁の整った公用文を書く能力というのは、やはり日本語としての文章能力に基礎的には依存しているからである。そして、この能力は子供の頃からの読書や作文等の経験を通じて鍛えられてくるものであり、一朝一夕に日本語の文章能力を上げることは不可能である。ハウツーものを読んで、日本語の作文力が向上するのであれば、苦労はない。

　しかしながら、初版上梓後、公用文の書き方の基本的な心構えのようなものを織り込むべきではないかという意見が寄せられたこともあり、改訂版の発刊に合わせ、若干の加筆を行うこととした。したがって、どれだけ皆様のお役に立つかは分からないが、そうしたことを、せん越ではあるが、少し解説してみることとする。

　＊　公用文の書き方には、「表記」「表現」及び「様式」の３要素がある。
　　　表記とは、公用文における日本語の書き方のルールであり、本書の主要なテーマである。
　　　表現とは、正確で分かりやすい公用文を書くため、どのような心構えや文章技術が必要かということの指針である。方向性を示すことはできても、抽象的、一般論的なものにならざるを得ない。公務員としての文書事務の経験や子供の頃からの作文能力などの総合的な実力によって左右される部分が大きいからである。本書ではこの章で若干の解説をしているし、国語分科会報告書でもかなりの量を割いて記述している。そうしたことの有用性を否定しないが、ルールブックとしての本書の性格とはやや目的を異にしている。
　　　様式とは、公用文の書式文例のことであり、本書でも通知文の書き方について解説している。書式文例のひな形を求めている公務員も少なからずいると考えるが、基本的には各職場で前例を探し、各自で学ぶべき

ものである。他所から引用しても、普通通用しない。また、公用文の様
式は多様であり、その全容を小著で解説するのは難しい。

　なお、近年公文書の管理の在り方について大きく議論されているが、
「公文書の管理」と「公用文の書き方」とは、全く分野の異なる課題で
ある。公文書とは官公庁が作成する文書のことをいい、公用文とは公文
書に記される文章のことをいう。もちろん関連性を全否定するものでは
ないが、混同すると議論が複雑になる。

●分かりやすい文書の作成

　公用文の書き方の要点は、分かりやすい文書の作成にある。そう思っ
ていない人がいるとすれば、公用文の書き方について、最初から勘違い
をしていることになる。公務は国民や住民の支持の上に成り立っている
ものであり、国民や住民に行政の考えていることを分かりやすく伝える
ことは、公務の中でも最も重要な仕事と考えるべきである。

　最近の法律を見ると、従来よりも行政判断の裁量が狭められてきてい
ることと関係があると考えられるが、どんどん規定の内容が精緻で細密
化していく傾向にある。そのこと自体は仕方がないが、出来上がった法
律を見ると、余りにも細かすぎて、複雑で、読む気が起きないというよ
うなものに時たま出会う。

　また、お役所言葉に対しても、様々な世論調査で、多くの批判が寄せ
られている。これは公用文だけのことではないが、片仮名言葉の氾濫も
日本語を分かりにくくしている。

　では、分かりやすい文書とは、どういうことなのであろうか。こうし
た質問を所属の職員からもよく受けた。その時の答は、「中学生が読ん
で分かるような文章を書いてください。」とすることにしている。実際
に、自分の子供を思い起こすと、中学生では、普通の公用文を読むの
は、社会的な知識が不十分であることもあり、難しいと思う。したがっ
て、本当は高校生ぐらいと言ったほうが良いのであろう。

　公用文といっても様々であり、市町村広報のように住民の一人一人に

理解していただかなければならないものから、専門家の会議に提出する資料のようにある程度の専門用語を用いて記載しても差し支えないものまである。しかし、こうした文書の違いは、大雑把に言えば、場面場面で用いることのできる単語の違いであって、分かりやすい文書の構造には違いはないのではないかと考えている。

　文書の分かりやすさの基準として、私は、次の三つを立てている。

①　簡潔であること。

②　論旨が明確であること。

③　具体的であること。

　①は、よく言われることである。まず、文章がある程度短く、不要な表現や冗漫な表現が含まれていないことである。こうした論文調の文書を書いていると、どうしても一文が長くなり、そうすると、構文が複雑になって、主語と述語の不一致など思わぬ間違いを犯しかねない。誤った文を書かないようにするための最大のこつは、長い文を書かないことである。また、公用文では、書かなくてよいことは、極力削ることが重要である。不要なことを書くと、それだけ説明が必要となり、どこに焦点があるのか分かりにくくなるばかりでなく、間違いを起こしやすくもなる。真面目な職員ほど、勉強したことをどうしても全部文書に書きたがり、その結果として無用の議論を引き起こすことがある。文書は、特に公用文は、読む人のために作成するものであり、自分の意見を公開する手段ではないということをよく認識すべきであろう。

　②は、論旨が明確であるべきことは文書である以上当然のことであるが、これがなかなか難しい。文章においては、一文一文が論理であり、その文のつながりによって論理の体系が出来上がっていなければならない。そのためには、まず、個々の文が、論理的でなければならない。文については、まず、主語と述語の一致が第一に重要である。これが乱れていると、文の屋台骨がないのと同じことである。次には、理由や目的など理屈を述べている部分が、主述の部分とうまく整合性を保っているかということが重要である。そして、これらの文が、適切な接続詞でつ

ながり、文章を有機的に構成していることが必要である。ただし、接続詞を多用するとくどい文章になるので、接続詞がなくても意味が通じる文章には、できるだけ用いないようにするのが良い。「起承転結」ということが古来言われているが、特に公用文においては、起承転結は極めて重要である。起承転結は文章の一つのパタンとして教えられているが、通常の文書は、短いものも長いものも基本は起承転結で構成されている。起承転結は、文章の基本パタンと考えてよい。

　③も、分かりやすいという観点から、重要な事柄である。子供の作文にも、上手、下手はある。しかし、それは、文章の巧拙そのものによっているのではない。よく言われるように、作文を聞いていて絵が浮かぶかどうかが、決め手なのである。運動会の作文を読んでいても、徒競走のときの抜きつ抜かれつする状況がありありと頭に浮かんでくるのであれば、大変上手な作文である。反対に、運動会のプログラムのようなことしか頭に浮かばない場合は、上手な作文とは言えない。公用文もこれと同様なことが言える。文章を読んでいて、頭の中に情景が浮かぶようであれば、分かりやすい文章と言える。学術論文の中には、こうしたことを全く無視して、記号論理学的に文章を進めているものも時々見掛けるが、公用文はそれではいけない。できるだけ具体的な記述に努めるべきである。

●公用文の添削例

　抽象的なことばかり言っていても分かりにくい。手元に一つの文章があるので、添削をしてみよう。なお、引用させていただいた文書の作成者の名誉のために言っておきたい。この文章は、学校の先生が書いたものと推測されるが、一般の公務員が書いたものとすれば、書きぶりも相当立派な方である。実際に、これよりもずっと下手な文章しか書けない霞が関の国家公務員もたくさんいる。全国の公務員のために、拝借させていただくことを、お許し願いたい。

　　　　　種目別拠点校わくわくクラブに入部希望者募集についてのお知らせ

　陽春の候、保護者の皆様方には、益々ご健勝のことと存じます。平素
は、本校教育活動にご理解、ご協力を賜り誠にありがとうございます。①
　さて、○○市では平成11年より部活動振興事業として中学校体育連盟
が中心となって、在籍する学校に希望する部活動がない場合、○○市中
学校体育連盟が設置する種目別拠点校での部活動への入部を可能にして
います。②
　本年度は、10校10種目の種目別拠点校を設置しており、○○市中学校
に在籍し、在籍校に入部を希望する部活動がなく、現在運動部に所属し
ていない生徒を対象に入部希望生徒を募集するものです。③
　なお、詳細につきましては、後日、入部希望生徒と保護者の方を対象
に説明会を開きますので、下記の「説明会参加申込書」に必要事項を記
入の上、5月31日(月)までに各担任まで提出願います。④
　後日、希望される方には説明会の日時をお知らせいたします。⑤
　※本校では、バレーボール（男）・ソフトボール（女）・ハンドボー
　　ル（男女）・柔道（男女）・相撲・バドミントン（男女）が該当し
　　ます。⑥

　では、失礼ながら批評を試みよう。ページの注記は、本書の関連する
解説ページを示している。
　見出しが、3字空きで始まっているところは、公用文の書き方のルー
ルどおりである。見出しは、「○○○について」と書くのが普通である
が（155ページ）、○○○の途中に「に」という後に用言が付く助詞を用
いたものだから、少し変な文になっている。「種目別拠点校わくわくク
ラブへの入部希望者の募集について」とすべきであろう。なお、「お知
らせ」は見出しの後に、括弧書きで「（お知らせ）」と付け加えるのが
ルールである（119ページ）。
　①については、まず、「保護者の皆様方」というのは、丁寧すぎる。

「保護者の皆様」で十分である。つぎに、「益」には「ます」の読みがないので（70ページ）、「益々」は、「ますます」とする。「ご健勝」「ご理解」及び「ご協力」は、漢語（漢字の熟語）の前の「ご」は漢字で書くのがルールであるので（58ページ）、それぞれ「御健勝」「御理解」及び「御協力」と書く。「賜り」は、動詞の連用形であり、その後には「 、」を打つルールがあるので（95ページ）、「賜り、」とすべきである。

　②については、先に細かいことから言うと、起点を表す助詞は「より」を用いないで「から」を用いることとされているので（116ページ）、「平成11年から」とする。多分、「平成11年度から」とするのが、正しいのではないか。また、最初に「中学校体育連盟」と言っておきながら、後でその正式名称である「○○市中学校体育連盟」というのはおかしい。逆であれば、構わない。しかし、「中学校体育連盟が中心となって」という言い回しが、この文全体の中でどういう位置付けになっているのか、よく分からない。後に「○○市中学校体育連盟が設置する」とあるのだから、それで十分ではないのか。「在籍する学校に希望する部活動がない」というのも、意味は分かるが、やや雑な言い方である。「在籍する学校で希望する部活動が行われていない」ぐらいにすべきであろう。問題は、「可能にしています」であり、誰が可能にしているのか、よく分からない。「○○市」なのか、「中学校体育連盟」なのか。また、「○○は、可能とされている」というような英文調の無生物主語の構文は、日本語では原則として用いないほうが良い（22ページ）。たくさん指摘したので、この文を書き替えてみると、次のとおりである。

　さて、○○市では、平成11年度から部活動振興事業の一環として、在籍する学校で希望する部活動が行われていない場合は、○○市中学校体育連盟が設置する種別拠点校において、希望する部活動へ入部できることとされています。

③については、一見良さそうであるが、よく読むとおかしい。「○○市中学校に在籍し」と「現在運動部に所属していない」は、いずれも「生徒」の修飾語であるが、間の「在籍校に入部を希望する部活動がなく」が、浮いた存在になっている。「在籍校に入部を希望する部活動がない生徒」という日本語もあるのかも知れないが、相当の違和感を持つ。そもそも在籍者の保護者に対しての通知なのであるから、「○○市中学校に在籍し」という箇所は、必要であったのであろうか。この辺が、お役所仕事との批判を受けかねない部分である。そうであれば、その箇所は削って、単に「在籍校で入部を希望する部活動が行われていないことから現在運動部に所属していない生徒」とするのでは、どうであろうか。短い単語、ここでは「生徒」、に長い形容詞句を付けるのは、余り良い日本語とは言えないが。最後の「募集するものです」は、「募集することとします」の方が、通りが良いであろう。

　④については、まず目に付くのは、「詳細につきましては」である。この言葉は、主語に準ずるものであるが（95ページ）、これに対応する述語がない。こういう文を皆よく書くのである。主述の一致は、最も気を付けたいことである。また、です・ます体を用いる場合でも、通知文では「ます」は述語にのみ用いるほうが良いので（107ページ）、単に「ついては」とするのが良い。したがって、「詳細については、後日、入部希望生徒と保護者の方を対象とした説明会でお知らせしますので、説明会に参加希望の方は、」というぐらいの文章にしなければいけない。最後の「５月31日（月）までに各担任まで提出願います」の箇所は、「まで」の重なりが気に掛かる。「各担任へ提出」で構わない。

　⑤については、公用文では丁寧語を除き敬語は用いないので（112ページ）、謙譲語である「いたす」を用いずに単に「お知らせします」のほうが良い。ただし、説明会の日時をお知らせしないで、説明会の参加希望をとるのは、乱暴な気もする。

　⑥の※については、分かる人には分かるが、分からない人には分からない内容である。しんしゃくすれば、種目別拠点校で設置している10種目のうち、本校で行われている部活動の種目を除けば、次の６種目であ

るということなのであろうが、やや説明不足の観がある。気を付けなければならないのは、「相撲」に男女の別が付いていないことである。「相撲」は、男子だけがするものであるという固定観念から記載を省略したものであれば、ジェンダー（男女の役割分担に関する社会的固定観念）との批判を受け兼ねない（163ページ）。なお、名詞の列挙には「・」ではなく「、」を用い（97ページ）、最後の名詞の前には「及び」を付ける（140ページ）。

　次ページに添削後の文章を掲げておくので、比較してみてほしい。

　以上、遠慮なく批評させていただいた。こうしたことが、枝葉末節のことでどうでもよいことであると感じる人には、この本を読んでいただく必要はない。こうした細かいことの積み重ねが、国民や住民に対して分かりやすい文章を提供することになるものと、私は信じている。もちろん、文章の内容が最も重要であり、内容がない文章のてにをはを論じても意味がないことは、言うまでもない。しかし、そうした実質的なことを、公用文の書き方の本で解説し、かつ、マスターしてもらうことは、不可能である。はしがきに書いたように、こうしたことは、OJT（On the Job Training）で学んでいくしかないのである。

　職員が自信作の起案を持ってきたときに、「君の書いていることは、全然分からないよ。」と言うと、不満な顔をされる。そういうときには、「じゃあ、家に持って帰って奥さんに読んでもらってください。奥さんがよく分かったと言ったならば、また持ってきてください。」と言うことにしている。職員は、真面目だから、そう言われると、本当に家に帰って奥さんに読んでもらう。後で聞くと、大抵、奥さんからこてんぱんに批判されたと言うことが多い。皆さんが書く公用文が、あなたの配偶者が読んで分からないようなものであれば、決して分かりやすいと言うことはできないのである。

　＊　ここは、「奥さん」ではなく、「配偶者」とすべきかも知れないが、実話なので、御容赦願いたい。

種目別拠点校わくわくクラブへの入部希望者の募集について
（お知らせ）

　陽春の候、保護者の皆様には、ますます御健勝のことと存じます。平素は、本校教育活動に御理解、御協力を賜り、誠にありがとうございます。①

　さて、○○市では、平成11年度から部活動振興事業の一環として、在籍する学校で希望する部活動が行われていない場合は、○○市中学校体育連盟が設置する種目別拠点校において、希望する部活動へ入部できることとされています。②

　本年度は、10校10種目の種目別拠点校を設置し、在籍校で入部を希望する部活動が行われていないことから現在運動部に所属していない生徒を対象に入部希望生徒を募集することとします。③

　なお、詳細については、後日、入部希望生徒と保護者の方を対象とした説明会でお知らせしますので、説明会に参加希望の方は、下記の「説明会参加申込書」に必要事項を記入の上、５月31日(月)までに各担任へ提出願います。④

　後日、希望される方には説明会の日時をお知らせします。⑤

　※本校在籍の生徒について該当する種目は、バレーボール（男）、ソフトボール（女）、ハンドボール（男女）、柔道（男女）、相撲（男）及びバドミントン（男女）です。⑥

●新「公用文作成の考え方」は公用文を三つに分類

　「公用文作成の考え方」では、法令以外の公用文を「告示・通知等」「記録・公開資料等」及び「解説・広報等」の三つに分類している。具体的には、次の表を参照してほしい。以下本文中「解説・広報等」とあ

れば、この表の「解説・広報等」を意味する。

大　別	具体例	想定される読み手	手段・媒体の例
法　令	法律、政令、省令、規則	専門的な知識がある人	官報
告示・通知等	告示・訓令 通達・通知 公告・公示	専門的な知識がある人	官報 府省庁が発する文書
記録・公開資料等	議事録・会見録 統計資料 報道発表資料 白書	ある程度の専門的な知識がある人	専門的な刊行物 府省庁による冊子 府省庁ウェブサイト
解説・広報等	法令・政策等の解説 広報 案内 Ｑ＆Ａ 質問等への回答	専門的な知識を特に持たない人	広報誌 パンフレット 府省庁ウェブサイト 同ＳＮＳアカウント

　「公用文作成の考え方」では、公用文の表記は原則として法令と一致させるが、上表に示されているとおり公用文には文書の目的や種類、想定される読み手に様々なものがあり、それらに適切に対応するため工夫の余地があるとしている。

　具体的には、国語分科会報告書において、「告示・通知等」のうち告示や訓令等については、法令と表記を一致させるなど法令に準じて扱うこととしている。通知や通達等については、公用文表記の原則に従って書くこととしている。

　「記録・公開資料等」については、公用文表記の原則に従うことを基本としている。ただし、特に報道発表資料や白書では、必要に応じて法令特有の用語をかみ砕いた表現に直すなど専門的知識は持たなくとも関心のある人々への伝え方を工夫すべきであるとしている。

　「解説・広報等」については、特別な知識を持たない読み手であっても理解できる言葉を使って、礼儀正しくかつ親しみやすく伝えるよう努めることとしている。法令や告示・通知等に特有の言葉遣いや表記をそ

のまま用いるよりも、必要に応じてより分かりやすい文書作成を行うよう工夫すべきであるとしている。

　国語分科会報告書では、「解説・広報等」については公用文表記の原則に対する幾つかの特例を掲げているが、「記録・公開資料等」については、一部を除いて特別な言及はなく、どのように扱うべきであるのか分かりにくい。そのうち報道発表資料や白書は、「解説・広報等」と同様に扱う選択肢もあったのではないかと考えられる。

第1章　公用文の書き方のルール

　公用文の書き方には、一般の日本語の書き方よりも更に詳しいルールが定められている。そのルールは、難しい文章を書くためではなく、分かりやすいバランスのとれた文章を書くためのものである。

公用文

↑
↓

国語辞書
マスコミ表記

公用文＝分かりやすいバランスのとれた文書

　官公庁で作成する文書の書き方には、一定のルールがある。私たちは学校教育を通じて日本語の書き方を習得してきたが、公用文の書き方には一般の日本語の書き方よりも更に詳しいルールが定められている。各々の官公庁が各々の部局でそれぞれのルールで文書を作成することとすると、全く文書の統一がとれず、ひいては行政そのものの統一性が失われることにもなりかねない。したがって、最低のルールはどうしても必要になる。

　また、もう一つ忘れてはならないことは、国民や住民に対して分かりやすい文書を提供しなければならないということである。公用文の書き方のルールは、難しい文書を書くためのものではなく、分かりやすいバランスのとれた文書を書くためのものであることを認識する必要がある。

●公用文の書き方は表記のルール

　公用文の書き方とは、官公庁が作成する文書を日本語で表記するルールのことである。例えばある語句を表記するときに、公用文では、漢字でも平仮名でもどちらでも良いというわけにはいかないのである。公用文である以上、正しい表記は一義的に定まっていなければならない。「公用文の書き方は、難しい。」と言う人もいるが、ルールであるから、「難しいのでこの程度でやめておこう。」とすることはできない。どんな文章を書く場合においても、誰が書く場合においても、表記が一律に定まるようにするのが、公用文の書き方の目的である。

　また、仮に公用文の書き方のルールが難しいものであるとしても、その成果である公用文が難しいものであるということにはならない。コンピューター会社の中には、ソフトウェアのマニュアルを作成するため表記を含む膨大なガイドラインを用意している所がある。ルール化により、分かりやすいバランスのとれた文書の作成に寄与することになるのである。

●公用文の書き方は慣行に依拠する部分が大きい

　公用文の書き方に関する公式のルールというのは、意外と少ない。昭和20年代においては、日本語の改革に合わせて公用文の改善に関する各種の通知が発せられているが、現在において参考になるものとしては、「常用漢字表」（平成22年11月30日内閣告示第2号）、公用文における漢字使用等について（同日内閣訓令第1号）、「法令における漢字使用等について」（同日内閣法制局長官決定）程度しかない。「公用文作成の要領」（昭和27年4月4日内閣官房長官依命通知別紙）もあったが、かなり古い文書であり、実務に使える部分は限られていた。そのため、公用文の書き方についても、法制執務的観点や用字用語の観点から解説したテキストはあるが、それらを総合して日々の公務に役立つように書かれている書籍は余り見当たらない。その意味で、以下に記述した内容は、必ずしも公式の出典があるわけではなく、官公庁における慣行に依拠した部分が多い。

　＊　このほか、送り仮名については「送り仮名の付け方」（昭和48年6月18日内閣告示第2号）に、外来語については「外来語の表記」（平成3年6月28日内閣告示第2号）によっている。ただし、これらの告示は、日本語一般を対象としたものであり、「常用漢字表」同様公用文を直接の対象としたものではない。

●マニュアル時代の要請に応える

　官公庁には、公用文の書き方のルールというものがある。しかし、最近法制執務に携わる一部の職員を除き、こうしたルールに無関心な職員が増えている。どうしてこういうことになったのであろうか。役所であれ企業であれ、従来、先輩から後輩へ厳しく仕事の仕方を伝え、後輩はそれを習熟する努力を重ねてきたものである。どうもこの伝統の伝達過程に空洞が生じ始めている。部下や後輩をしつけることのできない上司や先輩が急増していることは、事実であろう。このことの社会学的分析も興味のあるところであるが、それは別の機会に譲ることとしよう。

　そうであれば、人づての情報伝達が困難になってきた以上、紙ででき

たマニュアルを作るしかない。世の中には、情報を求めている向学の公務員がたくさんいることと思う。実際に、そうした職員から私の日常指摘していることを文書にまとめてくれないかと依頼を受けたのが、この文書の起源である。しかし、文書にするとなると、より体系性、正確性を要請されることになるのは、やむを得ない。当初は、こうした要請に全く応え得るものではなかったが、実際に数々の御批判を受けて改訂を重ねるうちに、何とはなく体系的な文書の体をなすようになってきた。

　ところが、公的に定められたルールというものは、「常用漢字表」や幾つかの通知を除いては、ほとんどない状況にあり、私自らの経験を基礎としなければならない部分も多く残された。こうした部分を除いたものを作れば、正確性はある程度担保できるが、実際の公務には物足りないものとなるであろう。そこで、あえて、私が個人的に習得した公用文の書き方も、多くさらけ出すこととした。ただし、個人的とは言っても全て自己流というわけではない。若い職員であった頃、立法業務に携わっていた時に、先輩である内閣法制局の参事官から随分御指導いただき、習得したことも多い。

日本語の三つの表記法

　日本語の表記法については、大きく分けて、学校教育において指導されているもの、官公庁において使用されているもの、そして、マスコミにおいて通用しているものの3種類がある。したがって、他の表記法では日本語の書き方として許容される場合であっても、公用文の書き方のルールの上では認められない場合があるので、この点を十分理解する必要がある。

●辞書のとおりにはいかないのが公用文

　「公用文の書き方」を作った最初の頃には、職員が国語辞典を持ち込み、よく「辞書にはこう書いていますが。」と質問を受けた。そのとき

は、「国語では許されていても、公用文の場合は特有のルールがあり、辞書のとおりにいかないものもあります。」と答えていた。

　学校の「国語」で教えられているのは日本語の書き方であり、公用文の書き方がこれと正面から抵触しているわけではない。なぜならば、「国語」はかなり許容的な教え方がされているのに対し、公用文の書き方はある意味で制限的であることから、後者は前者の部分集合、あるいは特例として考えることができるからである。

●マスコミ用語とも一味違う

　これに対して、マスコミの表記は、公用文と使われる分野を異にしていることから、公用文の書き方とは対置的、競合的関係にある。マスコミの表記の中にも、主として新聞社系とNHK系の二つがある。マスコミ表記の主な違いには、「ご指導」などの丁寧の接頭辞に「御」を用いないことや「引き上げ」のような複合動詞の名詞形で途中の送り仮名を省略しないことなどがある。このほか、「恐れ」や「思惑」の表記の違いなどが、目立っている（公用文では、それぞれ「おそれ」「思わく」と書く。後述）。また、「威張る」「頑張る」「素晴らしい」「怒鳴る」などの当て字の用言の表記を一部認めている（公用文では、いずれも平仮名表記）。

　　＊　公用文とマスコミの表記の違いについては、各章で解説しているが、簡単にまとめておく。

　　　漢字については、マスコミは、「常用漢字表」の漢字を加減して独自の用語基準を設けている。平成22年の同表の改正に伴って掲載漢字が増加したことなどから加減の幅はかなり狭いものになった。ただし、個々の表記に関しては、マスコミでは同じ漢字を当てる語句でもニュアンスにより漢字と平仮名を遣い分けているものが相当数あるのに対し、公用文では「常用漢字表」の漢字で書けるものは原則として漢字で書くこととされ、違いがある。

　　　送り仮名については、マスコミでは、「送り仮名の付け方」の本則・

例外のみを適用している。それに対して、公用文では、複合語の送り仮名を省略する「許容」を適用している。そのため、送り仮名を省略するものとしないものが混在している。

　句読点については、公用文でもマスコミでも、特に読点に関し明確なルール化が行われていない。マスコミでは、紙面の制約から実用的な読点の打ち方がされている。それに対して、公用文では、法令に準じて文理的な読点の打ち方がされている。

　文体については、公用文には形式上独自のルールがあるが、日本語の書き方そのものにマスコミと大きな違いがあるわけではない。新聞では、体言止めを多用する特徴がある。

　総じて、マスコミはできるだけ日常語に近い表記をしようとしているのに対し、公用文は一定のルールの下秩序立った表記をしようとしている点に特色がある。日常語はテレビや新聞の表現によって影響を受けているので、公用文でも国民や住民を直接対象とする広報においてマスコミ表記に倣っている所が多い。

　マスコミ表記に興味のある人は、「2010年「改定常用漢字表」対応新聞用語集追補版（平成22年7月15日新聞用語懇談会編）」「記者ハンドブック第13版新聞用字用語集（令和2年9月26日共同通信社）」及び「ＮＨＫことばのハンドブック第2版（平成17年11月30日ＮＨＫ出版）」を参考にしてほしい。なお、本書で単に「マスコミでは」とした所は、記者ハンドブックを基準としている。

　ここで言いたいのは、辞書や新聞でこうなっているといっても、公用文の表記には適用できないものがたくさんあるということである。

＊　「公用文の書き方」は、一体誰が決めているのかとの疑問を持つ人もいるであろう。今回の「公用文作成の要領」の改定は、文化審議会国語分科会の報告に基づくものである。

　日本語の所管官庁は、文部科学省文化庁である。同庁には国語課が置かれ、「常用漢字表」「送り仮名の付け方」等の原案を策定するなど、日本語の書き方の主要な役割を担っている。

　公用文の書き方は、日本語の書き方とは異なるものであるが、戦後の

日本語改革の時期から、同分科会の前身である国語審議会は、公用文の改革改善にも大きく関与してきた。今でもその流れをくみ、事務方である文化庁が公用文の書き方の分野でも引き続き重要な職責を果たしている。現在では、文化庁の検討結果を内閣官房が引き取って各府省庁に通知を発出する例となっている。

　もう一つの重要な関係官庁が内閣法制局である。戦後しばらくの間は、日本語の書き方の基準の下、送り仮名の付け方など詳細では公用文と法令で異なる取扱いがされてきた。そうした中、「公用文と法令における表記の一体化」がうたわれ、昭和48年の「送り仮名の付け方」の改定を機に公用文の表記を法令の表記に合わせる形で一体化が行われた。以来、内閣法制局は、公用文の書き方にも一定の発言権を持つようになった。

　語弊があるかもしれないが、文化庁は、国語の権威ではあっても、公用文の泰斗ではない。むしろ、国語分科会を通じ、公用文の在り方に民意を反映させることを主な任務としている。内閣法制局は、自他共に認める法令の権威ではあるが、やはり公用文全体を所掌してはいない。取りまとめをする内閣官房にも、公用文の専門家はいない。したがって、どこか特定の府省庁で公用文の書き方が決められているわけではなく、中央省庁の総意のようなものにより公用文の書き方が形作られているのである。

Q1 間違いを探せ！ ～入門編～

　第1回は、ちょっと考えたらなるほどと思う考え落ちの問題を集めてみました。よく言葉を吟味して、次の文の間違いを直してください。

① 今回の失敗は、彼に足元をすくわれた結果だ。
② 無事救出の報道に皆の笑顔がこぼれた。
③ 明日の最終試合に勝てば、これまでの汚名をばん回できる。
④ 退職後は、僧門に入り、髪を丸めるつもりだ。
⑤ 彼女は、寸暇を惜しまず働いた結果、大成功した。
⑥ アメリカでの軍縮会議は、デッドロックに乗り上げた。
⑦ 彼女のひどい言葉に眉をしかめなければならなかった。
⑧ 今回の裁判で私の無実が晴らされるものと確信している。
⑨ 商売をおざなりにしたので、店が傾いてしまった。
⑩ ゲストの登場で、パーティはいやが応にも盛り上がった。

【答えと解説は330ページ】

第2章　主語と述語

　日本語では、主語が文頭にあり、述語が文末にあるのが原則である。また、日本語では主語を省略することができるので、逆に主語があるときに、それに対応する述語を忘れてしまう間違いが特に多い。

　日本語では、主語が文頭にあり、述語が文末にあるのが原則であり、そのため主語と述語が離れた位置にあるので、長い文においてはこの対応に誤りを生じやすい。また、日本語では主語を省略することができるので、逆に主語があるときに、それに対応する述語を忘れてしまう間違いが特に多い。次の文はその典型的な例であり、このような文章を書かないよう、必ず文章を書いたら読み直しをすることが必要である。

例×　<u>活動内容は</u>、子供たちを集めてソフトボールの試合をしたり、日曜日には近くの山に出掛けて自然探検などを<u>しています</u>。

●主述の一致は結構難しい

　このことは公用文の書き方の問題ではないかもしれないが、上記の例は公用文の中でよく見掛ける失敗例の一つである。しかし、日本語の主語は英文などと比べて相当に不安定であるので、年配、若手にかかわらず、主述の一致した文章を書くことは結構困難なことである。

　源氏物語のようにほとんど主語のない文章もあり、古来和文には主語の明示が必要とはされてこなかった。これは、主語は基本的に人（当時は高貴な人）であることが多く、これをえん曲に隠すことが上品と考えられていたためである。そのため、抽象的な言葉を主語にすること、すなわち無生物主語は、擬人的に用いる場合や受け身の文の場合を除き、日本語には余りなじみがない。もちろん、現代日本語を書く場合に、無生物主語を排除することは、とてもできない。しかし、上記の例で、「活動内容は」と無生物主語にすると、正確に書いても、余り良い文はできない。「この会では（においては）、〜しています。」というように、生物（この場合は、法人）を主語とし、それも「この会は」としないで「では」や「においては」などの語句を用いて間接的な表現をとると、文の座りが良くなる。なかなか添削しにくい文であるが、次のように改めるのも一案である。

　　例　本会では、日曜日等に子供たちを集め、ソフトボールの試合や近くの
　　　山に出掛けての自然探検を行うなどの活動をしています。

　こうしたことは、多少趣味にもよるが、例えば、

　　例　私たちの研究課題は、「景気回復の方向」と「財政出動の在り方」である。

とするよりも、

　　例　私たちは、「景気回復の方向」と「財政出動の在り方」を研究課題とし
　　　ている。

とする方が、日本語的であると思うが、どう感じられるであろうか。

　「公用文作成の考え方」では、受身形（受動態）はむやみに使わない
としている。文の構造を難しくしたり、責任の所在を曖昧にしたりする
からである。一方で、主張や意見を客観的に見せ、主体よりも新たな制
度など客体を目立たせるため、受身形の使用が効果的な場合もあるとし
ている。

●主語・述語だけを取り出して確認する

　例えば、次のような通知文の一節を見てほしい。

　　例×　今回の○○セミナーでは、○○国代表団を<u>迎え</u>、下記のとおり貴県を
　　　<u>訪問し</u>、地方行政の<u>概要説明</u>及び関連施設等の<u>視察</u>を考えています。

　例文に挙げればおかしな文であることにすぐ気が付くが、こういう文
を書く公務員が結構多いのである。少し分析してみると、「迎え」と
「考えています」は、この通知文の通知元（例えば国の○○課長）が主
語であろう。「訪問し」と「視察」は、通知元の人も同行するかもしれ
ないが、基本的には「○○国代表団」が主語であろう。そして、「概要
説明」するのは、県の担当者である。このように、主語が異なる語句を
単純につないで、意味のある文になるはずがない。

　通知文の主語は原則として通知元であるから、「迎え」と「考えてい
ます」は、そのままでよい。主語が同じ「訪問し」と「視察」を並列に
つないで意味が分かるようにするためには、後者を「視察することを」
として「考えています」の目的語化し、「訪問し、…視察することを」

とつなげばよい。いかんともし難いのが「概要説明」であり、ここは書き直すしかない。「下記」以下は、「下記のとおり貴県を訪問し、地方行政の概要について御説明を受けるとともに、関連施設等を視察することを考えています。」ぐらいにしなければならないであろう。

　主述の不一致は、比較的長い文の中で、各語句の主語が揺れることによっても生ずる現象である。文を書くに当たっては、常に視点を固定し、主語を意識しながら構文を考えることが必要である。

　主述の不一致を直すためには、文章を書いたら、主語・述語以外の部分を取り除いて読んでみて、主述のつながりが正しいかどうか確認することが重要である。これ以外の王道はないが、要は長い文はできるだけ書かないことにするのが良い。

　国語分科会報告書では、文が長くなるのは、接続助詞の「が」や述語の連用形止め（中止法）の多用が原因であるとしている。報告書の例文を掲げておくので、参考にしてほしい。

> 例　委員会では、新方針が提示された<u>が</u>、これに対しては、時期尚早との意見が<u>多く</u>、差戻しすべきであるとの方向で検討が進ん<u>だが</u>、反論も出され…

> →　委員会では、新方針が提示された。これに対しては、時期尚早との意見が多く、差戻しすべきであるとの方向で検討が進んだ。一方、反論も出され…

　ちなみに、「公用文作成の考え方」では、「いつ」「どこで」「誰が」「何を」「どうした」を公用文の基本的な語順としている。次のような定型的な文を書くときは、留意したい。

> 例　1997年（平成９年）12月、京都市の国立京都国際会館において、第3回気候変動枠組条約締約国会議（ＣＯＰ3）は、「気候変動に関する国際連合枠組条約の京都議定書」を採択した。

●話題を提示する「は」

　余談になるが、助詞「は」は、必ずしも主語を表すものではなく、話題を提示するものでもある。次のような文は、良い文とは思わないが、

文法的に誤りではない。

　例　この本<u>は</u>、事務の的確な処理を目的として作成した。

　この文の主語は、「この本は」ではなく、不特定多数の「私たちが」又は「彼らが」であり、文中では省略されている。

　公用文では、話題の提示であることを明示するとともに、「は」を用いたときの文の不安定さを解消するため、「〜については」を多用する傾向にある。

　例　この本の内容<u>について</u>は、現在鋭意検討している。

　この文でも「この本の内容<u>は</u>」とできないこともないが、そうすると文としてはかなり不安定である。

Q2 間違いを探せ！ ～間違いやすい慣用句～

　今回は、間違いやすい慣用句を集めてみました。慣用句に注意して、次の文の間違いを直してください。

① 昨日は、議会で急な質問が出て、上や下への大騒ぎだった。
② 我々が参加すれば、市民運動会も枯れ木に花のにぎわいになるだろう。
③ この旅館には、草木もなびく丑三つ時に、幽霊が出るという。
④ 公演が終了すると、クモを散らすように人がいなくなった。
⑤ この神社の祭は、古式豊かに行われる。
⑥ プロジェクトの実施に当たっては、前者の轍を踏まないように注意してくれ。
⑦ このやり方なら、商売は濡れ手で泡だ。
⑧ そんな発想では、下手な考え休むに似たりと言われるぞ。
⑨ あのレストランは、値段が高くて敷居が高い。
⑩ 私には甚だ役不足ですが、司会を務めさせていただきます。

【答えと解説は330ページ】

第3章　漢字と平仮名

　公用文を書くときに、漢字で書くべきなのか、平仮名で書くべきなのかは、よく悩む。そのときの基準となるのが「常用漢字表」である。「常用漢字表」には読みも付記されているので、ある漢字が掲げられていても、読みのない語句には用いることができない。

あいうえお

安以宇衣於

　漢字は、「常用漢字表」に掲げられたものを用いる。「常用漢字表」には読みも付記されているので、ある漢字が掲げられていても、読みのない語句には用いることができない。「常用漢字表」は漢字使用の目安であって漢字使用を制限するものではないとされているが、公用文においては「常用漢字表」に原則として拘束される。「常用漢字表」は、「当用漢字表」（昭和21年11月16日内閣告示第32号）に替え、昭和56年に制定されたものである。その後、平成22年に、196字を追加し、5字を削除する大改正が行われ、新「常用漢字表」が制定された。

●巻末の常用漢字表を活用しよう

　公用文を書く時に、漢字で書くべきなのか、平仮名で書くべきなのかは、よく悩む問題の一つである。そのときの基準となるのが、昭和56年10月1日に制定された「常用漢字表」である。これは、内閣告示という形式で、内閣総理大臣が公布している。見たこともないと言われれば、全くどうしようもないが、実際にはそういう人も多いことであろう。本書の202ページ以降に掲載しているので、まず一見していただきたい。

　最近では、年配の人しか覚えていないかもしれないが、「常用漢字表」の前には、「当用漢字表」（部首別に1,850字を掲載。音訓表は、後日定められた。）というものがあった。これは、戦後間もなく昭和21年に制定されたものであり、戦後改革の一環としてかなり制限的なもの（漢字を余り使わせないという意味で）であったと言われている。その反省から、「常用漢字表」は、字数自体も大幅に増やし、より制限的でないものとの位置付けの下に制定された。

　「常用漢字表」は、「法令、公用文書、新聞、雑誌、放送など、一般の社会生活において、現代の国語を書き表す場合の漢字使用の目安」であり、「科学、技術、芸術その他の各種専門分野や個々人の表記にまで及ぼそうとするものではない」ものとされている。しかし、官公庁にお

いては、「公用文における漢字使用等について」により、原則として「常用漢字表」に拘束されることとなっている。

●本表には2,136字を収録

　「常用漢字表」は、本表と付表とからなり、本表には2,136の漢字が掲げられ、付表には当て字や熟字訓など一字一字の読みとしては挙げにくいもの116語を掲げている（付表については、実際に見てほしい。）。本表は、漢字、音訓、例及び備考で構成されている。漢字の欄には、字体が康熙字典体（いわゆる「旧字体」のこと。）とともに示されている。音訓には、音読みが片仮名で、訓読みが平仮名で示されている。しかし、音訓の欄には送り仮名の部分との切れ目が表示されていないので、例の欄の語例を見て初めて送り仮名が分かる仕組みになっている。備考の欄には、その漢字を使った特殊な読み方をする熟語や似た意味の漢字などが記載されている。

　この本の性格上「常用漢字表」の詳細な分析には立ち入らないが、ここでは「常用漢字表」というのが、公用文の表記上最も基本的な基準であることを知っておいてほしい。

　　＊　「常用漢字表」の字体については、幾つかの許容がある。特に同表にある「頰・賭・剝」に対する「頬・賭・剥」は、情報機器の搭載文字の違いとして同字体とされている。また、「遡・遜・謎」は「辶」を、「餌・餅」は「飠」を用いても、同字体とされている。ただし、国語分科会報告書は、公用文では、「蔽・填・捗・頰・剝」等は用いず、「遜・遡・謎・餌・餅」もできるだけ用いないものとしている。このほか、明朝体のデザインの違いとされているものがあり、例えば「雪」のヨの部分の中棒の長さの異なるもの、「斎」の示の部分の横棒が左右に接しているものなど多くのものがある（同表（付）参照）。

　　　つぎに、筆写の楷書体として許容されるものがあり、糸偏の小の部分を並びの3点とするもの、「言」の第1画を点とするもの、「条・保」の木の部分をホとするもの、「令」の人の下を点にマとするもの、「女」のノの部分が横棒の上に出るもの、「捗」の少の部分に点を打つものなどがある。これらに加えて、明らかに字体が異なるが、「葛」の下部をヒとするもの、「嗅」の犬の部分を大とするもの、「僅」のつくりを草冠と

するもの、「箋」の竹冠の下を浅のつくりとするもの、「塡」のつくりを真とするものなどが許容されている。手書きで公用文を作成することはまれであろうが、漢字問題の採点の際には知っておく必要がある。

●平成22年の常用漢字表の大改正

平成22年に「常用漢字表」が大改正され、従来全部又は一部を平仮名で書いていた次のような語句は、漢字で書くことができるようになった。

① 全部を平仮名で書いていた熟語で全部を漢字で書けるようになったもの

挨拶　曖昧　咽喉　妖艶　潰瘍　葛藤　憧憬　梗塞　沙汰　刹那　嫉妬
腫瘍　脊椎　煎餅　捻挫

② 一部を平仮名で書いていた熟語で全部を漢字で書けるようになったもの（熟語は、一例である。）（　）は、従来の常用漢字（「常用漢字表」に掲げられている漢字のこと。）である。

宛(名)　畏(敬)　椅(子)　(語)彙　淫(乱)　鬱(病)　怨(念)　旺(盛)
臆(病)　苛(酷)　楷(書)　(俳)諧　骸(骨)　玩(具)　毀(損)　(雑)巾
僅(差)　(危)惧　(洞)窟　(参)詣　(滑)稽　(間)隙　(右)舷　(禁)錮
勾(配)　傲(慢)　(傷)痕　挫(折)　采(配)　斬(新)　恣(意)　(真)摯
呪(文)　羞(恥)　(払)拭　腎(臓)　(必)須　凄(惨)　(覚)醒　(親)戚
(前立)腺　(便)箋　(未)曽(有)　爽(快)　(失)踪　(捕)捉　(謙)遜
堆(積)　戴(冠)　(元)旦　(破)綻　緻(密)　(焼)酎　貼(付)　(進)捗
(補)塡　賭(博)　(整)頓　剥(離)　氾(濫)　汎(用)　斑(点)　訃(報)
(隠)蔽　(完)璧　(軽)蔑　哺(乳)　(容)貌　(親)睦　勃(興)　冥(福)
(陶)冶　弥(生)　(比)喩　(肥)沃　拉(致)　(辛)辣　(戦)慄　(僧)侶
(明)瞭　(風)呂　賄(賂)　籠(城)　(歌舞)伎　(浄)瑠璃

＊　「いす」「みぞう」及び「めいりょう」は、従来全部平仮名で書いていた。「弥生」や「拉致」のように、事実上漢字表記をしていたものもある。

③ 平仮名で書いていた動詞で送り仮名の付く漢字で書けるようになっ

たもの

萎える　嗅ぐ　乞う　詣でる　憧れる　塞ぐ　斬る　叱る　腫れる

呪う　蹴る　羨む　狙う　遡る　痩せる　捉える　綻びる　貼る

嘲る　諦める　溺れる　貪る　罵る　剝げる・剝がす　匂う　湧く

弄ぶ

＊　上記のほか、「萎縮」「嗅覚」「叱責」「閉塞」「蹴球」「羨望」「狙撃」「遡及」
「痩身」「嘲笑」「諦観」「溺愛」「貪欲」「罵倒」「湧水」「翻弄」などの熟語も
形成する。

④　平仮名で書いていたもので1字の漢字で書けるようになったもの

・亀　虎　鹿　柿　熊　鶴　梨　蜂　藍　(動植物)

・顎　拳　股　喉　尻　爪　瞳　眉　膝　肘　頰　脇　(身体)

・俺　誰　(人称名詞)

・牙　蓋　瓦　崖　釜　鎌　臼　錦　串　鍵　駒　柵　餌　芯　袖
　裾　栓　膳　唾　丼　餅　鍋　虹　箸　枕　蜜　麺　籠　(物の名前)

・嵐　唄　桁　頃　謎　闇　(その他)

⑤　都道府県等の地名で常用漢字とされたもの

・茨(城)　(愛)媛　岡(山)　埼(玉)　(山)梨　栃(木)　奈(良)
　(大)阪　(岐)阜　鹿(児島)　熊(本)　(都道府県名)

・韓(国)　(近)畿　(その他)

また、次のように常用漢字の読みが追加された。

委(ゆだ)ねる　育(はぐく)む　応(こた)える　潰(つぶ)す　滑(こっ)稽

関(かか)わる　館(やかた)　鑑(かんが)みる　混(こ)む　私(わたし)

臭(にお)う　旬(しゅん)　粋(いき)　逝(い)く　拙(つたな)い

全(すべ)て　創(つく)る　描(か)く　他(ほか)　癒(い)える・癒(いや)す

要(かなめ)　絡(から)める　類(たぐ)い

＊　「私」は、従来、訓では「わたくし」としか読めなかった。

なお、付表には、次の読み (当て字及び熟字訓) が追加された。

鍛冶(かじ)　固唾(かたず)　尻尾(しっぽ)　老舗(しにせ)　稚児(ちご)

野良(のら)　真面目(まじめ)　弥生(やよい)

一方、次の漢字と漢字の読みは、削除された。

・銑(鉄)　(紡)錘　勺(しゃく)　匁(もんめ)　(膨)脹　(漢字)

・歃(せ)　疲(つからす)　浦(ほ)　(読み)

*　参考までに、「常用漢字表」への追加対象として検討されたが選に漏
れた漢字として、次のようなものがある。

・鷹　栗　鴨　蘭　蘇　狼　蝶　雀　鷲　(動植物)

・腿　(身体)

・笠　淵　樽　壺　磯　桶　秤　蔓　糊　(物の名前)

・嘘　噂　禄　卿　綬　(その他の名詞)

・叩く　濡れる　嬉ぶ　覗く　撫でる　溜まる　揃える　頷く　掴む
翔く　喋る　噛む　洩れる　馴れる　掻く　吊す　歪む　棲む
憐れむ　萌える　疼く　(動詞)

・朋(友)　庄(屋)　駕籠　駿(馬)　胡(麻)　恍惚　蒼(白)　哨(戒)
菩(提)　(祭)祀　(招)聘　毅(然)　(一)揆　(忌)憚　躊躇　狼狽
媚(態)　寵(愛)　諜(報)　謳(歌)　(外)套　刹(那)　醤(油)　(貴)賤
顛(末)　捏(造)　(飢)饉　倦(怠)　屏(風)　斡(旋)　(誤)謬　(厚)誼
(範)疇　誹謗　乖(離)　(直)截　(熟語)

　このような「常用漢字表」から漏れた漢字の追加については、学校教
育の負担にも配慮する必要がある。一方で、上記の漢字の中には、日常
生活によく用いられているものも多数見受けられる。「常用漢字表」の
次回改正の際には、日常語で仮名書きがある程度定着しているもの(つ
る　のぞく　ごま等)、難しい熟語に用いられるもの(躊躇　誤謬　範
疇等)、歴史的記述でのみ用いられるもの(禄　駕籠　寵愛等)などを
除き、同表への追加の可否が検討されるべきである。

　次の熟語については、平成22年の「常用漢字表」の改正により他の表
記も可能になったが、従来の表記によることとされた。

壊滅(×潰滅)　決壊(×決潰)　広範(×広汎)　全壊(×全潰)
倒壊(×倒潰)　破棄(×破毀)　崩壊(×崩潰)　理屈(×理窟)

また、次の熟語については、追加された常用漢字を用いるものとされた。

×憶測→臆測　×肝心→肝腎

●マスコミでの取扱い

　マスコミでは、新聞用語懇談会で従来次の「常用漢字表」外の6文字（表外文字）と1文字の「常用漢字表」にない読み（表外訓）の使用が認められていた。

　亀　絃　痕　挫　哨　狙　（以上表外文字）

　個（カ）（以上表外訓）

　また、平成13年5月、新聞用語懇談会は、一気に次の39の表外文字（平成16年に2文字追加）と9文字の表外訓を新聞等で用いることができるものとして加えた。

　闇　鍋　牙　瓦　鶴　玩　磯　臼　脇　錦　駒　詣　拳　鍵　虎　虹　尻
　柿　餌　腫　袖　腎　須　誰　腺　曽　酎　枕　賭　瞳　頓　丼　汎　斑
　釜　謎　妖　嵐　呂　（以上表外文字）

　柵　芯　（平成16年11月追加）

　証（あかす）　癒（いえる・いやす）　粋（いき）　描（かく）　要（かなめ）

　応（こたえる）　鶏（とり）　館（やかた）　委（ゆだねる）　（以上表外訓）

　ところが、平成22年の「常用漢字表」の改正により、新聞用語懇談会が特例扱いしていた漢字や漢字の読みのほとんどが追加された。追加されなかった漢字としては「哨　磯」が、追加されなかった漢字の読みとしては「個（カ）　証（あかす）　鶏（とり）」がある。「個（カ）」は、「常用漢字表」に「箇」が掲げられているので、認められなかった。また、その際、新聞用語懇談会は、表外文字として「絆　疹　胚」の3文字を、表外訓として「虹（コウ）」の1文字を加えた。さらに、令和2年に表外文字として「炒　栗　淵」の3文字を加えた。

　このほか、新聞用語懇談会は、従来次の熟語を振り仮名なしで用いることとしていた。

　一揆　旺盛　元旦　公家　巻層雲　斬新　獅子　老舗　庄屋　席巻　僧侶
　卒塔婆　戴冠・戴帽（式）　太夫・大夫　外様　奈落　刃傷　人身御供
　蜂起　捕捉　馬子唄　蜜月　拉致

平成22年の「常用漢字表」の改正により、上記のうち下線を引いた語句は、公用文でも振り仮名なしで漢字で書けるようになり、「老舗」も「常用漢字表」の付表に読みが追加された。また、その際、新聞用語懇談会は、振り仮名なしの熟語として「銑鉄　貫録　肛門　蘇生　挽回」を加えた。

　なお、「きょう」「あす」「きのう」は、マスコミでは平仮名で表記されているが、公用文では付表で「今日」「明日」「昨日」の表記が認められている。また、「兄弟」もマスコミでは姉妹にも用いるという理由で「きょうだい」と平仮名で書かれているが、公用文では、「常用漢字表」に読みが認められているので、漢字で書く（平仮名で書けば元の漢字の意味が除かれるという論理は理解できず、そうするよりも他の表現を工夫すべきである。）。

●公用文でしか使わない漢字もある

　従来、「常用漢字表」に掲げられていた次の11文字は、マスコミでは用いないこととされていた。

　　謁　虞　箇　且　遵　但　脹　朕　附　又　濫

　このうち、「謁」や「朕」は、天皇に関わる用途の限られた文字である。「虞（おそれ）」「且つ」及び「但し」は、公用文でも用いないこととされている（いずれも平仮名で表記する。）。「脹」は、「膨脹」以外用例がほとんどなく、この語句も最近「膨張」と書くことから、平成22年の改正で「常用漢字表」から削除された。「濫」は、「氾濫」が通常考えられる唯一の用例であり、その他のほとんどの熟語で「乱用」など「乱」に置き換えられている（法令には原則として「濫用」を用いるが、公用文には遣い分けのルールはなく、通常「乱用」を用いて差し支えない。）。

　これらに対して、「箇」「遵」「附」及び「又」は、公用文でよく用いられる。「箇」は「箇所」「箇年」など、「附」は「附則」「寄附」などの用例があり、このことについては後述する。よく言われるが、マスコミでは「順法闘争」であるが、公用文では「遵法闘争」と書く。「又」

は、単独では用いないが、「又は」の形で多用されている。

　平成22年の改正に伴い、新聞用語懇談会は、「謁見　箇所　氾濫」などを新たに用いることとし、「常用漢字表」から削除された「脹」を除き、マスコミで用いない字は7文字となった。それに伴い、「個（カ）」の読みは、用いないこととされた。

　　＊　天皇に関わる常用漢字には、「朕」「勅」「詔」「謁」及び「璽」がある。「朕」は、天皇の自称であるが、日本国憲法の公布文（正式には「上諭」）に前例があるほか、現在では口頭でも文書でも用いられることはない。「勅」も「詔」もみことのりを意味し、旧憲法下の勅令で現在でも有効なものがあるとともに、衆議院の解散詔書など国事行為に用いられる。「謁」は、拝謁、謁見などの熟語を構成し、最近マスコミでの使用が許容された。「璽」は、御璽、国璽に用いる。このほか、「陛」は、古くは宮殿の階段を意味し、天皇等の敬称である陛下に用いられている。「召」は、国会の召集等に用いるが、召し上がるなど一般の用法もある。

●人名用漢字は現在863字

　ちなみに、子供の名前として届け出ることができる文字は、戸籍法の規定により「常用漢字表」に掲げる漢字、平仮名若しくは片仮名又は人名用漢字別表（戸籍法施行規則別表第2）に掲げる漢字（いわゆる「人名用漢字」）に限られている。別表には、昭和26年の制定時に92字が掲げられた。その後昭和51年に28字が追加され、昭和56年の「常用漢字表」制定時に8字が同表に吸収されて削除され、新たに54字が追加された。また、自由化の要請を受け、平成2年に大規模な改正が行われて118字が追加されるとともに、平成9年に「琉球」の「琉」の字1字が追加された。

　次いで平成16年には、特定の漢字（「曽」）について、社会通念上常用平易であることが明らかな文字を人名用漢字に定めなかった場合には、戸籍法の規定の趣旨に照らして違法であるとする最高裁判決が出されたことを踏まえ、人名用漢字の抜本的な見直しが行われた結果として、新たに488字が追加されることになった。このことにより、常用平易と言

える漢字については、人名として不適切な意味を持つものを除き、ほぼ解禁されたものと考えられる。これに先立ち、同年、「曽」「獅」「瀧」「毘」「駕」の５字が追加されるとともに、見直しに合わせ、従来人名用許容字体表に掲げられていたいわゆる旧漢字等205字も追加され、人名用漢字は983字となった。

さらに、平成21年に「祷」「穹」の２字が追加され、平成22年に「常用漢字表」の改正に伴って新たに常用漢字に加えられた129字が削除され、同表から削られた５字が追加され、平成27年に「巫」が、平成29年に「渾」が追加されて、人名用漢字は863字となった（参考資料(5)「人名用漢字の変遷」参照）。

＊　「常用漢字表」に加えられた漢字の中には、人名として不適切な意味を持つので従来人名用漢字から除かれていたもの（淫　怨　腫　呪　尻　蔑）も含まれている。

常用漢字表による漢字使用の基本原則

「常用漢字表」による漢字使用の基本原則は、次のとおりである。
①　漢字は、「常用漢字表」に掲げられているものを用いる。ただし、「常用漢字表」に掲げられている漢字でも、読みが掲げられていない語句には用いることができない。
②　「常用漢字表」に掲げられている漢字を用いて表記できる語句は、漢字を用いて表記しなければならない。
③　漢字が「常用漢字表」に掲げられていない場合は、平仮名で表記する。この場合、平仮名に傍点を打ってはならない。
④　専門的用語で特に「常用漢字表」に掲げられていない漢字を用いて表記する必要があるものについては、当該漢字を用いて表記し、漢字に振り仮名を付ける。

●**熟語についての表記の基準**

「常用漢字表」が漢字表記の基準であるから、「常用漢字表」にない

漢字は用いることができないし、逆に「常用漢字表」にある漢字は必ず
用いなければならないのは、当然のことである。この場合、「常用漢字
表」に漢字はあるけれども「読み」がないということがしばしばある。
「常用漢字表」は、「当用漢字表」に比べてかなり文字数は増えたが、
読みについては依然制限的な傾向にある。そのため、平成22年の「常用
漢字表」の改正ではかなり読みも追加された（前述）。

　したがって、漢字が使えなければ、平仮名で書くのが原則である。た
だし、この場合も細かい話がある。2字熟語の場合、1字だけ常用漢字
である場合、どうしたら良いのであろうか。

　「法令における漢字使用等について」によると、単語の一部だけ仮名
に改める方法はできるだけ避けるが（例1）、一部に漢字を用いた方が
分かりやすい場合はこの限りでない（例2）とされている。

例1　斡旋→あっせん　煉瓦→れんが

例2　堰堤→えん堤　救恤→救じゅつ　橋梁→橋りょう　口腔→口こう

　　屍尿→し尿　出捐→出えん　塵肺→じん肺　溜池→ため池

　　澱粉→でん粉　顛末→てん末　屠畜→と畜　煤煙→ばい煙

　　排泄→排せつ　封緘→封かん　僻地→へき地　烙印→らく印

　　漏洩→漏えい

国語分科会報告書では、上記例1のような語句に次のものを挙げると
ともに、上記例2のような語句は、一部に振り仮名を付しても、一部を
平仮名で書いてもよいこととしている。

例　億劫→おっくう　痙攣→けいれん　御馳走→ごちそう　颯爽→さっそう

　　杜撰→ずさん　石鹸→せっけん　覿面→てきめん　咄嗟→とっさ

　　改竄→改竄(ざん)・改ざん　絆→絆(きずな)・きずな　牽引→牽(けん)引・けん引

　　招聘→招聘(へい)・招へい　綴る→綴(つづ)る・つづる　綴じる→綴(と)じる・とじる

　　酉の市→酉(とり)の市・とりの市

なお、平成22年の「常用漢字表」の改正に伴い、従来全部又は一部を
平仮名で表記していた次のような熟語は、全部漢字で書けるようになっ
た。

めいりょう→明瞭　右げん→右舷　進ちょく→進捗　ちょう付→貼付
* 　口腔は、本来「こうこう」と読むべきものであるが、医療の分野を中心に「こうくう」という読みが定着している。貼付は、「常用漢字表」の改正に伴って「てんぷ」と読むことも許容された。ちなみに、抽せん（籤）は、公用文では分かち書きするのが原則であるが、平成16年に民法の口語化に当たってマスコミで用いられている「抽選」の表記が採られた（第531条第2項）。
* 　早急、重複、発足は、公用文では、それぞれ「さっきゅう」「ちょうふく」「ほっそく」と読み、「そうきゅう」「じゅうふく」「はっそく」の読みは用いない。代替は、日常会話で「だいがえ」とよく言うが、「だいたい」と読む。そのほか、読みでは、粗利益（あらりえき）、役務（えきむ）、押印（おういん）、御中（おんちゅう）、言質（げんち）、更迭（こうてつ）、建立（こんりゅう）、疾病（しっぺい）、出生（しゅっしょう）、遂行（すいこう）、出納（すいとう）、世論（せろん）、相殺（そうさい）、続柄（つづきがら）、凡例（はんれい）などに注意する。出生（しゅっせい）、世論（よろん）の読みもあるが、公用文では用いない。施行・施工は、原則として「しこう」と読むが、「せこう」と読んでも差し支えない。

●当て字や熟字訓は付表に従う

　「常用漢字表」の付表には、個々の漢字の音訓としては挙げにくい当て字や熟字訓の語句が掲げられている。「当て字」とは意味に関係なく漢字の音を当てた語句をいい、「熟字訓」とは逆に漢字の音に関係なく熟語の意味で読ませる語句をいう。公用文では、付表に掲げられたものに限り用いることができる。なお、付表に掲げられている熟語は、ほとんどが熟字訓であり、単純な当て字は極僅かである。
* 　一日（ついたち）、二日（ふつか）は、付表に掲げられている。三日以降はないが、三には「みっつ」、四には「よっつ」などの読みが本表に掲げられている。今日（きょう）、昨日（きのう）、明日（あす）は付表に掲げられているが、おとといやあさってはなく、平仮名で書く。旧月名では、師走（しわす）に加え、「常用漢字表」の改定の際に、弥生（やよい）と五月（さつき）が掲げられた（五月は、本来「皐月」と書く。）。
　叔父・伯父（おじ）、叔母・伯母（おば）、兄（にい）さん、姉（ねえ）さん

は従来付表に掲げられていたが、改定の際に、抜けていた父(とう)さん、母(かあ)さんが追加された。

付表には、笑顔(えがお)、大人(おとな)、風邪(かぜ)、景色(けしき)、上手(じょうず)、白髪(しらが)、梅雨(つゆ)、時計(とけい)、友達(ともだち)、下手(へた)、部屋(へや)、土産(みやげ)、息子(むすこ)、眼鏡(めがね)などよく使う名詞が多く掲げられている。

これらに対して、名詞でも紫陽花(あじさい)や秋桜(こすもす)のような植物名は、全く認められていない。形容詞や動詞では、美味(おい)しい、頑張(がんば)る、素晴(すば)らしい、相応(ふさわ)しい、微笑(ほほえ)むのような表記は、認められない。唯一、手伝(てつだ)うのみが掲げられている。複合動詞では、本表に支には「つかえる」の、退には「のく」の読みがないので、付表に差し支える(さしつかえる)、立ち退く(たちのく)が掲げられている。変わったものには、凸凹(でこぼこ)、真っ赤(まっか)、真っ青(まっさお)がある。

付表に掲げられていない語句が当て字であるかどうかは、結構難しい問題である。例えば「様々に」は漢字で書くが、「色々」は当て字であって「いろいろ」と平仮名で書く。間違いやすいものを68ページに掲げているので、参照してほしい。

●傍点は使わない

元々漢字の熟語であるが、「常用漢字表」の制限から平仮名で表記するものについては、現在傍点(文字の横に付ける「・」又は「、」のこと。)を打ってはならないこととされている。古い法令や小説の中には傍点を打ったものがあるが、公用文では傍点は用いない。

それでも、専門用語や特殊用語などどうしても漢字を用いる必要がある場合は、漢字を用いて記載し、常用漢字以外の漢字に振り仮名(ルビ)を平仮名で付けるのが一般的なルールである。最近、振り仮名は、文章全体又は章ごとの初出の箇所のみに付ければ足りる扱いとなっている。また、国語分科会報告書では、読み仮名を括弧書きで示すことも認めている(熟語の場合は、その全体について示すことになる。)。なお、法令に限り、振り仮名の促音(っ)及び拗音(ゃゅょ)は、大書きする。

例 暗渠(きょ) 按分(あん) 瑕疵(かし) 涵養(かん) 強姦(かん) 砒素(ひ) 埠頭(ふ)

「常用漢字表」にない漢字を使う場合は、「人名用漢字別表」の字体のほか、「表外漢字字体表」（平成12年12月8日国語審議会答申。人名用漢字を除く1,022字を掲載している。）の印刷標準字体を用いる。

　動植物名については、常用漢字で書けるものは漢字で、そうでないものは平仮名又は片仮名で書くのが原則である。

　　例　犬　牛　桑　桜　ねずみ（ネズミ）　らくだ（ラクダ）　すすき（ススキ）

　学術用語については、動植物名を全て片仮名で書いたり、化学物質名の一部を片仮名で書いたり、星座名を平仮名で書いたりすることがある。

　　例　ニホンザル　マツタケ　タンパク質　リン酸　おおくま座

●固有名詞は対象外

　固有名詞については、「常用漢字表」の適用対象外であり、氏名については本人の意思を尊重したものを、地名については通用しているものを用いる。ただし、その漢字の字体と常用漢字等の字体（表外漢字字体表の印刷標準字体を含む。）との違いが微細であるときは、関係者の了解を得て常用漢字等の代替漢字を用いることも考慮すべきである。

●「解説・広報等」では平易な書き方ができる

　「公用文作成の考え方」では、広く一般に向けた「解説・広報等」においては、分かりやすさや読み手への配慮を優先し、常用漢字であっても振り仮名を付けたり、平仮名で書くことができることとしている。その範囲については、特に限定はない。

　　例　語彙→語彙・語い　進捗→進捗・進ちょく
　　　　若しくは→もしくは　飽くまで→あくまで　授業の狙い→授業のねらい

常用漢字表に読みがないものは平仮名で表記

　次のような用語は、「常用漢字表」に読みがないので、平仮名で表記する。
　あらかじめ（×予め）　　いまだ（×未だ）　　おおむね（×概ね）
　とどめる（×留める、×止める）

● 「あらかじめ」「おおむね」は平仮名

　子供の頃、「予め」とか「概ね」などいわばしゃれた読み方をする漢字を覚えると、どんどん使いたくなったものである。しかし、「常用漢字表」は、これらの読みを認めていない。

　国語分科会報告書では、上記のほか、「常用漢字表」に読みがないため平仮名で書く語句として次のものを掲げている。

> 例　あえて（×敢えて）　おのずから（×自ずから）　たつ（×経つ）
> なす（×為す）　のっとる（×則る）　はかどる（×捗る）　もって（×以て）
> よる（×依る、×拠る）　よろしく（×宜しく）
> 　＊　「謳(うた)う」は、常用漢字ではなく、その意味で用いるときは平仮名で
> 　　書く。

　ちなみに、「遡(さかのぼる)」は、平成22年の「常用漢字表」の改正により、新たに常用漢字に追加された。

　従来、公用文でよく見掛ける「委ねる」「育む」「応える」「関わる」「鑑みる」「全て」も、実は「常用漢字表」に読みがなかったので、本来平仮名で表記すべきであったのであるが、改正によって読みが追加され、晴れて漢字で書けるようになった。

常用漢字で書けない語句の言い換え

> 　常用漢字で書けない語句は、平仮名で書くほかに、音訓が同じ他の語句に言い換えたり、別の分かりやすい語句に言い換えたりすることを考慮すべきである。

●国語分科会報告書に示された言い換え例

　国語分科会報告書では、語句の言い換えについて、次のように分類して例示している。

> 例1　同じ訓を持つ語句に言い換えるもの
> 活かす→生かす　威す・嚇す→脅す　伐る・剪る→切る
> 口惜しい→悔しい　歎く→嘆く　脱ける→抜ける　拓く→開く
> 解る・判る→分かる　仇→敵　手許→手元　想い→思い　哀しい→悲しい

真に→誠に

例2　同じ音を持つ語句に言い換えるもの

吉方→恵方　恰好→格好　確乎→確固　義捐金→義援金　醵出金→拠出金

沙漠→砂漠　車輌→車両　穿鑿→詮索　洗滌→洗浄　煽動→扇動

碇泊→停泊　顛覆→転覆　杜絶→途絶　日蝕→日食　脳裡→脳裏

編輯→編集　抛棄→放棄　聯合→連合　煉乳→練乳

例3　他の常用漢字を用いた語句に言い換えるもの

隘路（あいろ）→支障・困難・障害　軋轢（あつれき）→摩擦

改悛（かいしゅん）→改心　干魃（かんばつ）→干害　瀆職（とくしょく）→汚職

竣工（しゅんこう）→落成・完工　剪除（せんじょ）→切除

捺印（なついん）→押印　誹謗（ひぼう）→中傷・悪口

逼迫（ひっぱく）→切迫　罹災（りさい）→被災

論駁（ろんばく）→反論・抗論

例4　他の分かりやすい語句に言い換えるもの

安堵（あんど）する→安心する・ほっとする　陥穽（かんせい）→落とし穴

帰趨（きすう）→動向・成り行き　狭隘（きょうあい）な→狭い

豪奢（ごうしゃ）な→豪華な・ぜいたくな　誤謬（ごびゅう）→誤り

塵埃（じんあい）→ほこり　斟酌（しんしゃく）→遠慮・手加減

脆弱（ぜいじゃく）な→弱い・もろい　庇護（ひご）する→かばう・守る

畢竟（ひっきょう）→つまるところ　酩酊（めいてい）する→酔う

凌駕（りょうが）する→しのぐ・上回る　漏洩（ろうえい）する→漏らす

なお、次に掲げる常用漢字には括弧書きの読みはないので、注意する。同訓の他の漢字があるものが多い。

例　哀（×かなしい）　為（×ため）　悦（×よろこぶ）　活（×いかす）

敢（×あえて）　毀（×こわす）　宜（×よろしく）　顕（×あらわれる）

醒（×さめる）　総（×すべて）　即（×すなわち）　戴（×いただく）

拓（×ひらく）　弾（×はじく）　抽（×ひく）　停（×とまる）　途（×みち）

到（×いたる）　敗（×まける）　睦（×むつむ）　撲（×なぐる）

妄（×みだり）　論（×さとす）　愉（×たのしむ）　誉（×ほめる）

濫（×みだれる）　留（×とめる）

用語の意味によって、漢字と平仮名を書き分けるもの

用語の意味によって、漢字と平仮名両方用いるものもある。

「おそれ」

おそれ	「懸念」という意味で用いるとき。
恐れ	「恐怖」という意味で用いるとき。

「とおり」

とおり	「次のとおり」のような用法のとき。
通り	「2通り、3通り」、「本町通り」のような用法のとき。

「いただく」

いただく	「～（し）ていただく」のような用法のとき。
頂く	「物をもらう」という意味で用いるとき。

● 「おそれ」「とおり」「いただく」は要注意

　これは表記上難しい点であるが、それぞれ理由は異なっている。

　懸念という意味の「おそれ」は、元々「虞」と書くべきものである。実は「虞」は常用漢字であるが、公用文では用いないこととされている。マスコミでは、これも「恐れ」を用いているが、公用文では同様に認められない。「虞犯（ぐはん）」という用語があるが、「グ」の読みは「常用漢字表」にない。「虞」は、古い法令を除き、公用文でも、マスコミでも、法令でも用いられることのない珍しい常用漢字である。

　「とおり」は、「同様である」という意味のときは、形式名詞であるので平仮名で書く。上記のとおり理屈抜きで覚えるべきである。

　「～（し）ていただく」は、後述の補助動詞は平仮名で書くルールに沿って平仮名で書く。「～（し）てください」「～（し）てかまわない」「～（し）てまいります」「～（し）てほしい」なども同形である。すなわち、前に「～（し）て」が付く補助動詞として用いられるときは平仮名で書くが、単独の動詞として用いられるときは漢字で書く。ちなみに、「～しかねる」「～しかねない」も平仮名で書く。

このほか、意味によって漢字と平仮名を書き分けるものに「めぐる」と「さきに」がある。「～をめぐる課題」のようにかつて「繞る」とされていた表現（「まつわる」という意味）では、「めぐる」と平仮名で書く。一方、「県内を巡る」「季節は巡る」のようにかつて「廻る」とされていた表現（「まわる」という意味）では、「巡る」と漢字で書く。また、「さきに」は、他と比べて時間的前後関係を表すときは「先に」と漢字で書くが、「これまでに（以前）」という意味を表すときは「さきに」と平仮名で書く（かつて「曩に」とされていた。）。

　例　式典会場へは、他の出席者よりも私たちが先に到着した。

　　　さきに審議会の答申があった件については、現在慎重に検討している。

●常用漢字であっても平仮名で書くときがある

　公用文では、後述する一定の品詞等を除き、「常用漢字表」の漢字で書けるものは漢字で書くのが大原則である。そのため、語句が用いられる意味によって漢字と平仮名を書き分けることは、原則としてしない。しかし、一部の語句については、意味によって漢字と平仮名を書き分けているものがある。

　動詞の「ある」や形容詞の「ない」は、「私には権利が有る」（所有）「本社は、東京に在る」（存在）「この辺には、人家が無い」（不存在）のような表現では漢字で書くが、「問題がある」「欠点がない」（抽象的なものの有無）のような表現では平仮名で書く。「なる」も、「日本は、本州その他の島から成る」（構成）のような表現では漢字で書くが、「合計すると１万円になる」（結果）のような表現では平仮名で書く。これがルールであるが、これらの語句は意味にかかわらず平仮名で表記されることが多く、ルールの一層の明確化が求められている。ちなみに、「在り方」「在りか」は漢字で書き、「いる」（×居る）「よる」（×因る）は、「常用漢字表」に読みはあるが、常に平仮名で書く。

　「言う」は、「物を言う」「言うまでもなく」などは漢字で書くが、

「〜ということ」「〜をいう」のような会話の意味以外のときは、平仮名で書く。「とはいえ」「とはいうものの」も同様である。「行く」は、「うまくいく」「納得がいく」「それでいく」のような達成や遂行の意味のときは、平仮名で書くことが多い。「持つ」は、「勇気を持つ」など感情も含めて保持の意味のときは漢字で書くが、「残業続きで体がもたない」のような耐久や「君の肩ばかりもっている」のような支持の意味のときは平仮名で書く。「取る」は、「免許を取る」のような取得の意味では漢字で書くが、「連絡をとる」などそれ以外の意味のときは、平仮名で書くのが適当である。ちなみに、手続は常に「とる」と表記する。

「良く」は、「海外にはよく出張する」のような程度や頻度の意味のときは、平仮名で書く。「後（あと）」も、後刻や後方の意味のときは必ず漢字で書くが、「あとの書類は、私が用意します」「あと3年は務めたい」のような残余の意味のときは、平仮名で書くことが多い。

「活（い）かす」（活用）や「拓（ひら）く」（開拓）は、「常用漢字表」に読みがない。したがって、「生かす」や「開く」に言い換えるのが原則であるが、元字のニュアンスを出したいときは、平仮名で書くことがある（教育基本法前文に「拓く」に振り仮名を付けた例があるが、常用漢字に振り仮名を付ける用法は余り感心しない。）。

このほかにも、国語の見地から語句の一部の意味で平仮名書きするものが幾つかある（「心配を掛ける」と「金をかける」等）。冒頭の「ある」「ない」「なる」を除き、こうした漢字と平仮名の書き分けには公的な定めはなく、ルールの明確化が求められている。ちなみに、国語辞典は、意味による漢字と平仮名の書き分けについて、明確に示していないものが多い。

　＊　マスコミでは、「お土産をあげる（上げる）」「あまり（余り）賢くない」「あらためて（改めて）お願いする」「いっぱい（一杯）の人出」「いま（今）一歩」「独断のきらい（嫌い）がある」「50すぎ（過ぎ）の男性」「そら（空）で覚える」など平仮名で表記するが、公用文ではいず

れも漢字で表記する。公用文では、前述したものを除き、常用漢字で書けるものは漢字で書くのがルールであり、ニュアンスで書き分けることはしない。

接続詞は、原則として平仮名表記

接続詞は、原則として平仮名で表記する。
あるいは（×或いは）　おって（×追って）　かつ（×且つ）
したがって（×従って）　ただし（×但し）　なお（×尚）　また（×又）
ただし、次の接続詞は漢字で表記する。
又は　若しくは　及び　並びに

● 「従って、…」「但し、…」は、誤り

　接続詞は、平仮名で書く。これは、ルールである。この単純なルールも知らない人は多く、「従って」や「但し」と書いている文例をよく見掛ける。

　ただし、例外のない規則はなく、「又は」や「及び」は漢字を用いる。しかし、「又は」や「及び」は文中で節と節を結ぶときに用いられるのが普通であり、文頭で接続詞として用いるのは極めてまれである。

　上記以外の接続詞（「くわえて」「ついては」「つぎに」「ところが」「ところで」「ゆえに」など）も同様に平仮名で書く。「はじめに」や「おわりに」も平仮名で書くが、「最初に」や「最後に」のような熟語を用いた接続詞は漢字で書く。「一方」「以上」も同様である。

＊　このルールからすると、「逆に」も平仮名で書くべきであるが、接続詞としては俗語とされているので、公用文では「反対に」を用いるのが良い。上記の接続詞のうち「くわえて」や「つぎに」の平仮名表記については異論もあるが、国語分科会報告書に漢字を使って書く接続詞として掲げられたのは上記の4接続詞のみであり、そのほかにも該当する接続詞があれば、熟語を用いた接続詞も含めてルールの明確化を図るべきである。

副詞は原則として漢字表記、接続詞は平仮名表記

副詞は原則として漢字で表記するので、接続詞の場合と副詞の場合で

表記が異なるものもある。

「さらに」

- さらに（接続詞）　<u>さらに</u>、財政状況について検討することが必要である。
- 更に（副詞）　　財政状況について、<u>更に</u>検討することが必要である。

「おって」

- おって（接続詞）　<u>おって</u>、集会の場所は後日お知らせします。
- 追って（副詞）　　集会の場所は、<u>追って</u>お知らせします。

「あわせて」もこれらと同形である。

●接続詞は平仮名、副詞は漢字と覚える

　これは大変区別が難しいが、「接続詞は平仮名、副詞は漢字」と覚えるしかない。では、「接続詞」「副詞」とは何か、ということを知っておかなければならない。「接続詞」とは、文と文との意味のつながりを説明する語句をいい、通常は文頭に置かれている。「副詞」とは、動詞、形容詞及び形容動詞（これらを「用言」という。）を修飾する語句をいう。上記の副詞の例では、「更に」は「検討する」、「追って」は「お知らせします」という動詞をいずれも修飾している。

　なお、上記に掲げた例文については、接続詞の場合と副詞の場合で、文全体の意味が若干異なっていることにも留意してほしい。「さらに」の例文では、前者はほかにもいろいろと検討事項があるが財政状況の検討も必要であるという意味であり、後者は財政状況について今一層の検討が必要であるという意味であって、意味は異なっている。

●接続詞と副詞の見分け方

　「接続詞」と「副詞」をどのように区別するかということが重要であるが、その言葉が以下の文全体に掛かっていれば「接続詞」、特定の用言のみを修飾していれば「副詞」ということになる。文頭にあるものが「接続詞」と言ってもよいが、文中に接続詞があることもある。

「あわせて」は、「合わせて」「併せて」いずれも同形である。

例　あわせて、住民の意向調査を行うべきである。

　　住民の意向調査を併せて行うべきである。

　ちなみに、「仮に」「例えば」や「特に」については、文頭に置かれて
も接続詞になることはなく、副詞として常に漢字で書くこととされてい
る。なお、これらの語句は副詞であるから、文頭にあっても原則として
その後に「、」を打たない。

副詞及び連体詞は、原則として漢字表記

副詞及び連体詞は、原則として漢字で表記する。

飽くまで　余り　一層　至って　大いに　恐らく　概して　必ず
必ずしも　仮に　来る　極めて　更に　去る　強いて　実に
少なくとも　既に　全て　速やかに　大変　絶えず　互いに　直ちに
例えば　多分　次いで　努めて　常に　特に　突然　初めて
果たして　全く　自ら(みずから)　無論　最も　専ら　我が(国)
僅か　割に

ただし、次のような副詞は平仮名で表記する。

かなり　ふと　やはり　よほど

●「余り」「既に」「特に」は漢字で

　副詞及び連体詞を漢字で書くというのもルールである。もちろん、常
用漢字がなければ、漢字で書くわけにはいかない。

　「副詞」については、既に説明した。では、「連体詞」とは、何であ
ろうか。「連体詞」とは、名詞、代名詞（これらを「体言」という。）を
修飾する言葉のうち活用のないものをいう。活用のあるものは、「形容
詞」や「形容動詞」である。「形容詞」とは、「美しい」「大きい」など
の活用があり、単独で述語となることができる言葉をいう。「形容動
詞」については、文法書で扱いが異なっているので、ここでは立ち入らない。

　「連体詞」の例としては次のものがあるが、漢字か平仮名かが問題と

ならないものは、上記には掲げていない。

　　例　明くる（日）　大きな（人）　来る（日）　去る（日）　小さな（人）　我が（国）

　「大きな」や「小さな」は形容詞ではないかと考える人もいるであろうが、形容詞では「大きい人」「小さい人」となる。「我が国」は、こう書くのが正しい。

　副詞・連体詞は、民間では平仮名書きがルールとされている所が多いことから、公用文中平仮名で書かれているものがかなり見受けられ、要注意である。特に「余り」「既に」「特に」などが平仮名になっている例が多い。「飽くまで」「大変」「無論」などにも気を付けたい（「飽くまで」を漢字とすることについては、大変評判が悪いが。）。ただし、「たくさん」（×沢山）、「ちょうど」（×丁度）など当て字の場合は漢字で書くことができない（68ページ参照）。

●「初めて」か「始めて」か？

　「はじめて」は、平仮名で書ければよいが、副詞は漢字で書かなければならない以上、「初めて」か「始めて」か決めなければならない。「初」は「最初」という意味であり、「始」は「開始」という意味であるので、これにより遣い分けるというのが、学校で習ったことである。

　「常用漢字表」を見ると、訓では、「初」には、「初め」と「初めて」のほか、「初（はつ）」「初（うい）」「初（そ）める」が掲げられている。「始」には、「始める」と「始まる」があり、名詞形の「始め」と「始まり」も掲げられている。したがって、「はじめて」という副詞には、特に「初めて」が掲げられているので、「初」を用いる。また、「始める」という動詞はあるが、「初（はじ）める」という動詞はないので、動詞には必ず「始」を用いる。

　一方、名詞には「初め」も「始め」も掲げられているので、「初め」は時間的な始まりに、「始め」は物事の始まりに用いられる。「年の初め」とはその年の当初という意味であり、「仕事始め」とは仕事を始める日という意味である。なお、「東京都をはじめ多くの府県で反対の声

が上がっている」というような用例では、「はじめ」は物事の始まりで
あるので、「始め」を用いる。

　「自」は、「自ら（みずから）」は漢字であるが、「おのずから」は読み
がないので平仮名である。

　「かなり、ふと、やはり、よほど」は平仮名で書くが、これを漢字で
書ける人の方が少ないであろう。

　なお、副詞の「すぐ」は、「直ぐ」と書けそうであるが、「直」に読み
がないので、平仮名で書くしかない。「すなわち」や「まず」も、「即」
や「先」に読みがないので、平仮名で書く。

助詞及び助動詞は、平仮名表記

　助詞及び助動詞並びにそれらと類似した語句は、原則として平仮名で
表記する。

　〜において（×於いて）　こと（×事）　〜ごとに（×毎に）

　〜かもしれない（×知れない）　〜にすぎない（×過ぎない）

　〜のため（×為）　〜できる（×出来る）　〜とともに（×共に）

　〜など（「等」は「など」とは読まない。）　〜のほど（×程）

　〜まで（×迄）　〜するわけ（×する訳）

　〜（し）てかまわない（×構わない）　〜（し）てください（×下さい）

　〜（し）てほしい（×欲しい）

　「とき」は、時点を表す場合は「時」を用い、条件を表す場合は「と
き」を用いる。

　「ほか」は、原則として平仮名で表記する。「外」は、「隊長、副隊長
外３人」というような表記に限って用いる。

　なお、次の語句は、漢字で表記するので注意を要する。

　〜に当たって　〜に係る　〜（し）得る　〜宛て　〜付け

　〜の上・中・下（もと）（「〜のうち」は、平仮名）　〜の都度

●単語として自立できない言葉は平仮名で

　従来「助詞及び助動詞並びにそれに類似した語句」と整理してきたが、具体的には、独立した意味を持たず、単語として自立できない語句（「附属語」と呼ぶ。）として助詞、助動詞及び補助動詞のほか接尾辞が該当する。このほか、実質的な意味がないので平仮名で書くものに、形式名詞及び指示代名詞がある。

　助詞は、「は」「が」等の1字の助詞は当然漢字で書けないが、「ぐらい」「など」「ほど」「まで」等漢字が当てられるものも含め、全て平仮名で書く。助動詞は、元々漢字が当てられるものは少なく、「ない」「ようだ」を含め、全て平仮名で書く。補助動詞は、「〜（し）て」の後に付いて前の動詞に補助的意味を加える動詞であり、平仮名で書く（後述）。接尾辞は、「〜げ」（惜しげもなく）「〜とも」（二人とも）「〜たち」（君たち）「〜ども」（私ども）「〜ら」（僕ら）「〜ぶる」（もったいぶる）「〜ぶり」（書きぶり）「〜み」（有り難み）「〜め」（少なめ）等平仮名で書く。一方、接頭辞の表記は、様々である（「御」については、後述）。

　形式名詞は、「こと」「ため」「とおり」「とき」「ところ」「もの」「わけ」等であり、平仮名で書く。ただし、普通の名詞のときは漢字で書くので、書き分けに注意が必要である（「ため」を除く。後述）。指示代名詞は、「これ」「それ」「どれ」「ここ」「そこ」「どこ」等全て平仮名で書く。ちなみに、人称代名詞は、「彼」「誰」「何」「僕」「私」等漢字で書けるものは漢字で書く。

　「於」や「迄」は、「常用漢字表」にないので、当然平仮名で表記する。なお、「頃」は、常用漢字に追加されたので、「〜の頃」を含めて「近頃」「頃合い」など漢字で表記する。

　形式名詞である「こと」「ため」「わけ」は、平仮名で書く。ただし、「こと」は、「大変な事が起きた」というような「事態・事件」という意味のときは、漢字で書く。「ため」は、「念のため」「ためにする」などを含め、「為」に「ため」の読みがないので漢字で書くことはできない。「わけ」は、「〜するわけではない」は上記のとおり平仮名で書く

が、「訳がある」や「言い訳」のような普通の名詞のときは漢字で書く。「とおり」と「通り」の遣い分けについては、前述した（43ページ）。「もの」は、抽象的なものを指す形式名詞のときは、平仮名で書く（後述）。「このように」などの「よう」も、「様」を用いず、平仮名で書く。

　「とき」の時点の「時」と条件の「とき」の区別は、初任者研修でもよく触れる事柄である。実際に「時」を用いるのは「その時」（時刻）を強調しなければならない場合に限られ、「時点」と「条件」の意味合いを兼ね合わせているような場合は「とき」を用いる。

　　例　攻撃を受けた時は、その町に誰もいなかった。
　　　　公印を使用するときは、総務係へ決裁書を回付してください。

　「ところ」は、場所を意味する用例以外では平仮名で書く。むしろ場所を意味する場合に漢字で書いていない間違いが多い。

　　例　昨日、要請書を提出したところである。
　　　　私の所にも怪文書が届いた。

　＊　「ほう」は、選択の意味の「（する）ほうが良い」では「ほう」は形式名詞であるので平仮名で書く。ただし、明確な選択肢がある場合など、「Aの方が優れている」と漢字で書くこともある。ちなみに、「明日は、傘を持っていったほうが良い」のような用法（未来完了の「た」）もあるが、公用文では、「いくほうが良い」とするのが適当である。

　「ごと」に「毎」を用いたものをたくさん見掛けるが、「毎」に「ごと」の読みはない。ちなみに、「一つずつ」などの「ずつ」に「づつ」の誤りが多いので、注意したい。

●補助動詞は平仮名、複合動詞は漢字

　補助動詞とは、前述のように動詞の前に接続助詞の「て」が付いて「〜（し）てください」のような用い方をする一定の動詞をいい、平仮名で書く（「呼んでくる」など前の動詞の音韻により「で」が付くこともある。）。前の動詞に補助的な意味を加えるものであり、上記のほか「あ

る」「いく」「いる」「おく」「くる」「くれる」「しまう」「みせる」「みる」「もらう」「やる」「ゆく」「よい」などがある。

> 例　書類は、明日までに届けて<u>おく</u>よう伝えて<u>ください</u>。
>
> 　新たな課題も、次第に出て<u>くる</u>ことが見込まれている。

　上記の「かまわない」「ください」「ほしい」のほか「くる」「よい」など単独の動詞のときに漢字で書くものに漢字で書いた間違いが多いので、注意する。

> 例　間に合わない場合は、明後日に提出して<u>かまわない</u>。（補助動詞）
>
> 　明日あなたが議論に参加することは、<u>構わない</u>。（単独の動詞）

　補助動詞は、敬語にもあり、「あげる」「いただく」「いらっしゃる」「くださる」「さしあげる」「まいります」などが含まれる。公用文には原則として敬語を用いないが、挨拶や答弁を書くときは、「〜（し）てまいります」も平仮名で書く。

> 例　審議会では、大臣に発言して<u>いただく</u>ことになっている。
>
> 　計画については、住民への周知に十分努めて<u>まいります</u>。

　なお、補助動詞の中には、「〜（し）てもかまわない」「〜（し）てもよい」のように「ても」に付くものもある。「検討して<u>みて</u>ほしい」のように補助動詞が連続しているものもある。このほか、「御検討ください」「お見せください」や「御連絡いたします」「お納めいたします」のように敬語として「御」や「お」の付くサ変動詞の語幹や動詞の連用形に付くものもある（「いたす」には「〜（し）て」に付く形はない。）。

　これに対し、単独の動詞や複合動詞は、常用漢字で書けるものは漢字で書く。例えば「結果を<u>見せる</u>」「資格が<u>欲しい</u>」「声が<u>良い</u>」「贈り物を<u>下さる</u>」のような単独の動詞の場合は、漢字で書く。複合動詞とは、「買い入れる」「食べ過ぎる」のように二つの動詞を組み合わせたものであり、後の動詞も漢字で書く。「見直す」「見回す」のように前の動詞が1音節のものもある。ちなみに、「見いだす」は、出に読みがないので、平仮名で書く。「買入れ」「食べ過ぎ」など複合動詞の名詞形も漢字で書く（送り仮名については、後述）。

＊　「て」が付くから必ず補助動詞であるわけではない。例えば「テーブルの上にコップを並べて置いた」では、並べるも置くもいずれも動詞であり、二つの動作を表している。一方、「兄が戻るまでにトランプを並べておいた」では、おくは補助動詞であり、動作が完了しているというニュアンスを加えている。漢字と平仮名の書き分けも文意に従う。

＊　複合動詞には、広義には、「近寄る」（形容詞＋動詞）、「腰掛ける」（名詞＋動詞）のように他の品詞と動詞を組み合わせたものも含まれるが、本書では、二つの動詞を組み合わせた複合語を呼ぶこととする。なお、広義の複合動詞でも動詞部分は原則として漢字で書くが、慣用上「多すぎる」「色づく」のように書くこともある。

●単独の動詞の「下さい」は漢字で、「できる」は常に平仮名で

「ください」は、補助動詞のときは平仮名で書くが、単独の動詞のときは漢字で書く。

> 例　お茶を出してください。（補助動詞）
>
> 　　お茶を下さい。（単独の動詞）

「できる」は、意味にかかわらず常に平仮名で書く。「できる」は、「可能である」という意味以外に「能力がある」や「ものが完成する」という意味もあるが、「ものが完成する」という意味の場合も平仮名で書く。

> 例　対岸への通行ができるようになった。（可能）
>
> 　　彼は、仕事ができる。（能力）
>
> 　　やっと資料ができてきた。（完成）

なお、「出来高」や「出来がいい」など名詞で用いる場合は、漢字で書く。ちなみに、「出来上がる」も漢字で書く。

＊　「できる」は、「出で来（いでく）」を語源とするものであり、公用文以外では「出来る」と漢字で書かれていることが多い。日本語として間違いではないが、公用文では、「常用漢字表」の来の終止形に「きる」の読みがないことから漢字では書けない。他方、名詞の「出来」は、「動き」「悩み」などと同様に「動詞の連用形の名詞化」と呼ばれるものであり、来るの連用形に「来（き）」があり、漢字で書く。なお、「出来上

がる」は、できると上がるの複合動詞と考えるのであれば「でき上がる」とすべきであるが、名詞と動詞の複合語と考えて漢字で書く。

「〜かもしれない」や「〜にすぎない」は、附属語に分類され、平仮名で書くこととされている。「〜について」も同様である。

> 例　明日は、雨<u>かもしれない</u>（×知れない）。
>
> 　　交渉では、まだ入口の合意ができた<u>にすぎない</u>（×過ぎない）。

上記にはないが、「いたす」は、「致し方ない」は漢字で書くが、「御案内いたします」のような敬語表現のときは、補助動詞であり、平仮名で書く。

●「共に」か「ともに」か、「程」か「ほど」か

「ともに」は、動詞に付く場合は、平仮名で書く。難しいのは、名詞に付く場合であり、この場合は、明確な根拠はないが、平仮名とするのが慣例である。なお、副詞の場合は、やはり漢字で書く。

> 例　申請書を提出すると<u>ともに</u>、図面も提出する。（動詞に付く場合）
>
> 　　申請書と<u>ともに</u>図面も提出する。（名詞に付く場合）
>
> 　　申請書と図面を<u>共に</u>提出する。（副詞の場合）

名詞に付く場合でも、それが人のときは、漢字で書くべきであろう。

> 例　立会人と<u>共に</u>現地を確認した。（人に付く場合）

「ほど」は、助詞として用いる場合（「これほど」「3日ほど」「君ほど」など）や上記のように助詞に準ずる用い方をする場合（「御自愛のほど」など）は、平仮名で書く。「程」が完全に独立した名詞として用いられる場合を除き、「ほど」は平仮名で書くものと考えたい。この基準によれば、「真偽のほど」や「このほど」は平仮名で書くが、「程遠い」「程なく」や「身の程」は漢字で書くことになる。

> 例　その仕事には、1週間<u>ほど</u>かかる。
>
> 　　彼<u>ほど</u>、仕事好きの者はいない。
>
> 　　覚悟の<u>程</u>を見せてくれ。
>
> 　　<u>程</u>を心得ないと、大けがをする。

上記にはないが、「故」もほぼ同様であり、「故あって」「故なく」などは漢字で書くが、「〜のゆえ」「それゆえ」などは平仮名で書く。ちなみに、「このたび」は、「常用漢字表」どおり「この度」と書くことで統一された。なお、「ひとたび」は、「一度」では「いちど」と読まれるので、「一たび」と書く。

●「など」と読むなら平仮名、「ほか」は原則として平仮名で

　「等」は、上記のように「など」とは読まないので、「など」と読ませたければ平仮名で書くしかない。

　平成22年の「常用漢字表」の改正により、「他」に「ほか」の読みが認められたが、改正に伴う通知により、法令でも、法令以外の公用文でも、「ほか」という読みで「他」という漢字は用いないこととされた。したがって、公用文においては、従来の扱いに変化はなく、「その他」は「そのた」としか読めず、「このほか」を「この他」とは書けない。「ほか」と読むときは、平仮名を用いるということである。

　ちなみに、「外」にも「ほか」の読みがあるが、「他」と同様、この読みでは法令には用いず、法令以外の公用文でも、公的な根拠はないが、上記の「隊長、副隊長外3人」などの表記や「殊の外」「思いの外」などを除き、「外」は用いないこととされている。したがって、公用文においては、「他」と「外」の違いを論ずる実益はないので、解説は省略したい。

●「当たっては」は漢字、「たち」は平仮名

　「〜に当たって」「〜に係る」及び「〜(し)得る」は、附属語的であり、平仮名で書いている例も多いが、動詞であるので漢字で書く。ちなみに、平成22年の「常用漢字表」の改正により「関(かか)わる」の読みが追加されたので、「〜に関わる」は、漢字で書けるようになった（「係」には「かかわる」の読みはなく、公用文では係(かか)るのみ用いる）。「〜にかかわらず」は、「拘わらず」と書くべきものであるので、

従来どおり平仮名で書く。「〜宛て」は、宛が平成22年の「常用漢字表」の改正で追加されたことから、「宛先」などの熟語とともに漢字で書く。日付等を表す「〜付け」も漢字で書く。なお、「〜の上」「〜の中（なか）」及び「〜の下（もと）」は漢字で書くが、「うち」は「〜の中（内）」とは書かない。「〜の都度」は、漢字で書く。

* 「〜（し）得る」は、「有り得る」を含め、「うる」と読むのが原則であるが、「常用漢字表」に「える」の読みもあり、語感に支障がない場合は、そう読んでも間違いではない。

* 「〜宛て」や「〜付け」は、接尾辞的ではあるが、例えば「会員宛て」のように「宛て」のみで独立した意味を持つので、複合名詞と考え、漢字で書く。日付の「○月○日付け」や「位置付け」「関連付け」も、同様に考え、漢字で書く。ただし、「行きつけ」「掛かりつけ」は、接尾辞と考え、平仮名で書く。なお、「働き掛け」「呼び掛け」等は、前述の複合動詞の名詞形であり、漢字で書く。

接尾辞である「私たち」「学生たち」などの「たち」は、「達」に「たち」の読みはなく、平仮名で書く。ただし、「友達」に限り、熟字訓として（「常用漢字表」の付表に掲載）漢字で書く。ちなみに、「子供」を「子ども」と書く理由は、全くない。

* 教育の現場やNHKでは、「子ども」が一般に用いられている。この理由ははっきりしていないが、二つのことが考え得る。一つは、かつて「子供」という用語が、差別的だと批判されたことである。「友達」の「たち」も「子供」の「ども」もいずれも人の複数形を表す接尾辞であるが、「たち」は「友達」や古語の「公達（きんだち）」を始め同輩を表す接尾辞であるのに対し、「ども」は「こいつらどもがやったことだ」のように集団を卑下して表すときに使う接尾辞である。したがって、「子供」は、差別的だというのである。もう一つは、接尾辞は平仮名で書くというルールに従い、「ども」も平仮名で書くべきであるという主張である。NHKは、放送用語委員会が「子供」を当て字的要素の強い語とし、後者の考えに近いものと思われる。

　しかし、現在、私たちは、「子供」は一つの熟語として捉えているので、「子」と「ども」に分けて議論する必要はない。仮に「子供」が差別的であるとしても、その一部を平仮名書きにしたならば差別的でなく

なるという理由は不明である。むしろ、接尾辞を取り込んで熟語となった「友達」同様、「子供」という言葉に熟語化したと考えたほうが良い。
　　いずれにしても、「常用漢字表」の供の語例に「子供」とある以上、公用文では「子供」を用いる。なお、現行法上「子ども」という表現が圧倒的に多く、なぜこのような状況になったのか、今後整理が必要である。
　「分かりやすい」という語句を「分かり易い」と書いたものもあるが、「易」には、「やさしい」という読みはあるが、「やすい」という読みはないので、平仮名で書くのが正しい。一方、「難」には「かたい」という読みがあるので、「許し難い」など漢字で書く。誠に分かりにくい話である。

漢字の前は「御」、平仮名の前は「ご」

　「御」は後に漢字の語がくる場合に用い、「ご」は後に平仮名の語がくる場合に用いる。なお、「御」に「お」の読みはない。

御承知　　御理解　　ごちそう　　ごべんたつ　　ごもっとも　　お忙しい
お願い　御中（おんちゅう）　御礼（おんれい）

●漢字の前の「御」は漢字

　「ご」については、マスコミが一貫して平仮名を用いているので、公用文でもかなりルーズになっている。しかし、ルールは極めて簡単であり、漢字の前は漢字、平仮名の前は平仮名という整理である。
　この平仮名書きの言葉の前に「ご」が付くのは、上記のように本来漢字の熟語であるが表外漢字であるために平仮名で表記する場合などに限られる。平成22年の「常用漢字表」の改正で、「ごあいさつ」が「御挨拶」と漢字で書けるようになったので、平仮名の「ご」を用いる熟語は余り見掛けなくなった。
　では、上記の「お忙しい」や「お願い」のように漢字に送り仮名が付く場合はどうするのかというと、実は「御」には「お」の読みがないので、この場合は平仮名で書くしかないのである。しかし、一方で、

「御」には「おん」という訓読みが認められているので、「御礼」は、「おんれい」と読み、決して「おれい」とは読まない。

なお、注意を要する例としては、「御存じである」と「御覧になる」などがある。「存じ」は、「存知」と書かれることもあるが、「知」は当て字であり、「じ」の読みがないので、熟語であるが一部平仮名で表記されているのである。「御覧」は、一字の漢字でも、ルールは同じという例である。

*　話し言葉では、「お電話」のように漢語の前に美化語として「お」を付けることもある。

*　返信用はがきに「御中」と印刷しているものがあり、返信者の手間を省いているのであろうが、違和感を持つ。氏名を記載しない組織宛ての返信については、「○○係　行き」と印刷し、返信者が「行き」を消して「御中」と書き直すのが例である。その手間を省くのならば、印刷は「○○係」で止めておけば良い。ちなみに、通常の勤め先以外の場所にいる人、例えばホテルに滞在している人に物を送付するときは、「○○ホテル　気付」等とする。ただし、個人の住宅の場合は、「様方」を用いる。

「附」を使う場合

「附」は、次の場合に限り用いる。
寄附　附則　附属　附帯　附置
（交付　付記　付近　付随　付与　付録）

● 「附」を使うのは５つだけ

「附」が「常用漢字表」に残された結果として、「附」と「付」を区別しなければならない事態となった。多分法令上既に「附則」とあり、これを「付則」と変更することに抵抗があったからであろうか。

「付」の方が元字であり、これは「与える」という意味である。これに対して、「附」は、元字の意味を含みながら「付ける」という意味である。そうすると、「交付」や「付与」が「付」であるのは理解できる

が、「付記」「付近」「付随」及び「付録」は「附」を用いる方が正しいのではないかという感じがする。反対に、「寄附」は「寄付」でもよい感じがする。これは、ルールであり、従来丸覚えしなければしようがないと言ってきた。すなわち、「附」を用いる熟語は、「寄附、附則、附属、附帯、附置」に限られると覚えるしかないのである。

　＊　戦前は上記の意味に従って「附」と「付」を遣い分けていたが、付にも「付ける」という意味があり、戦後の国語改革の中で「付」に統一する方向となっていた。しかし、それを議論する国語審議会の最中に日本国憲法案に「附する」が用いられていること（第37条第3項）が判明したため、憲法案に用いられている他の漢字とともに昭和21年に制定された「当用漢字表」に掲げられることになった。その後、昭和29年に公表された当用漢字補正資料の中で、「附」は削除すべき漢字とされた。これを受け、マスコミでは、一斉に「附」を以後用いないこととした。ところが、昭和56年の「常用漢字表」の制定に際しても、「附」は、除外されなかった。公用文では、従来の用字法を踏まえ、上記5例に限り「附」を用いることとしている。なお、ふするは、現在では「付する」と表記する。

漢数字の次は「箇」、算用数字の次は「か」

　「か」は、漢字（漢数字を含む。）に付くときは「箇」を用い、算用数字に付くときは「か」を用いる。なお、「ヶ」は、用いない。
　五箇年計画　　3か年分割

● 「五箇年」あるいは「3か年」が正解

　「箇」は、「当用漢字表」にはなく、「常用漢字表」で初めて掲げられた。その際、例えば従来「個所」又は「か所」と書かれていたものを「箇所」と書くことが可能となった。

　それ以降のルールとしては、前の字が漢数字のときは漢字、算用数字のときは平仮名とすることになった。「箇」の略字である「ヶ」は、公用文では用いない。なお、マスコミでは、従来「個所」と表記していた

が、最近「箇所」を用いるようになった。

　縦書きでは、数字は、「兆」「億」「万」「千」「百」「十」を用いて漢字で書く。「五兆三、〇〇〇億円」という書き方は、原則としてしない（広報等では例外もある。）。小数点には、「五・二分」のように中点を用いる。また、縦書きの文の漢数字を含む部分を横書きで引用するときは、算用数字に直す。ただし、「〜五箇年計画」等の固有名詞については、横書きにしても漢数字のままにする取扱いとされている。算用数字を用いれば、上記のように「か」は平仮名となる。

　住所の書き方で、例えば「三丁目」は番地ではなく、町名の一部であるので、横書きでも漢字のままとすべきであると言われているが、特に正確さを要する文書以外ではこだわる必要はない。「三丁目2番1号」を「3丁目2−1」や「3−2−1」と書いても許される。

　＊　期間の数え方については、「○か年」「○周年」「○年ぶり」「満○年」のような表現では起算の年の翌年から数えて丸々○年を表し、「○年掛かり」「○年越し」「○年来」のような表現では起算の年を含めて足掛け○年を表す。

　　「1日おき」とは1日置いて翌々日という意味であるが、単に「1時間おき」とすると「1時間ごと」と同じ意味にもとられるので、時間に「おき」を用いるときは注意する。

●概数は漢字で

　上記のこととは直接関係はないが、漢数字か算用数字かという問題がある。「一つ、二つ、三つ」などは漢字で書く。一日（ついたち）のほか、「一人（ひとり）」「一間（ひとま）」等「ひぃふぅみぃ」など訓で数えるものは、漢字で書く（広報等では、算用数字を用いることもある。）。「みつき」と読む場合も、「三月」と書く。「兆」「億」や「万」は「4億3,000万円」のように算用数字と組み合わせて単位として用いることができるが、「千」や「百」は原則として単位としては用いない。算用数字には、3桁ごとにコンマを入れる（西暦を除く。）。このほか、「もう二

度と会わない」のように他の数字に置き換えられないものは漢字で書くが、「これで2度目の成功である」のように他の数字に置き換えられるものは算用数字で書く。「四捨五入」「六法全書」「三国干渉」のような熟語等は、漢字で書く。

　　＊　横書きで、算用数字と単位漢数字を併用するときは、コンマを省いてもよい（495億3105万円）。また、年月日や時刻を書くときは、数字は、桁数によらず半角に統一することができる（令和3年11月29日）。

　また、概数は、誤解を避けるため、「四、五日」「五、六千人」「数百本」「十数人」のように漢字で書く（「公用文作成の考え方」では例に「二十余人」が掲げられているが、やや古い表現であり、算用数字を用いて「20人余り」としてかまわない。）。このことは、知らない人が多いが、重要である。序数は、「第2次行政改革実施計画」のように横書きでは算用数字で書くが、「調査第三係」のような固有名詞の場合は漢字で書くのが原則である。

　ちなみに、人の数は、「二名連記」のような慣用がある場合を除き、「名」を用いずに「人」を用いて表記する。時間を表すときは、分や秒も原則として「分間」「秒間」とする（時間と併用するときは「○時間○分」で構わない。）。夜の12時は「午前零時」、昼の12時は「正午」とする（「午後12時30分」とは、絶対に言わない。「夜の9時から12時までの間」という表現は、構わない。）。また、「9時半」のように30分に「半」を用いた表記は、原則としてしない。「メートル」「パーセント」等の外来語の単位は、片仮名で書くのが原則であるが、横書きでは必要に応じてローマ字の単位記号等を用いてもよい。パーセンテージ（百分率）の増減は、単位を「パーセント」ではなく、「ポイント」とする。

　　例　今月のイベントの出席者は、社員全体の75パーセントであり、先月の65パーセントに比べて言うと、ちょうど10ポイント増加した。

　　＊　ゼロは、英語であるので当然用いず、零（れい）を用いる。ただし、「交通事故ゼロ対策」のように標語等で用いるのは構わない。「ゼロ歳児」も同様である。

意味によって遣い分ける漢字

　意味によって漢字を遣い分けるものがあり、次は特に誤りやすい例である。

　「こえる」は、「山を越える」というような意味には「越える」を用い、「一定量を超える」というような意味には「超える」を用いる。

> **例**　今日の委員会で審議の山場は越えた。
>
> 　　500人を超える聴衆が集まった。

　「あわせて」は、一致させるという意味の動詞には「合わせて」を用い、並行してという意味の副詞には「併せて」を用いる。ただし、接続詞の場合は、平仮名で表記する。

> **例**　創立10周年の時期に合わせて支店の店開きを行う。
>
> 　　創立記念日には、支店の店開きを併せて行う。

●間違いやすい「越える」と「超える」

　これは、公用文の書き方というよりも、むしろ国語の領域に属することである。

　特に「こえる」の表記には、間違いが多い。一定の数値をこえるという場合は、必ず「超える」と表記しなければならない。一方、「越える」は、またいでこえるという意味である。例えば「権限をこえた発言」という場合は、「越える」を用いる。

　「あわせて」は、それぞれの意味を熟知していれば、間違うことはない。なお、接続詞となる場合は、平仮名で「あわせて」となるので、要注意である。

●「意思」か「意志」か

　上記にはないが、「意思」と「意志」の違いがある。単純に当事者の思いという意味で用いるときは「意思」となり、意欲があるという意味で志に重点を置いて用いるときは「意志」となる。公用文では、ほとん

どが「意思」として間違いないであろう。

> 例　イベントへの参加の意思を企業に確認する。
>
> 彼は、意志が弱くてなかなか決断できない。

また、「意見をきく」は、法令上「聴く」に統一されている。法令以外の公用文でも、それに倣うべきである。ただし、「意見を聞かせてください」（使役）では、「聞く」を用いる。「聞く」は「物音を聞いた」「道順を聞く」のように聞こえるや尋ねるという意味合いのときに用い、「聴く」は「音楽を聴く」や「国民の声を聴く」のように積極的に耳を傾ける意味合いのときに用いる。

「伺う」は聞くや訪ねるの謙譲語であり、「うがう（窺う）」は、同語源ではあるが、のぞき見るや推定するという意味であって、現在では異なる語句とされているので、表記を混同しないよう注意する。

「措置をとる」は、意味の違いにより「採る（選択）」「執る（実行）」いずれも用いることが可能であり、いずれか判断できないときは平仮名で「とる」とするものとされている。しかし、この分別は結構難しいので、通常「措置を講ずる」とするのが適当である。「採る」については「決を採る」「意見を採り入れる」が、「執る」については「指揮を執る」「教べんを執る」が代表例である。特に選択の意味の「採る」を平仮名書きしている間違いが多いので、注意する。

> 例　どちらの方法を採っても結果には影響がない。

さらに、「適確」と「的確」については、いずれも法令に用いられているが、若干のニュアンスがある。「適確」は適正確実なことであり（例えば「適確な措置」）、「的確」は取り上げたものが適正であるという意味（例えば「的確な意見」）である。法令上は「適確」の用例がやや多く、この意味の違いに従って用いられているものと考えられる。しかしながら、法令以外の公用文では、原則として「的確」の方を用いることが慣例とされているので、意味の違いは余り意識されていない。ちなみに、「適格」は、資格に適合していることを意味し、異なる言葉である。

　「改訂」と「改定」の間違いも多い。「改訂」は文書や書籍の更新のみに用い、料金、規約や制度の更新には「改定」を用いる。なお、「常用漢字表」のような例規に準ずる文書の更新には、「改定」を用いることがある。

　「委譲」は権限を任せて委ねることであり、「移譲」は事務事業や施設を移管することである。ただし、微妙な場合もあり、法令上明確には整理されていない。

　「格差」と「較差」については、前者は構造的な差異があるという意味で「地域格差」などと、後者は数量的な差異があるという意味で「一票の較差」などと遣い分ける。

　「規程」は例規のことであり、「○○規程」のように固有名詞の一部に用い、「規定」は例規中の条項や語句のことを指す。

　「収束」は事態がある程度収まることであり、「終息」は事態が終結することである。終息は、自動詞のみに用い、「終息させる」という表現はしない。

　このほか、国語の領域ではあるが、「答える」と「応える」は「（質問に）答える」・「（期待に）応える」と、「使う」と「遣う」は「（物を）使う」・「（気持ちや言葉を）遣う」と覚える。なお、「寒さが身にこたえる」のような表現では、「こたえる」（堪える）と平仮名で書くべきである。また、「遣う」は、働かせるという意味であり、言葉遣いでも「この熟語ではその漢字を使う」のように使用するという意味合いの場合は「使う」を用いてもよいときがあり、結構判断が難しい。

限定の「もの」は平仮名

次のような用法において、限定の「もの」は、平仮名となる。
　世田谷区在住の者で自転車通勤しているものは、届け出てください。

●「〜で〜のもの」の「もの」は平仮名

　これは、やや上級の内容である。「〜で〜もの」の構文で、後の「もの」は限定のものと言われている。

　「もの」には、「者」「物」及び「もの」があり、それぞれ人、物品及び抽象的なものを指すこととされている。「者」でも「物」でもないものには、「もの」を用いる。なお、法令では、法律上人格を有する者（すなわち「法人」）を指す場合は、「者」を用いる（人格なき社団には、「もの」を用いる。）。

　では、上記の例では人のことを言っているのに、なぜ「もの」は「者」にならないのであろうか。この構文では、集合論的に見れば、「自転車で通勤しているもの」は「世田谷区在住の者」の集合の部分集合を指しているからである。部分集合は、「抽象的なもの」に当たるという解釈である。

　こうしたことを説明しても、かえって分かりにくい。要は、限定の「もの」は平仮名であることを覚えておいてほしい。なお、この限定のものは、「〜で〜もの」の構文に限って用いられる。例えば次のような文では、このルールは適用されない（「であって」が付く文も同様である。）。

　　例　世田谷区在住の者の中には自転車で通勤している<u>者</u>もいます。

表記に注意を要する語句

　次の語句の表記には、注意を要する。
　　有り難い（「ありがとう」は、平仮名）　おのずから（みずからは、「自ら」）
　　思わく（×思惑）　がんばる（×頑張る）　早速・再来週　十分（×充分）
　　すばらしい（×素晴らしい）　大分（だいぶ）　はがき（×葉書）　目指す
　　やむを得ず

●葉書きは「はがき」、ゴミは「ごみ」

　間違いやすいものを列記しているが、一部再掲したものもある。若干

の説明をしたい。

「ありがとう」は、原義の「有り難い」という動詞のときは漢字であるが、挨拶で用いるときは平仮名となる。「おはよう」「こんにちは」「こんばんは」も同様に平仮名で書く。

「おもわく」は、マスコミでは「思惑」で通用しているが、語義上「思ふ」の変化「思はく（ば）」であり、「惑」は当て字であることから、「思わく」と書くのが本来正しい。仏教用語の思惑（しわく）とは、異なる語句である。

「がんばる」や「すばらしい」は、漢字で書いたものをよく見掛けるが、当て字であるので平仮名で書く。

「早速」及び「再来週」については、「常用漢字表」上「早」に「サッ」、「再」に「サ」という読みが掲げられている珍しい例である。

「充分」は、公用文では用いず、全て「十分」と書く。「大分」は、大分県と紛らわしいが、副詞であるので、漢字で表記する。

「はがき」は、「葉書」「端書き」や「ハガキ」の表記があるが、平仮名で「はがき」と書くのがルールである。よく「ごみ」を「ゴミ」と片仮名書きする例を見るが、「ごみ」は明らかに日本の言葉であり、平仮名が正しい。

「目指す」や「やむを得ず」も平仮名で書いた表記が多々見られる。「やむ」は、「已む」や「止む」の表記があるが、いずれも「常用漢字表」に漢字や読みがなく、平仮名で書く。

上記にはないが、「ひとりひとり」は、「一人一人」と「一人ひとり」の表記が混在している。文部科学省用字用語例では「一人一人」とされているので、それがルールであるが、元来は「ひとりびとり」と読んでいたことから、表記についてもう少し研究が必要であろう。

「はんこ」は、元来版行（はんこう）であり、判子は当て字であるので、平仮名で書く。通常「印章」を用いる（「印鑑」は、本来印影のことを言うが、一般に印章の意味でも用いられている。）。

このほか、擬音語は片仮名で、擬態語は平仮名で書くのが原則であるが、それぞれ例外もある。

例 擬音語　ジャージャー　ドカン　ニャーニャー　とくとく　ばさばさ
　　擬態語　うとうと　ぎゅっ　べたべた　スースー　ペロペロ

● 「解説・広報等」では平仮名で書くことができる

　「公用文作成の考え方」では、「解説・広報等」においては、分かりやすさや親しみやすさを優先し、漢字で書くべきものでも平仮名で書くことができることとしている。国語分科会報告書では、次に掲げる語句を例示している。

例 接頭辞　御指導→ご指導　御参加→ご参加　等
　　接続詞　及び→および　又は→または　並びに→ならびに
　　　　　　若しくは→もしくは
　　副詞　　飽くまで→あくまで　余り→あまり　幾ら→いくら
　　　　　　既に→すでに　直ちに→ただちに　何分→なにぶん
　　　　　　正に→まさに　等

　これらは、公用文の書き方のルール上余り評判が良くないものを列記しているものとも考えられ、マスコミ表記に準じたものである。そのことは理解できるが、具体的なルール化は、個々の官庁に委ねられている。これだけの例示で各官庁におけるルール化が恣意的なものにならないか、懸念がある。ここに掲げられているものの範囲で限定的に運用することも考慮されるべきであろう（副詞における「等」の範囲は、不明確であるが。）。

●表記に注意しなければならない語句

　このほか、表記に注意を要するものを追記しておく。

① 　漢字で書くもの		
辺り（あたり）	当たり前（あたりまえ）	在り方（ありかた）
幾つ・幾ら（いくつ・いくら）		一番（下）（いちばん）
一緒（いっしょ）	一斉（いっせい）	一層（いっそう）
一遍に（いっぺんに）	今更（いまさら）	言わば（×謂ば）

大勢（おおぜい）　　　大人（おとな）　　　面白い（おもしろい）

顧みる・省みる（かえりみる）　　　片付ける（かたづける）

傍ら（かたわら）　　　括弧（かっこ）　　　我慢（がまん）

辛うじて（かろうじて）　肝腎（かんじん）　来す（きたす）

嫌いがある（きらい）　玄人（くろうと）　被る（こうむる）

殊更（ことさら）　　　殊に（ことに）　　　殊の外（ことのほか）

この期に及んで（このごに）　　　差し障り（さしさわり）

早急（さっきゅう）　　様々に（さまざまに）　強いて（しいて）

素人（しろうと）　　　随分（ずいぶん）　　逝去（せいきょ）

切に（せつに）　　　　是非（ぜひ）　　　存ずる（ぞんずる）

大概（たいがい）　　　大した（たいした）　大丈夫（だいじょうぶ）

大層（たいそう）　　　大体（だいたい）　　大抵（たいてい）

建前（たてまえ）　　　駄目（だめ）　　　逐一（ちくいち）

衷心（ちゅうしん）　　心積もり（つもり）　丁寧（ていねい）

手後れ（ておくれ）　　到底（とうてい）　取りあえず（×取り敢えず）

取り計らう（とりはからう）　　　取りまとめ（とりまとめ）

名残（なごり）　　　倣う（ならう）　　　懇ろ（ねんごろ）

把握（×は握）　　　図らずも（はからずも）外れる（はずれる）

派手（はで）　　　　奮って（ふるって）　雰囲気（ふんいき）

真面目（まじめ）　　見極める（みきわめる）見事（みごと）

無駄（むだ）　　　　銘々（めいめい）　　眼鏡（めがね）

面倒（めんどう）　　目途（もくと）　　厄介（やっかい）

由緒（ゆいしょ）　　行方（ゆくえ）　　余計（よけい）

知る由もない（よし）　僅か（わずか）　　我々（われわれ）

②　平仮名で書くもの

在りか（×在り処）　　とはいうものの（×とは言うものの）

とはいえ（×とは言え）　いかん（×如何）　いちず（×一途）

いつ（×何時）　　　いろいろ（×色々）　おかげ（×お蔭・お陰）

逆さま（×逆様）　　さすが（×流石）

しゅん工・しゅん功（×竣工・竣功）　　しんしゃく（×斟酌）

せっかく（×折角）　たばこ（×煙草）　たくさん（×沢山）

ちなみに（×因みに）　ちょうど（×丁度）　ちょっと（×一寸）

取りやめ（×取り止め）　　何とぞ（×何卒）　　　のっとる（×則る）

ふさわしい（×相応しい）　ふだん（×普段、本来は「不断」）

ますます（×益々）　　　　まれ（×希）　　　　　見いだす（×見出す）

見え（×見栄）　　　　　　みなす（×見なす）　　むなしい（×空しい）

むやみ（×無暗）　　　　　めったに（×滅多に）　めでたい（×目出度い）

もくろみ（×目論見）　　　もちろん（×勿論）　　もとより（×固より）

もろもろ（×諸々）　　　　よほど（×余程）　　　よりどころ（×拠所）

よろしく（×宜しく）　　　れんが（×煉瓦）

　平成22年の「常用漢字表」の改正により、従来平仮名で書いていた次のものは、漢字で書けるようになった。

あいさつ→挨拶　　　　　　あいまい→曖昧　　　　いす→椅子

いったん→一旦　　　　　　けた→桁　　　　　　　ごぶさた→御無沙汰

だれ→誰　　　　　　　　　帳じり→帳尻

③　**できるだけ用いずに他の用語に言い換えるべきもの**

×啓蒙（→啓発）　　　　×趨勢（→成り行き）　　×聡明（→賢明）

×知悉（→知り尽くす）　×稠密（→密度の濃い）　×煩瑣（→煩わしい）

×反駁（→反論）　　　　編さん（×編纂→編集）×莫大（→多大）

×邁進（→突き進む）　　×酩酊（→酔っ払う）

×輿論（よろん→世論（せろん））

　平成22年の「常用漢字表」の改正により、従来言い換えていた次のものは、言い換えをしなくてよくなった。（　）は、従来の言い換え語である。

真摯（真剣）　　　　　　　陶冶（培う）　　　　　剝離（はがれる）

必須（必要な）　　　　　　払拭（一掃）　　　　　補塡（補てん）

未曽有（かつてない）

④　**その他表記に注意を要するもの**

手元（×手許）　　　　　　部屋（×室）　　　　　真ん中（×真中）

＊　「不断」と「ふだん（普段）」は元々同義語であり、「普段」は当て字と考えられていることから、その意味で用いるときは平仮名で「ふだん」と書く。

　「啓蒙」を「啓もう」と表記しているものもあるが、「蒙」は「道理に暗い」という意味であるので、公用文では「啓もう」も用いない。

＊　「国内外」の読みについて、「こくないがい」とするものと「くにないがい」とするもの両説あるが、「国の内外」の「の」を省略したものと理解するのが自然であり、後者としたい。

＊　「寂しい」は「さびしい」と読み、公用文では、原則として「さみしい」は用いない。

＊　「現代仮名遣い」（昭和61年7月1日内閣告示第1号）には、仮名遣いの一般ルールのほか、原則として用いないこととされている「ぢ・づ」を例外的に用いる場合（連呼・連合）や「お」の長音に「う」でなく「お」を用いる場合（歴史的仮名遣いが「ほ」又は「を」の場合）などが示されている。次は、主な例である。

例　ちぢむ（縮む）　つづく（続く）　つづみ（鼓）　つづる　（連呼（連濁））

はなぢ（鼻血）　　そこぢから（底力）　　まぢか（間近）　　こぢんまり

ちかぢか（近々）　　ちりぢり（散り散り）　　たづな（手綱）　　ひづめ

つくづく　つれづれ　（連合（複合語））

せかいじゅう（世界中）　いなずま（稲妻）　ゆうずう（融通）　（「ぢ」「づ」も許容）

じめん（地面）　ずが（図画）　（「ち」「つ」の濁りではない）

こおり（氷）　　ほお（頬）　　ほのお（炎）　　いきどおる（憤る）

おおう（覆う）　　とおる（通る）　　もよおす（催す）　　いとおしい

とおい（遠い）　おおむね　おおよそ　（オホ）

とお（十）　（オを）

えいが（映画）　ていねい（丁寧）　（「エイ」は、長音としない。）

Q3 間違いを探せ！ ～述語の受け方～

今回は、述語の受け方の問題を集めてみました。受ける動詞には、決まりがあります。動詞に注意して、次の文の間違いを直してください。

① 議論の途中、彼が良いタイミングで合いの手を打ってくれた。
② ずさんな報告を聞いて、被害者は怒り心頭に達した。
③ 部下の上前をかすめるようなことをしてはいけない。
④ こんな結果になろうとは、思いもつかなかった。
⑤ 昨日の試合では、あれほどの苦杯にまみれようとは思わなかった。
⑥ その法案は、明日には可決される公算が強い。
⑦ もう事は動いており、くどくどと御託を述べているときではないだろう。
⑧ 次の白書は、消費者の動向に照準を当てて書いてみたい。
⑨ 投資家も、若手ベンチャー企業に食指を伸ばすようになった。
⑩ あの会社のやり方は、人道に劣るものだ。

【答えと解説は330ページ】

第4章　送り仮名

　送り仮名は、「常用漢字表」に従って表記する。ただし、公用文については、若干の留意事項がある。複合動詞の名詞形などの送り仮名の付け方については、原則どおりにいかないので、一つ一つ覚えていく。

取組~~み~~を
行~~な~~う

　送り仮名は、「常用漢字表」に従って表記する。ただし、公用文については、若干の留意事項がある。

●「常用漢字表」と「送り仮名の付け方」が典拠

　送り仮名は、「常用漢字表」に「例」の欄があり、そこに掲げられた語例を見れば、原則として分かる仕組みになっている。

　送り仮名については、「送り仮名の付け方」に日本語としての原則が定められている。公用文については、「公用文における漢字使用等について」（以下この章において「訓令」という。）により、この一部を適用除外した上で、「送り仮名の付け方」に準拠することとされている。

　「送り仮名の付け方」には通則１から通則７まであり、それぞれ原則として「本則」「例外」及び「許容」から成っている。訓令では、そのうち通則６を除いて「許容」の規定を適用除外し、各通則の「本則」及び「例外」を適用しているので、公用文においてもほぼ「送り仮名の付け方」どおりの運用が行われていると言っても差し支えない。ただし、この通則６の許容を適用していることが公用文の最大の特徴であり、学校教育で学んだことと異なるため公用文の作成の現場に負担を掛けているのは事実である。今後の大きな検討課題である。

　率直に言って、送り仮名は、理論よりも慣用が優先される分野であり、理屈を学ぶよりも一つ一つ覚えた方が早いと感じている。

　＊　例えば「開」の訓読みを問われたならば、「ひらく」又は「あける」と答えるが、「開」を「ひら」とか「あ」とか読むわけではない。送り仮名は、活用する場合も含め、漢字の読みに間違いがないようその読みの一部を添えるものであって、その範囲は、漢字に固有のものではなく、送り仮名の付け方のルールによるものである。

　＊　「送り仮名の付け方」の「例外」とは、本則が適用されないものをいい、本則と常に一体的なものである。「許容」とは、本則とともに選択的に適用されるものをいう。

　　まず、単独語のうち活用のある語について、通則１は、活用語尾を送

るものとし、その例外（「著しい」など「しい」の付く語、「温かだ、穏やかだ、明らかだ」など「か、やか、らか」の付く語等）及び許容（表わす、現われる、行なう等本則より1字多く送るもの）を掲げている。通則2は、活用語尾以外の部分に他の語（「動かす」に対する「動く」のような派生前の語のことをいう。）を含む語は、含まれている語の送り仮名の付け方によって送るものとし、その許容（生れる、起る、当る等本則より1字少なく送るもの）を掲げている。

　つぎに、単独語のうち活用のない語について、通則3は、名詞は、送り仮名を付けないものとし、その例外（辺り、哀れ、勢い等）を掲げている。通則4は、活用のある語から転じた名詞及び活用のある語に接尾辞が付いて名詞になったものは、元の語の送り仮名の付け方によって送るものとし、その例外（趣、氷、印等）及び許容（読み間違えるおそれのないため送り仮名を省くもの）を掲げている。通則5は、副詞、連体詞及び接続詞は、最後の音節を送るものとし、その例外（明くる、大いに、直ちに等）を掲げている。

　つぎに、複合語について、通則6は、その複合語を書き表す漢字の単独語の送り仮名の付け方によるものとし、その許容（読み間違えるおそれのないため送り仮名を省くもの）を掲げている。通則7は、慣用が固定していると認められる一部の名詞は送り仮名を付けないものとしている。

「送り仮名の付け方」の体系（○×は、公用文に適用するもの・しないもの）

			本則	例外	許容
単独語	活用のある語	通則1	○	○	×
		通則2	○	—	×
	活用のない語	通則3	○	○	—
		通則4	○	○	×
		通則5	○	○	—
複合語		通則6	○	—	○
		通則7	○	—	—

通則1の許容及び通則2の許容は、公用文には適用しない。

通則4の許容も同様であるが、「送り仮名の付け方」に掲げられた次の例（括弧書きが省略する送り仮名）のうち「曇」「晴」「答」「問」等

は、法令に関し表中等での記号的表記法に限って認められているので、公用文でもそれに倣って用いることができる。また、「届」「願」は単独語では認められないが、複合語の「○○届」「○○願」は、通則7を適用し、公用文に用いることができる。「狩り」「祭り」「群れ」等には、送り仮名を付ける。

　曇（り）　晴（れ）　答（え）　問（い）　終（わり）　生（まれ）　記号的表記法に限る。
　△届（け）　△願（い）　複合語の場合に限る。
　×当（た）り　×代（わ）り　×向（か）い　×狩（り）　×祭（り）　×群（れ）
　×憩（い）

　通則6の許容は、公用文で唯一適用している許容であり、訓令で複合動詞の名詞形など実際に公用文で用いることができるものを限定列挙している（後述）。

　通則7は、関取、頭取、取締役、事務取扱等地位、身分、役職等の名、「織」「染」「塗」「彫」「焼」等が付く工芸品の名、請負、仲買、歩合、両替等その他の特定の領域の語のほか番組、夕立、置物、受付等一般に送り仮名を省く慣用が固定していると認められる語について、送り仮名を付けないものとしている。「法令における漢字使用等について」（以下この章において「決定」という。）は、その具体例を一々例示した上で、このルールを法令に適用している（後述）。一方、訓令には通則7を受けての具体的な例示はなく、公用文では、事実上決定に倣っている状況にある。

●特殊な送り仮名
　「送り仮名の付け方」には「常用漢字表」付表に掲げる語句のうち原則になじまない特殊な送り仮名の付け方（省略を含む。）をするものについての言及があり、これは、公用文にも適用される。具体的には、次のとおりである。

　例　浮つく　お巡りさん　差し支える　立ち退く　手伝う　最寄り　息吹

桟敷　時雨　築山　名残　雪崩　吹雪　迷子　行方

● 「取り扱い」か「取扱い」か

　もちろん、「送り仮名の付け方」を全部覚える必要はない。前述したように、単独の漢字の送り仮名については、「常用漢字表」の「例」の欄を見れば分かる仕組みになっているので、「送り仮名の付け方」を個別に参照する必要はない。これが熟語や複合語になっても、送り仮名の付け方は1字の場合と原則として変わらない。特に名詞や形容詞については、送り仮名の付け方の原則からの変化はほとんどない。

　公用文上問題となるのは、複合動詞の名詞形や動詞を一部に含む熟語が完全に名詞化したものの場合である。前者は、複合動詞「取り扱う」の名詞形「とりあつかい」を「取り扱い」と書くのか、「取扱い」と書くのかということである。後者は、「物を置く場所」という意味から派生した名詞「ものおき」を「物置き」と書くのか、「物置」と書くのかということである。

　結論から言うと、公用文では、いずれの例も送り仮名の省略を認めているが、送り仮名を省略できる具体例は訓令及び決定で列挙され、送り仮名を省いても読み間違えるおそれがないもの（通則6の許容）又は送り仮名を付けない慣用が固定していると認められるもの（通則7）に限られている。すなわち、同じような例でも送り仮名を省略できる場合とできない場合があり、これは一つ一つ覚えるしかない。

複合動詞の名詞形の送り仮名

　複合動詞については、途中の送り仮名を、動詞形のときは付けるが、名詞形のときは付けない。

差し戻す ⟵⟶ 差戻し　　　取り扱う ⟵⟶ 取扱い
引き下げる ⟵⟶ 引下げ　　申し込む ⟵⟶ 申込み

　次のような複合動詞については、この原則が適用される。訓令及び決定で例示されている語句は、次のとおりである。

明渡し	言渡し	入替え	植付け	受入れ	受持ち	受渡し	打合せ
打切り	移替え	埋立て	売上げ	売惜しみ	売出し	売払い	売渡し
売行き	追越し	買上げ	買入れ	買受け	買換え	買占め	買取り
買戻し	書換え	貸切り	貸越し	貸倒れ	貸出し	貸付け	借入れ
借受け	借換え	刈取り	切上げ	切替え	切下げ	切捨て	切取り
切離し	組合せ	組入れ	組替え	組立て	繰上げ	繰入れ	繰替え
繰越し	繰下げ	繰延べ	繰戻し	差押え	差止め	差引き	締切り
据置き	据付け	座込み	備置き	備付け	立会い	立入り	立替え
付添い	積卸し	積替え	積込み	積出し	積立て	積付け	釣合い
問合せ	取上げ	取卸し	取替え	取決め	取崩し	取消し	取壊し
取下げ	取締り	取調べ	取立て	取次ぎ	取付け	取戻し	投売り
抜取り	乗換え	乗組み	話合い	払込み	払下げ	払出し	払戻し
払渡し	貼付け	引上げ	引揚げ	引受け	引起し	引換え	引込み
引締め	引継ぎ	引取り	引渡し	振出し	巻付け	巻取り	見合せ
見積り	申合せ	申入れ	申立て	申出	持込み	戻入れ	焼付け
雇入れ	譲受け	譲渡し	呼出し	読替え	割当て	割増し	割戻し

打合せ会　くみ取便所　払渡済み　申合せ事項（複合動詞の名詞形を含む複合名詞）

ただし、次のように例外も多いので、習熟しなければならない。

編み上げ	歩み寄り	言い合い	言い換え	言い違い	言い伝え
言い直し	言い抜け	言い回し	生き埋め	行き過ぎ	行き倒れ
行き違い	生き残り	生き別れ	入れ替わり	植え込み	請け合い
受け売り	受け答え	受け継ぎ	請け戻し	討ち入り	打ち消し
打ち出し	埋め合わせ	売り切れ	売り込み	売れ残り	追い込み
置き去り	送り迎え	押し合い	思い入れ	押し出し	押し付け
押し戻し	落ち着き	思い入れ	思い切り	思い違い	思い付き
折り合い	折り返し	折り込み	買い切り	買い出し	買い付け
返り討ち	返り咲き	係り結び	書き誤り	書き入れ	書き置き
書き下し	書き込み	書き出し	書き取り	書き抜き	掛け合い
掛け替え	掛け捨て	駆け出し	飾り付け	貸し下げ	刈り入れ
借り越し	刈り込み	聞き納め	聞き落とし	聞き覚え	聞き捨て
聞き違い	聞き伝え	切り通し	切り抜き	切り盛り	切り込み
食い上げ	食い込み	食い過ぎ	食い倒れ	食い違い	食い逃げ
組み討ち	繰り合わせ	繰り返し	凍え死に	下げ渡し	差し入れ

差し込み	差し支え	忍び歩き	忍び泣き	知り合い	吸い上げ
住み込み	競り合い	染め変え	染め返し	染め付け	抱き合わせ
抱き込み	立ち後れ	立ち消え	立ち聞き	立ち腐れ	立ち直り
立ち回り	立て付け	立て直し	建て直し	食べ過ぎ	食べ残し
使い込み	付き合い	継ぎ足し	作り直し	付け足し	付け届け
積み残し	詰め合わせ	詰め替え	照り返し	通り掛かり	通り抜け
飛び込み	取り入れ	取り込み	取り残し	取り運び	取り払い
取り巻き	取り持ち	取り分け	泣き別れ	殴り合い	殴り込み
投げ入れ	投げ捨て	成り立ち	縫い上げ	縫い返し	縫い込み
抜き書き	抜き差し	盗み聞き	盗み読み	塗り替え	願い下げ
願い出	練り直し	乗り合い	乗り入れ	乗り越し	吐き出し
掃き立て	張り合い	張り替え	張り込み	張り出し	引き合い
引き出し	引き立て	引き抜き	引き回し	引き分け	引っ越し
引っ込み	吹き替え	吹き込み	吹き通し	吹き流し	振り付け
振り分け	振る舞い	巻き戻し	待ち合わせ	待ち伏せ	見せ掛け
向かい合わせ	蒸し返し	申し送り	申し開き	申し渡し	燃え残り
持ち合わせ	盛り上がり	焼き直し	焼き戻し	焼け焦げ	焼け太り
行き詰まり	行き悩み	寄せ集め	呼び掛け	呼び捨て	読み合わせ
寄り合い	寄り集まり	割り付け	割り振り		

●複合語の送り仮名は覚えるしかない

　「送り仮名の付け方」の通則６の許容は、送り仮名を省いても読み間違えるおそれがない場合は、複合語の送り仮名を省くことができるものとしている。複合動詞については、動詞形のときは送り仮名を省略しないが、名詞形のときは途中の送り仮名を省略するのが大原則である。マスコミでは、この許容を適用せず、名詞形の場合も本則どおり全て送り仮名を付けることとし、公用文との大きな違いとなっている。

　しかし、これには例外も多い。例えば送り仮名が付く漢字が同じでも「立会い」と「立ち退き」、「取下げ」と「取り残し」のように送り仮名の付け方が異なっている。一般に、前の漢字が接頭辞的で意味が弱いときは送り仮名を省略し、前の漢字の意味が強く後の漢字と対等であると

きは送り仮名を省略しないという傾向は見られるが、そういう説明では割り切れない例も多く存在する。要は送り仮名を省いても読み間違えるおそれがないかどうかが基準であり、その判定はルールを定めた人のある程度主観に依存している。

* 昭和48年に「送り仮名の付け方」の改定が行われたが、その頃、「公用文と法令における表記の一体化」がうたわれていた。それ以前は、公用文では、旧「送りがなのつけ方」（昭和34年7月11日内閣告示第1号）通則19本文を適用し、例えば「取り扱い」とし、法令では、同ただし書を適用し、例えば「取扱い」としていた（同年以前は、「取扱」）。この一体化は公用文の表記を法令の表記に合わせる形で行われたことから、複合動詞の名詞形についても、それまでの法令において送り仮名を省略していた語句を中心に通則6の許容が例示されたものと推測される。言い換えれば、法令用語にないような語句は、送り仮名の省略の対象にならなかったのである。

送り仮名の省略等をする場合

　複合語については、「送り仮名の付け方」通則6の許容に該当する「読み間違えるおそれのない」ものは送り仮名を省き、通則7に該当する「慣用が固定していると認められるもの（名詞）」は送り仮名を付けない。公用文及び法令においてこれらのルールが適用される語句は、訓令及び決定で次のように例示されている。下線の語句は、特に間違いやすいものである。

① 通則6の許容を適用するもの（訓令及び決定で例示。前掲の複合動詞の名詞形を除く。）

預り金	魚釣用具	<u>受皿</u>	渦巻	内払	売場	縁組	置場	贈物
帯留	折詰	買物	格付	掛金	貸金	缶切	<u>期限付</u>	切土
靴下留	砂糖漬	下請	<u>条件付</u>	<u>仕分</u>	捨場	栓抜	染物	<u>田植</u>
立札	月掛	月払	釣鐘	釣銭	釣針	<u>手続</u>	届出	飲物	<u>日雇</u>
歩留り	船着場	不払	賦払	<u>前払</u>	<u>見習</u>	未払	持家	持分
元請	催物	盛土	雇主					

② **通則7を適用するもの（決定で例示。括弧は、他の語句で置き換え可能なものである。）**

合図　合服　合間　預入金　編上靴　植木　（進退）伺　浮袋
浮世絵　受入額　受入先　受入年月日　請負　受付　受付係　受取
受取人　受払金　打切補償　埋立区域　埋立事業　埋立地　裏書
売上(高)　売掛金　売出発行　売手　売主　売値　売渡価格
売渡先　絵巻物　襟巻　沖合置物　奥書　奥付　押売　押出機
覚書　（博多）織　折返線　織元　織物　卸売　買上品　買受人
買掛金　外貨建債権　概算払　買手　買主　買値　書付　書留
過誤払　貸方　貸越金　貸室　貸席　貸倒引当金　貸出金　貸出票
貸付(金)　貸主　貸船　貸本　貸間　貸家　箇条書　貸渡業　肩書
借入(金)　借受人　借方　借越金　刈取機　借主　仮渡金　缶詰
気付　切手　切符　切替　組合員　切替日　くじ引　組合　組入金
組立工　倉敷料　繰上償還　繰入金　繰入限度額　繰入率　繰替金
繰越(金)　繰延資産　消印　月賦払　現金払　小売　小売(商)
小切手　木立　小包　子守　献立　先取特権　作付面積　挿絵
差押(命令)　座敷　指図　差出人　差引勘定　差引簿　刺身　試合
仕上機械　仕上工　仕入価格　仕掛花火　仕掛品　敷網　敷居
敷石　敷金　敷地　敷布　敷物　軸受　下請工事　仕出屋　仕立券
仕立物　仕立屋　質入証券　支払　支払元受高　字引　仕向地
事務取扱　事務引継　締切日　所得割　新株買付契約書　据置(期間)
(支出)済(額)　関取　備付品　（型絵）染　ただし書　立会演説
立会人　立入検査　立場　竜巻　立替金　立替払　建具　建坪
建値　建前　建物　棚卸資産　（条件）付(採用)　月掛貯金　付添人
漬物　積卸施設　積出地　積立(金)　積荷　詰所　釣堀　手当
出入口　出来高払　手付金　手引　手引書　手回品　手持品
灯台守　頭取　（欠席）届　留置電報　取扱(所)　取扱(注意)
取入口　取替品　取組　取消処分　（麻薬）取締法　取締役　取立金
取立訴訟　取次(店)　取付工事　取引　取引(所)　取戻請求権
問屋　仲買　仲立業　投売品　並木　縄張　荷扱場　荷受人

荷造機　荷造費　(春慶)塗　(休暇)願　乗合船　乗合旅客　乗換(駅)
乗組(員)　場合　羽織　履物　葉巻　払込(金)　払下品　払出金
払戻金　払戻証書　払渡金　払渡郵便局　番組　番付　控室
引当金　引受(時刻)　引受(人)　引換(券)　(代金)引換　引継事業
引継調書　引取経費　引取税　引渡(人)　<u>日付</u>　引込線　瓶詰
歩合　封切館　福引(券)　船積貨物　踏切　<u>振替</u>　振込金
振出(人)　不渡手形　<u>分割払</u>　(鎌倉)彫　掘抜井戸　前受金
前貸金　巻上機　巻紙　巻尺　巻物　待合(室)　見返物資　見込額
見込数量　見込納付　水張検査　<u>水引</u>　見積(書)　見取図　見習工
未払勘定　未払年金　見舞品　<u>名義書換</u>　申込(書)　申立人
持込禁止　元売業者　<u>物置</u>　物語　物干場　(備前)焼　役割　屋敷
雇入契約　雇止手当　夕立　譲受人　湯沸器　呼出符号　読替規定
陸揚地　陸揚量　両替　割合　割当額　割高　<u>割引</u>　割増金
割戻金　割安

＊　括弧書きを付しているものは、括弧の語句が付かなければ、通則７は
　　適用されない。ただし、通則６の許容が適用され、送り仮名の一部を省
　　ける場合があるので注意する。例えば「借入(金)」は、「(金)」が付か
　　なければ「借入」とはできないが、本則の「借り入れ」ではなく、通則
　　６の許容が適用されて「借入れ」となる。

●通則６の許容と通則７は限定的に適用

　「送り仮名の付け方」通則６の許容は、複合語の送り仮名はそれを書
き表す漢字の単独の語の送り仮名の付け方によるものとしている本則の
緩和を定めたものであり、かなり広範に送り仮名を省くことを認めてい
る。そのため、公用文及び法令においては、許容の適用を常識的な範囲
にとどめる必要があることから、それぞれ訓令及び決定で複合動詞の名
詞形を含む186語の同一の対象語句が例示されている。そのため、「送り
仮名の付け方」の例に掲げられていても、「落書」「雨上り」など訓令及
び決定で例示されていない語句がある。例には「書抜く」「申込む」な
ど複合動詞も掲げられているが、動詞の送り仮名の省略は一切認められ

ていない。

　通則 6 の許容に係る186語の例示は、限定列挙であり、公用文や法令においてそれ以外の語句の送り仮名の省略を認めない趣旨と考えるべきである。訓令（2(2)）ではこれらの語句以外の許容の適用を排除してはいないが、原則として認められない。

　それに対し、通則 7 は、本則であり、送り仮名を付けないことが国民の間で広く慣用されている名詞に限られていることから、訓令ではあえて対象語句が例示されていない。他方、法令に関しては、その統一性を確保する必要があるため、決定で上記のように「送り仮名の付け方」の例に掲げられた語句を含む相当数の対象語句が例示されている（304語あり、「売上(高)」「引受(人)」のように他の語句に置き換え可能なものが多く含まれている。）。公用文においても、事実上これに倣っている状況にある（国語分科会報告書では、決定の例示によって通則 7 に当たる語句であるかどうかを確認できるとしている。）。

　「文部科学省公用文送り仮名用例集」には、決定で例示された語句のほか通則 7 に該当すると考えられる語句が幾つか掲げられている。決定の例示は限定されたものではなく、「送り仮名を付けない慣用が固定されているもの」に該当するかどうかは、個別に判断されるものである。そうはいっても、実際に個々に判断するのは困難であり、決定の例示で送り仮名を付けない複合語はおおむね尽くされていると考えても、大きな間違いはない。

　＊　例えば上記用例集に掲げられている「合気道　有様　入会権　浮足　浮雲　浮草　浮名　浮世　大立者　貸地　貸賃　買上金　貸手　気合　具合　組曲　組長　桟敷　時間割　立入禁止　支店詰　隣村　泥仕合　成金　鳴子　練歯磨　初詣　歯磨粉　引揚者　日割計算　福引　見送人　元締　雇人　山伏」などは、送り仮名を付けないことが多く、現に法令に用いられているものもあるが、決定には例示されていない。「常用漢字表」の語例に掲げられている「筋書　元結」も同様である。実例として「続柄　認印　枠組条約」などもある。

　ちなみに、マスコミでは、通則 7 について、「送り仮名の付け方」の

例は適用しているが（受付　受取を除く。）、それ以外の決定で例示され
ている語句には適用していないものが多い（箇条書き　支払い　取り組
み等）。一方で、決定で例示されていない語句への適用もあり（浮桟
橋　取調(官)　振付師等）、行政機関と報道機関の用語の違いを反映し
ている。

＊　こうした結果として、訓令及び決定の対象語句には、通則６の許容と
して複合動詞の名詞形が、通則７として複合語に更に語句が付いて３字
熟語や４字熟語になったものが多く含まれることになった。一方、それ
ぞれの例示に含まれる２字熟語については、例えば「釣針」は通則６の
許容であり、「釣堀」は通則７の本則であるように、どういう基準で分
類されているのか必ずしも判然としない。

通則６の許容と通則７の違いは微妙であり、前者のうち複合動詞の名
詞形の送り仮名の在り方を再検討した上で、それ以外の送り仮名を省く
語句と後者の送り仮名を付けない語句を統合して整理するほうが分かり
やすい。

●「届」「ただし書」「支払」が正解

各種文書の標題で用いる「伺」「届」や「願」はそれぞれ送り仮名を
省略できるが、「しらべ」は、決定で送り仮名を省略できるものの例示
として掲げられていないので、「調べ」と書く。ちなみに、コピーを意
味する「うつし」は、「写し」と送り仮名を付ける。

「覚書」は、「覚書き」とは書かない。「ただし書」や「箇条書」も同
じである。「なおがき」は、送り仮名の省略が認められていないので、
「なお書き」である。

「支払」を始め、「概算払」「立替払」「分割払」「前払」「未払」など
「〜払」は、送り仮名は不要である。ただし、複合動詞の名詞形である
「売払い」に限り、送り仮名を付ける。これが原則であるが、細かいこ
とを言うと、「後払い」「即時払い」「門前払い」は、省略できる規定が
ないので、送り仮名を付ける。

● 「手続き」「取組み」は誤り

「てあて」については、報酬の意味のときは「手当」であるが、傷の「手当て」のときに限り、送り仮名を付ける。後者には、「手当てする」というサ変動詞があるからであろうか。

「手続」や「手引」は、公用文の中で送り仮名の誤りが多いワーストのものであろう。いずれも、送り仮名は付けない。ただし、「手引きをする」とする場合は、送り仮名を付ける。

「取組」も「取組み」としているものの方が断然多い。「取り組み」の例もよく見受けられる。「しくみ」は「仕組み」であり、この違いは理屈の上でよく分からない。いずれも「取り組む」「仕組む」という動詞から派生した語であり、その点は変わらない。「取組」の方が、名詞化の程度が高いということであろうか。元々「組」は送り仮名なしで「くみ」と読むのであるが、「仕組」という表記ではいかにも落ち着きが悪いということであろう。ちなみに、「枠組み」には、送り仮名を付ける。

●送り仮名がなくなる場合も

公用文には送り仮名を省略する独自のルールがあり、送り仮名の間違いの多くは、それに関するものである。

例えば「取扱い」については、動詞のときは送り仮名を付けて「取り扱う」とし、名詞のときは送り仮名を一部省略して「取扱い」とするが、さらに、後に語句が続くときは「取扱(所)」「取扱(注意)」のように送り仮名を全て省略する。こうしたものには上記の後に続く語句が括弧書きになっているものが該当するほか、上記の「打切補償」「繰上償還」「先取特権」「仕入価格」「据置期間」「立会演説」「立入検査」「棚卸資産」「取消処分」「持込禁止」「読替規定」など特定の語句で認められている。中には、送り仮名を全て省略する語句が後に付くものもあり、上記の「事務取扱」「事務引継」「名義書換」のほか、「(代金)引換」が

ある。本書では、「均等割付」だけは、ルールにないが、送り仮名を付けない４字熟語として扱っている（本来は、「均等割り付け」である。）

また、「受付」のように複合動詞の名詞形にもかかわらず送り仮名を全て省略するものもあり、上記の「請負」「受取」「押売」「卸売」「書付」「書留」「取組」「踏切」「振替」「割引」が該当する。

このほか、複合動詞の名詞形以外でも送り仮名を付けない名詞に次のような語句があるので、注意する。

例 浮袋 渦巻 縁組 奥書 贈物 折詰 買物 貸金 缶切 缶詰 子守 献立 挿絵 字引 仕分 捨場 染物 田植 立札 漬物 詰所 釣堀 釣鐘 取引 飲物 日雇 瓶詰 歩合 巻紙 巻尺 巻物 持家 催物 雇主

● 「解説・広報等」では送り仮名を加えることができる

「公用文作成の考え方」では、広く一般に向けた「解説・広報等」においては、読み手に配慮し、送り仮名を省略せずに、学校教育で学んだ表記によることができるものとしている。国語分科会報告書では、次に掲げる語句が例示されている。

例 食品売場→食品売り場　期限付の職→期限付きの職 解約の手続→解約の手続き　雇主責任→雇い主責任

これらも、「送り仮名の付け方」の許容を適用していないマスコミ表記に準じたものである。この例示を参考にして各官庁で「解説・広報等」のルールを定めるのであれば、マスコミ同様訓令で例示されている通則６の許容を全て適用しないことにするのであろうか。また、そのうち特に違和感があるものに限って除外することにするのであろうか。その範囲は、明確ではない。なお、この例は全て通則６の許容に係るものであり、通則７が適用される語句に送り仮名を付けることは認めていない。

特に間違いやすい送り仮名

> 公用文によく出てくる語句で特に送り仮名を間違いやすいものに、次の語句がある。
>
> 当たって　危ない　承る　行う　押さえる　脅かす　終わり
> 来(きた)る　気短(きみじか)　講ずる　仕組み　速やか　損なう
> ○月○日付け　問合せ　伴う　懐かしい　甚だしい　申合せ

● 「とうたって」「ばんう」と覚える

　「当たって」は、「とうたって」と覚えてほしい。「承る」は、語根が5音節もあり、送り仮名の付く多音節漢字の長である（「慮(おもんぱか)る」も同様であるが、「常用漢字表」に読みがない。）。

　「おこなう」は、昭和48年に「送り仮名の付け方」が改定されるまでは法令上も「行なう」であったが、現在では「行う」に統一されている。「行なう」では、クラシックである。

　公用文では、「講ずる」を用い、「講じる」は用いない（後述）。

　「問い合わせ」は、平成22年の「常用漢字表」の改正に合わせて「問合せ」と送り仮名を省略できるようになった。同様に、「打合せ」や「申合せ」は、送り仮名を省略できる。あわせて、「申立て」「申出」「届出」も、よく送り仮名を間違えるので、覚えておく。

　「伴う」も「ばんう」と覚える。

　「付け」は、ルール上「日付」を除いて送り仮名は省略できないが、辞令書等の特殊な用途で省略する慣用がある場合もある。「付き」は、「期限付」や「条件付」のほか、「(条件)付(採用)」のように後に語句が続くときは送り仮名を省略する。

　なお、上記にはないが、「済み」は、「常用漢字表」の例に「使用済み」とあり、単独で用いるときは「使用済みである」のように送り仮名を付けるが、決定の送り仮名を付けない例に「(支出)済(額)」とあり、後に語句が続くときは「使用済燃料」のように送り仮名を省略する。

●送り仮名を付けない１字の漢字

　上記にはないが、「謡(うたい)」「趣(おもむき)」「氷」「印」「頂」「卸」「煙」「志」「次」「隣」「富」「恥」「話」「舞」「並(なみ)」「巻」「割」などの１字の漢字には、送り仮名を付けない。「組」「光」「折」「係」なども同様であるが、次のように名詞でも動詞の意識が残っている使い方の場合は、送り仮名を付ける。

　例　活字の組みが緩い。　車のボディの光りが美しい。

　　　　裾の折りをきれいにする。　述語への係りがおかしい。

　ちなみに、「志(こころざし)」のような５音節の漢字には、「常用漢字表」上「詔(みことのり)」及び「政(まつりごと)」がある。送り仮名が４音節あるものには、「慌ただしい」「汚らわしい」「嘆かわしい」「恥ずかしい」「紛らわしい」がある。全体が６音節のものは、このほか「承る」及び「羨ましい」がある。

＊　「講ずる」と「講じる」のように、語幹が音読みの動詞の中には、２通りの活用をするものがある。前者がサ行変格活用であり、後者がザ行上一段活用である。平安時代末期から鎌倉時代に掛けて、動詞は終止形にも柔らかみのある連体形が好んで用いられるようになった。その中で、「講ず」「感ず」「信ず」のような動詞も、終止形を「ずる」と活用するようになった。その後、「ずる」も次第に「じる」と変化していくのであるが、この変化には相当の抵抗があり、今日まで至ってきた。

　　したがって、いずれ「じる」に収れんしていくものと考えられるが、それを認め得るかどうかは、実際にどれだけ国民の間でその活用が一般化しているかということに依存している。現在、「講」は「講ずる」が、「感」は「感じる」が原則であると言えるが、例えば「生ずる・生じる」「通ずる・通じる」のように変化の途上にある動詞も存在する。マスコミでは、最近「講じる」の表記が増えている。

　　また、「属する」や「適する」は、本来のサ変動詞であれば未然形は「属しない」「適しない」と活用するはずであるが、五段活用して「属さない」「適さない」という表記をよく見掛けるようになった。

　　ちなみに、「常用漢字表」には「案じる」「信じる」のような語幹が音

　読みの漢字の送り仮名は一切掲げられておらず、こうした状況も踏まえてのことと考えられる。したがって、明確なルールはなく、このような動詞については、当面、同一文書中で同一語句が異なった活用をすることのないよう注意するしかない。

Q4 間違いを探せ！ ～漢字一字の違い～

今回は、漢字一字の違いを出題しています。それが分かっていても結構難しいものです。次の文の間違いを直してください。

① 来月の１日には、役員が一同に会することになる。
② 来年は、是非一念奮起してがんばってほしい。
③ あの団体は、工業会では陰然たる力を持っている。
④ 緊急停止装置のおかげで、事故は間一発免れた。
⑤ 君の言っていることは、責任転化に過ぎない。
⑥ 彼女の的を得た発言で議論の方向は決まった。
⑦ あの場所での発言は、彼には耳触りだったかもしれない。
⑧ この提案に対して、是か否か速やかに回答してほしい。
⑨ 急に子供が熱を出して、出張からとんぼ帰りした。
⑩ 入社した時は、何も分からず、五里夢中だった。

【答えと解説は331ページ】

第5章　句読点

句読点については日本語の表記の上でも基本的なルールが定まっておらず、特に読点についてはルール化が難しい。しかし、公用文については幾つかの特別なルールもあり、最小限の基本原則を整理することはできる。

●公用文における句読点の基本ルール

　句読点については日本語の表記の上でも基本的なルールが定まっておらず、特に読点についてはルール化が難しい状況にある。しかし、公用文については幾つかの特別なルールもあり、最小限の基本原則を整理することは可能であるので、以下にその概要を示す。

　句読点については、国語の分野でも法制執務の分野でも、ほとんどまとまって書いたものを見たことがない。大辞典の付録には、便利な資料がたくさん掲載されているが、それでも句読点についての記述があるものはほとんどない。句読点については、「くぎり符号の使ひ方」（昭和21年３月文部省教科書局調査課国語調査室）が現在までよりどころとされている。

　しかしながら、ここでは国語としての句読法（句読点の打ち方のこと。）を論ずるわけではない。ここで説明したいのは、飽くまで公用文作成上必要となる句読点の打ち方である。この点については、特に読者の留意をお願いしたい。こう言うのは、前述のように、句読点についてはその基準となる出典がほとんどなく、以下の記述はおおむね私の個人的体験から体系化したものであるからである。

句点のルール

　公用文における句点のルールは、次のとおりである。
① 　文末には、原則として「。」を打つ。
② 　文末が「～こと」又は「～とき」のときは、「。」を打つ。
③ 　文末が体言（名詞）又は「～もの」のときは、「。」を打たない（一連の文章中ある文を文飾のため体言止めにしているような場合を除く。）。
④ 　（　）の中が文になっているときは、「。」を打つ。
　　例 　本庁各部局（警察本部を除く。）は、予算要求書を本日中に提出してください。
　　なお、（　）の中で体言止めに続いて文がくるときは、例外的に体言

の後に「　。」を打つ。

> 例　建物の区分所有等に関する法律（昭和37年法律第69号。以下「区分所有法」という。）第1条の規定に基づき〜

●「こと」「とき」は丸、「もの」はなし

「　。」のことを「句点」という。こちらは、「読点」よりも話は簡単である。文末には、「　。」を打つ。これは、小学校で教えている。

公用文では、体言止めのときが問題になる。文末が「こと」又は「とき」のときは「　。」を打つが、文末がその他の体言又は「もの」のときは「　。」を打たないというのがルールである。これは、なぜそうなのか不明である。「もの」については、体言止めの後には「　。」を打たないというルールの原則にのっとったものである。従来、「こととときは丸、ものはなし」と丸覚えするよう勧めてきた。

なお、新聞記事では字数削減のため体言止めが多用され、一連の文章中の体言止めには当然「　。」を打つことになる。公用文では、文章中の体言止めは、広報文を除き、原則として用いない。

●括弧の最後にも「　。」を

丸括弧の中も文になっているときは、文末に「　。」を打つのが公用文のルールである。かぎ括弧の中も同様である。法令文中括弧書きの法令番号に続いて略称規定があるときなども、「　、」ではなく、「　。」を打つ。なお、「公用文作成の考え方」では、かぎ括弧内が引用部分であるときは、「　。」を打たないこととしている（語句や短文の引用に限るべきである。）。また、国語分科会報告書では、「解説・広報等」においては、丸括弧内の文末の句点を省略することがあるとしている。

最近、横書きの本で「　。」や「　、」に代えて「　．」や「　，」を用いているものが増えているが、これはルールの問題であり、何が正しいということではない。実は、公用文でも、横書きの読点は従来「　，」

（コンマ）を用いることとされていたのであるが（「公用文作成の要領」第３の５の注２）、一部の中央官庁（法務省、外務省、文部科学省、宮内庁、消費者庁等）を除いてこのルールはほとんど無視されてきた。「公用文作成の考え方」では、こうした状況や世論調査の結果も踏まえ、今後原則として読点には「、」（テン）を用いることとした。なお、事情に応じて「，」を用いる場合でも、句点に「．」（ピリオド）は用いない。

読点のルール①　文の長短によって打つ場所は変わる

　読点については、明確なルールはないが、以下は公用文に特有のルールを中心にまとめたものである。なお、長文化すれば普通は「、」を打たない位置でも「、」を打つこともあり、読みやすい文にするための例外は許容される。

●読みやすくするためには、読点を補う

　上記にあるように、読点の打ち方には、絶対のルールというものはない。読みやすい文を書く上で読点が必要であるならば、それに応じて読点を打つことができる。ただし、特殊な場合を除き、ここで整理した箇所以外には原則として「、」を打たないのが公用文の流儀であることも知っておいてほしい。

読点のルール②　単文の主語の後には打つ

　単文（「主語＋述語」関係が１か所しかない文をいう。）の主語の後には、「、」を打つ。

　　例　<u>私は</u>、貿易関係の会社に勤めている。

　なお、主題を表す助詞の付いた文節など主語に準ずる場合も同様である（以下同じ。）。

　　例　<u>行政改革については</u>、至急その具体策を取りまとめなければならない。

● 「〜については」も主語に準じて扱う

　主語の後には、「　、」（読点）を打つ。これも小学校で教えている初歩的なことである。公用文で多用する「〜については」は、主語とは言わないが、主語に準じた例である。まとめて「主題を示す語句」という言い方をしている解説書もある。文頭に「〜おいては」や主題を示す「〜は」などが置かれる場合も同様に考える。

　主語の後に「　、」を打つことにより主語が明確化され、特に長い文では文意が格段に分かりやすくなる。各自で検証してみてほしい。

　なお、格助詞「が」の付く主語には、公用文では、単文の主語である場合を含めて原則として「　、」を打たない。

　　例　彼がその事件の目撃者である。

　　　　給付の詳細については、厚生労働大臣が定める。

　並列を表す副助詞の「も」の後は、主語に付く場合も原則として「　、」を打たない。ただし、後に節や句があるときは「　、」を打ち、後の部分が長いときは「　、」を打つこともある。

　　例　私たちも被災地の支援に向かう考えです。

読点のルール③　動詞の連用形の後には打つ

　動詞の連用形の後に（用言が付かないとき）は、原則として「　、」を打つ。

　　例　諸般の事情を勘案し、最終決定を行う。

　なお、「〜（し）て」となる場合は、原則として「　、」を打たない。

　　例　諸般の事情を勘案して最終決定を行う。

　ただし、法令の条文中、「〜に関し」や「〜に対し」の後には、慣用上「　、」を打たないことが多い。

　　例　意見書は、その日から３日以内に知事に対し提出しなければならない。

● 「〜し」の後には読点を打つ

　これは、全く公的な根拠はないが、私が過去法令案や通知文を作成す

るときに留意した事柄である。「～し」など連用形で続く動詞（「連用形止め」又は「中止法」と呼ばれる。）の後には「、」を打ち、これが接続助詞の「て」が付いて「～（し）て」と変化したときには原則として「、」を打たない。このことを知らないと、公用文の作成上大きな差が出てくる。もちろん、これにも例外的なものはある。

　例えば「昨年、道路や河川が全面改修され、鉄道も元どおりに接続されて、ようやく復旧事業は完成した」のような文で、「～され、～され、」と連用形止めを続けるとリズムの悪い文になる。こういうときは、「～（し）て、」を用いるべきである。また、法令文中の「～に関し」や「～に対し」の後には、慣用上「、」を打たないことが多い。これらの語句は、動詞というよりも助詞的な色彩が強いためであろう（法令ではこれらのほかにも連用形止めの後に「、」を打っていない例は数多く見受けられ、法制上のルールになっているわけではない。）。ちなみに、「引き続き」は、動詞の連用形ではなく、全体で副詞とされているので、原則として後に「、」を打たない。

　　例　本会議の散会後、引き続き議院運営委員会を開会する。

　動詞の連体形の後に「、」を打っている例をよく見掛けるが、余り気持ちの良いものではない。

　　例×　当研究所では、遠隔操作など新しい技術を活用した、栽培手法の開発にも取り組んでいる。

> **読点のルール④　接続詞の後には打つ**
>
> 　接続詞の後には、「、」を打つ。
> 　　例　しかし、それには賛成できない。
> 　この場合、そのすぐ後に短い主語がくるときは、主語の後の「、」を省略することができる。
> 　　例　しかし、私はそれには賛成できない。

●余り「、」が続くのも読みにくい

　文頭の接続詞の後に「、」を打つのも常識である。接続詞を文中で

用いるときも「、」を打つのが普通である。

> 例　行政改革については、基本方針が定まったところであるが、<u>さらに、</u>その具体策を明らかにしていかなければならない。
>
> 　　通知文の作成に当たっては、正確で、<u>かつ、</u>分かりやすい表現に心掛けなければならない。

なお、「仮に」「もし」「例えば」や「特に」は、副詞であって接続詞ではないので、後に「、」を打たない。ただし、これらの副詞と修飾される語句（一般に動詞）の間に他の句や節がある場合を除く（100ページ参照）。

後段の「短い主語」の話は、ルールとまでは言えないであろう。余り「、」が増えてくると、かえって読みにくくなる例の一つである。

読点のルール⑤　名詞を列挙する場合は打つ

名詞を列挙する場合は、「、」を打つ（詳細は、第8章名詞の列挙参照）。

> 例　消耗品とは、<u>鉛筆</u>、<u>消しゴム</u>、<u>用紙</u>等の文房具をいう。

●「・」よりも「、」が良い

名詞を列挙するときに「、」を打たなければ、単語の切れ目が分からず、当然何を書いているのか分からなくなる。ここで言いたいことは、名詞を列挙するときには、「・」（「中点」という。）を用いることもあるが、原則としては「、」を用いるということである。形容詞や形容動詞を列挙する場合も同様である。ちなみに、中点は、「行政改革・財政再建推進本部」のような固有名詞や「ジェームズ・ボンド」のような外来語・外国人名の中で単語の区切りを設けたいときなどに用いる。

ただし、かぎ括弧で囲まれた語句を列挙する場合は、法令を除き、「、」を省略することができる。

> 例　明日の会議では、「来年度の主要施策」「予算要求の基本方針」などを議題として議論を行います。

読点のルール⑥　重文の場合、主語の後には打たない

　条件節又は重文（「主語＋述語」関係が２か所以上ある文をいう。）の第１節の後には、「、」を打つ。

　　例　雨が降れば、運動会は延期される。（条件節）
　　　おじいさんは山へ柴刈りに行き、おばあさんは川へ洗濯に行った。
　　　（重文）

　条件節の主語、重文の第１節若しくは第２節の主語又は複文（主部又は述部の中に「主語＋述語」関係がある文をいう。）の主部若しくは述部の主語の後には、原則として「、」を打たない。

　　例　国が賛成すれば、県はやりやすくなる。（条件節）
　　　私は賛成だが、彼は反対だ。（重文）
　　　花が咲くときがやってきた。（複文）
　　　設計費にあっては当初予算に計上し、工事費にあっては時期を見て補正予算で対応する。

●**主語が複数ある文では、主語の後には「、」を打たない**

　ここはまとめて説明するが、今「AがBであれば、CはDである。」という文や「AはBであり、CはDである。」という文が存在する。前者の場合は前段が条件節で後段が主節となっており、後者の場合は二つの文が並列している重文となっている。いずれの場合も、「Bであれば」や「Bであり」の後に「、」を打つのは、極めて常識的である。しかし、一方で重要なことは、「Aが（は）」や「Cは」の後には「、」を打ってはならないということである。簡単に言うと、主語が複数ある文では、各主語の後に「、」は打たない。

　公用文では、

　　例×　おじいさんは、山へ柴刈りに行き、おばあさんは、川へ洗濯に行った。
とは、しないのである。このことは、主語以外の場合にも適用され、「～にあっては」や「～場合は」などが複数用いられている文においても同様である。もちろん、主語などが長文化した場合も、絶対に「、」を打ってはならないというわけではない。

098

　複文というのは、主語述語関係が二重になっている特殊な文であるが、この場合も小さい方の主語の後には「　、」を打たない。上記の複文の例では、「花が咲くときが」が大きい主語であり、「花が」が小さい主語である。ちなみに、単文であっても、格助詞「が」が付く主語には、原則として「　、」を打たない。

●挿入句の前後には「　、」を打つ

　よく質問を受けるのは、次のような重文での「　、」の打ち方の違いである。

> 例　市長は大変理論肌であるが、公開の場での演説が不得手であるので、市民の支持は一向に拡大しない。
>
> 　市長は、多くの市民が感じていることであるが、文化関連予算には関心がないので、その方面の事業は全く進んでいない。

　前者の場合は、「市長は」と「市民の支持は」という二つの主語を持つ重文であるので、上記のルールによれば各主語の後に「　、」は打たない。したがって、次に解説する接続助詞の後には「　、」を打つルールに従い、「が」と「ので」の後にのみ「　、」を打つのが原則である。他方、後者の場合も重文であるが、「多くの市民が感じていることであるが」の主語は「市長は」ではないので、この部分は独立した挿入句である。したがって、挿入句の前後には「　、」を打つのがルールであり、「市長は」の後にも「　、」を打つことになる。

　また、「　、」には、その前にある語句が以下の文全体に係っていることを示す機能がある。

> 例　この法案には、野党のうち、○○党と△△党が賛成しているが、その他の政党は反対している。

　この例文で、「うち」の後に「　、」が打たれていないと、「その他の政党」に与党が含まれているのかいないのかよく分からない文になる。「　、」が打たれていると、この文は野党のことだけに言及したものであることが分かる。余り知られていないが、このように読点で囲まれた

部分を飛ばして読んでも文脈が通じるのは、読点の基本機能である。副詞的語句が被修飾語と離れているときは「、」を打つが、直接係っているときは「、」を打たないのもその例である。

> 例　昨夜、現地調査のため、出発した。
>
> 現地調査のため、昨夜出発した。

　くわえて、読点には、同格的用法があり、「すなわち」という意味を読点に代替させることができる。

> 例　この問題に関する受け止め方の違い、温度差がある。

読点のルール⑦　接続助詞の後には打つのが原則

接続助詞の後には「、」を打つのが原則であるが、例外も多い。

> 例　住民の同意を得たので、事業は順調に進むであろう。
>
> 他部局との協議も必要であるが、まず担当部で十分検討する必要がある。

●「〜ので、」「〜が、」が原則

　「ので」や「が」は接続助詞の典型例であるが、必ずしもこのルールが適用されない場合が多い接続助詞も存在している（原則として後に「、」を打たない「て」も接続助詞である。）。順接又は逆接を表す接続助詞（と　ので　から　が　けれども等）の後には、「、」を打つことが多い。前置きを表す「が」も同様である。

> 例　トンネルを抜けると、雪が降っていた。（順接）
>
> 今は厳しい状況にあるけれども、全力を尽くそう。（逆接）
>
> 明日試験結果の発表があるが、期待したい。（前置き）

　ちなみに、かぎ括弧で囲まれた会話等の部分の次に置かれる格助詞「と」の後には、次に続く語句が「言った」「思った」「考えた」などのときは「、」を打たないが、それ以外のときは原則として「、」を打つ。

> 例　彼は、「今日は、絶対に試合に勝つ。」と言った。

　「今日は、絶対に試合に勝つ。」<u>と</u>、私は、内心考えていた。

　＊　かつて電報を片仮名書きで送信していた時代は、文字単位で課金されていたので、読点を打たないのが普通であった。そのため、相手側に全く異なった内容が伝わったという笑話が幾つかある。例えば電文「アスヒルスバンニコイ」では、明日昼に行けばいいのか、夜に行けばいいのか分からない。読み間違いのおそれがある場合に適宜読点を打つのは、当然である。

●区切り符号は６種

　区切り符号として公用文に用いるのは、従来「。」「、」「・」「（　）」「「　」」及び「『　』」の６種であったが、「公用文作成の考え方」では、新たに「【　】」を用いることとし、「『　』」は原則として用いないこととされた。句点、読点及び中点については、既に解説した。丸括弧の用法は多様であるが、多くは、直前の語句の定義や説明をするときに用いる。かぎ括弧は、会話を引用するときに用いるほか、語句を強調するときに用いる。丸括弧やかぎ括弧は、必要に応じて二重に用いることができる。丸括弧は、「　例）」のように片括弧でも用いることができる。新たに加えられた隅付き括弧は、項目を示したり、強調すべき点を目立たせたりするときに用いる。二重かぎ括弧は、かぎ括弧を二重に用いることができるので原則として用いず、「解説・広報等」においてかぎ括弧の中で会話の引用が二重になっているときに用いることができるとしている。「〈　〉」「［　］」などその他の括弧は、むやみに用いず、必要な場合は文書内で用法を統一すべきであるとしている。

　「公用文作成の考え方」では、その他の符号のうち「　？　」（疑問符）及び「　！　」（感嘆符）については、「解説・広報等」や発言をそのまま記載する記録において必要に応じて用いることができるとしている（文末に付けた符号の後は、１字空ける。）。「　：　」（コロン）、「　―　」（中線・ダッシュ）、「　－　」（ハイフン）、「　～　」（波形）、「　…　」（３点リーダー）、「　＊　」（アステリスク）、「　※　」（米印）及び「　／　」（スラッシュ）につ

いては、文書内で用法を統一し、多用しないものとしている。その他の外国語の区切り符号である「；」（セミコロン）、「" "」（ダブルクォーテーション）、「†」（オベリスク）、「§」（セクション）、「¶」（パラグラフ）などは、公用文には用いない。なお、Q＆A（問答集）などで「＆」（アンパサンド）を用いることがある。

　矢印（→　⇒　⇔等）や箇条書等に用いる丸、四角等の符号（・　○　● ◎ ◇ ■等）は、文書内で用法を統一して用いることができる。

　このように、「公用文作成の考え方」では、符号の使用がかなり自由化したように見える。しかし、読み手にアピールするため完成した文書を符号を用いて装飾することは、従来行われてきたところである。また、新たに隅付き括弧を丸括弧やかぎ括弧と同列に引き上げた趣旨はよく分からない。従来の6種の符号は日本語の文章を書く上で必要なものであったが、隅付き括弧はそうとは思われない。

　ちなみに、文字の反復符号（踊り字）は、漢字では「時々」「延々」のように「々」を用いるが、平仮名の「ゝ」や片仮名の「ヽ」は用いない。「同」の古字である「仝」も用いない。なお、同様であることを示す「〃」（ノノ点）は、表などで用いることがある。また、下線（縦書きでは、傍線）は、公用文に用いることができる。傍点を公用文に用いないことは、前述した。

　　＊　「々」は、「同の字点」と呼ばれ、符号であって文字ではない。「仝」が変化したものと言われている。「々」は、公用文では、「民主々義」のように単語をまたいだり、「一歩々々」のように2文字以上を繰り返したりして用いてはならない。また、行頭禁則符号とされているが、ローカルルールによる。

Q5　間違いを探せ！　〜どこか変だぞ？〜

　今回は、ちょっと変な表現を集めてみました。全然変じゃないと思うかもしれませんが、もっとよく吟味してみてください。次の文の間違いを直してください。

① 　あの子は、いつもみんなに愛想を振りまいている。
② 　今度の事件も、あの折り紙付きの詐欺師が犯人だ。
③ 　昨日は、ひどい感冒で熱にうなされていた。
④ 　会議には出ていたが、彼は眠気眼だった。
⑤ 　テロリストたちは、とうとう人質を釈放した。
⑥ 　この寺では、実もたわわに柿がなっている。
⑦ 　消防士たちは、勇敢にも燃えたぎる炎の中に突入した。
⑧ 　部長の発言は、味方に弓矢を引くようなものだ。
⑨ 　久しぶりの同窓会で、焼けぼっくりに火がついた。
⑩ 　あの家は、株で大もうけした人が、金にまかせて建てたお屋敷だ。

【答えと解説は331ページ】

第6章　文 体

公用文では、「である」体か「です・ます体」を用い、決して混用してはいけない。また、「だ」体と「である」体は別のものであるので、注意が必要である。なお、公用文では、丁寧語を除き、敬語を使わないのが原則である。

〜である。

〜ます。

●70年ぶりの「公用文作成の要領」の改定

　公用文の文体については、従来国語審議会の建議を受けた「公用文改善の趣旨徹底について」（昭和27年４月４日内閣官房長官依命通知）別紙「公用文作成の要領」に、その基本が定められていた。この文書は、戦後の国語改革の一環として策定されたものであり、「第１　用字用語について」「第２　文体について」「第３　書き方について」の３本柱で構成されていた。

　この度、「公用文作成の要領」が実に70年ぶりに改定され、新たに「公用文作成の考え方」が周知された。その構成は「Ⅰ　表記の原則」「Ⅱ　用語の使い方」「Ⅲ　伝わる公用文のために」とされ、内容が一新されている。「文体」と名の付く章立てはなくなり、文体については、Ⅲを中心に定められている。全体に公用文の書き方の心構えや「表現」の在り方に関する言及が多く（国語分科会報告書では「文書作成に当たっての要所や留意点」と呼んでいる。）、公用文の表記に大きな変化を与えるものではない。文体について最も大きな改正点は、要領では往復文書等には「ます」体を用いることとされていたが、考え方では特定の相手を対象とした文書には「です・ます」体を用いることを明示したことである。

　以下、文体に関することについて、「公用文作成の考え方」の内容を踏まえて解説する。くわえて、この章では、本来の文体に関することのほか、「文書作成に当たっての要所や留意点」を参考にし、公用文としての日本語の表現の在り方に関することも解説する。

常体と敬体を使い分ける

　公用文の文体は、文末の表現により、常体と敬体に大きく分けることができる。法令、告示、訓令などの文書は常体である「である」体を用い、通知、依頼、照会、回答など特定の相手を対象とした文書は敬体である「です・ます」体を用いることとされている。

●最近「です・ます」体が普通に

　文体には従来「である」体と「ます」体があり、公用文では「である」体が主流であったが、近年国民や住民へのサービス行政の視点からできるだけ丁寧な言い回しが求められ、多くの文書で「です・ます」体が用いられるようになった。

　「である」体は文末に「である、であろう、であった」を用いるものであり、「です・ます」体は文末に原則として「ます、ましょう、ました」を用いるものである。

　「である」は断定の助動詞であるので（正確には「で」が断定の助動詞「だ」の連用形であり、「ある」が動詞）、「である」体の場合でも断定の必要がないときは、「である」を用いない。

　　例　所要の措置をお願いする。　届出を提出した。
　　　　印鑑証明書の添付が必要<u>である</u>。

　これに対し、「ます」は丁寧の助動詞であるので、「です・ます」体では、「です」を用いる場合を除いて必ず「ます」を用いる。

　　例　所要の措置をお願いし<u>ます</u>。　届出を提出し<u>ました</u>。
　　　　印鑑証明書の添付が必要<u>です</u>（<u>あります</u>）。

　「公用文作成の考え方」では、法令、告示、訓令などの文書は常体（である体）を用い、通知、依頼、照会、回答など特定の相手を対象とした文書では敬体（です・ます体）を用いることとし、文体の使い分けを明確にしている。新たに敬体は「です・ます」体とし、「ます」体を基本としつつ、断定の文末表現に「です、でしょう、でした」を用いることができることとした（後述）。

　　　「である」体と「です・ます」体の混用は厳禁

　　公用文中においては、原則として「である」体と「です・ます」体を混用してはならない。ただし、通知文中では、「です・ます」体による場合であっても、文の途中においては次の例のように「ます」を用いないことができる。

　　　例　国から通知が<u>あったので</u>（<u>ありましたので</u>）、お知らせし<u>ます</u>。

●通知文の文の途中には「ます」を用いない

　職員の書いた文章を添削していて一番嫌になるのは、同じ文章中に「である」体と「です・ます」体が混用されているときである。これは極めて初歩的な間違いであり、絶対してはならないことである。こういうことがあると、文章全体のレベルのみならず、行政の質そのものが問われかねない。

　一方、ただし書の話は、最近知らない人が増え、かなり乱れてきている。上記の例のように、通知文に限り、文の途中の動詞には「ます」を付加しないのが原則である。ただし、文の言い回しによっては、その途中に「ます」を使わないと語感が変になる場合もある。そのときは、文の途中に「ます」を使わざるを得ないであろう。

　なお、通知文では、文中の動詞以外でも、例えば「～につきましては」は「～については」にする。

　例　実施手続については（×つきましては）、本年度中に再度通知します。

「だ」体は使わない

　「である」体による場合は、「だ、だろう、だった」の形は、「である、であろう、であった」の形にする。
　例　環境問題は、ますます重大になるであろう（×だろう）。
　「です・ます」体における断定の文末表現には、「です（でしょう、でした）」又は「であります」を用いる。

●「だ」「だろう」「だった」は、「である」「であろう」「であった」に

　「である」体と「だ」体は異なるものであり、「だ」体の「だ、だろう、だった」は公用文には用いない。したがって、この文章でも推定は「～だろう」とはせずに、全て「～であろう」としているが、正直に言って語呂的には「だろう」を使いたい部分もある。

　これと同様に、従来「ます」体で公用文を書くときは、「です、でしょう、でした」はできるだけ用いないこととされていた。ただし、若

干厄介なことは、「です」は断定の助動詞であるが、「ます」は丁寧の助動詞であり、断定の意味はない。したがって、「ます」を用いた断定の表現には「であります」を用いなければならないが、この「であります」は日本語として余り座りの良い言葉ではない。

> 例　この件については、諸外国の動向を注視することが重要であります（です）。

例えば「面接会場は、３階の特別室です。」という看板を掲げるときに、「面接会場は、３階の特別室であります。」とはいかにも軍隊調で書きにくい。このようなときは、「面接は、３階の特別室で行われます。」など他の言い回しを考えるべきである。

従来このように説明していたが、「公用文作成の考え方」では、前述のように敬体では「です・ます」体を用いることとし、「です」体を「ます」体と一体として認めている。今までも使えないわけではなかったが、明確に「です」体を用いることができるようになった。基本は「ます」体を用いつつ、断定の意味がある文末表現では「です、でしょう、でした」を用いることができる。なお、国語分科会報告書では、「だ」体も、広く一般に示す「解説・広報等」では、親しみやすさを示すために活用する場合もあるとしている。

> ＊　「今日の授業は、楽しいです」のような「形容詞＋です」の言い回しは、常体の「である」に置き換えできないなど文法的な問題があるが、今日では許容されている。ただし、やや稚拙な感じがする表現であり、公用文では多用すべきでない。

文語的表現は口語的表現に

文章中文語的な表現は避け、口語的表現を用いる。

> 例　その提案は、受け入れない（×ぬ）ことにしている。
>
> 　　早期に問題点を整理しなければ（×せねば）ならない。
>
> 　　御賛同されるよう（×せられんことを）お願い申し上げます。
>
> 　　その（×これが）処理を適切に行うことが必要である。

鬼の<u>ような</u>（×ごとき）形相をしていた。

帆船は、まさに沖に向かって<u>進もう</u>（×進まん）としていた。

本会は、<u>平等な</u>（×平等なる）会員の参加によって成り立っている。

その施策については、<u>推進する方向で</u>（×推進すべく）検討している。

後日電話<u>で</u>（×にて）御連絡します。

このことは、<u>変えられない</u>（×動かすべからざる）原則である。

新薬の開発により医療に<u>大きな</u>（×大いなる）進歩をもたらすであろう。

また、次のような表現にも注意する必要がある。

例　この方式は、その事業に役に<u>立つであろう</u>（×立とう）。

そのような考え方も<u>できるであろう</u>（×できよう）。

もし賛成<u>ならば</u>（×なら）、行動を起こしてほしい。

●うっかり使う文語表現

　公用文は口語で表記し、上記のような文語的な言い回しは公用文では用いない。

　公用文でよく見掛けるのは、「主なる、必要なる、平等なる」などの「なる」と「〜すべく」であろう。

　「主なる、必要なる、平等なる」は、それぞれ「主な、必要な、平等な」と言い換えて差し支えない。難しいのは、「更なる」である。これは、「更な」とは言えない。「更なる」は、「更」に断定の助動詞「なり」が付いたものであり、「なり」が文語である以上現代文には用いないのが原則である。しかし、最近では、連体形の「更なる」が独立して連体詞化し、マスコミ等でも多く用いられている。ちなみに、「債権者<u>たる</u>金融機関」のような表現では、「たる」も文語であり、用いない（「確たる」のように慣用が確立しているものを除く。）。この場合も、「である」を用いて差し支えはない。

　上記の例で、「推進すべく」と書くと、この「すべく」にいろいろなニュアンスが感じられ、読む人によって様々な感じ方が可能になるが、「推進する方向で」ではいかにも積極性に欠けるようにも感じられる。

だから、曖昧さを好む公用文でよく「すべく」が使われてきたのである。しかし、公用文のルールでは、こうした曖昧な表現は認められず、「～（を推進）すべく、～（の調査に着手）する」というような言い回しはしてはならない。

　なお、サ変動詞に「べき」を付加する場合は、例えば「調整するべきである」とはしないで、「調整すべきである」とする。「講ずるべきである」という表記も時折見掛けるが、「講ずべきである」が正しい。上一段活用の「講じるべきである」は、公用文では用いない。

　また、「べき。」で終わる文は、学生文法だと言われている。「べきである」か「べきでない」か分からないからである。必ず「ある」か「ない」かまで書く。文語の「べし」も当然用いない。

　「にて」は、多くの人が実際に公用文に用いているが、これは明らかに文語である。文語を口語体の公用文に用いてはならないことは言うまでもない。「で」と言い換えて、何らの差し支えもない。

　例　説明会は、小学校の体育館で（×にて）開催されます。

　「役に立とう」や「できよう」の「う」や「よう」は、いずれも推定の助動詞であり、「である」体では、「う」は「である」に付加して「であろう」としてのみ用いるが、「よう」は用いない。ただし、「う」「よう」とも、意思の助動詞としては単独で用いることができる。

　例　さあ、学校へ行こう。（意思）

　　　今晩出発することにしよう。（意思）

　上記のように条件節を「～なら」で終わるのは砕けた表現であり、必ず「～ならば」とする。

　上記にはないが、「条件を付する」など「付する」は、サ変動詞であるから終止形及び連体形は「付する」が正しく、「付す」は文語である。

　なお、国語分科会報告書では、「～しつつも」「～とみなし」などの硬い表現は、それぞれ「～しながらも」「～とみて」のように、日常的な口語を用いて書き表せる場合が多いとしている。

公用文中には、挨拶文のような特別なものを除き、敬語表現を用いない。

例 今回調査した結果を報告<u>します</u>（×いたします）。

この問題についての事務局を設置すること<u>としています</u>（×しておりま
す）。

特に挨拶文等において「おります」を多用する傾向があるが、「おり
ます」は謙譲語であり、自分又は自分側以外の人の行為に関する表現に
おいて文末を「おります」で結ぶのは誤りである。

例× 会議には、患者の方が出席<u>されております</u>（しています）。

●丁寧語を除いて敬語は用いない

　公用文では、挨拶文や国会・議会の答弁等を除き、敬語は用いない。
したがって、ここでは、敬語の使い方について詳しい説明はしないの
で、別の資料（後述）を参照してほしい。

　敬語は、「尊敬語」「謙譲語」及び「丁寧語」に分けられる。助動詞の
「ます」は、接頭辞の「御」や「お」とともに、丁寧語に分類され、そ
の意味では丁寧語を除いて敬語を用いないと言った方が正確であろう。
尊敬語とは、「おっしゃいました」や「いらっしゃいます」などの相手
の行為を高めて言う言葉である。謙譲語とは、反対に、「まいります」
や「いたします」などの自分の行為を低めて言う言葉である。

　＊　日常会話での敬語の使い方について、触れておく。まず、「市長」「課
長」のような肩書には内部外部を問わず「さん」を付けない。これは、
極めて初歩的なことである。外部の人や上司との会話で、「分かりまし
た」や「了解しました」と言うのは、失礼に当たる。「承知（いた）しま
した」又は「かしこまりました」とすべきである。「御免なさい」や「済
みません」は、大人の謝罪の言葉としては使えない。「申し訳ありませ
ん」と言う。外部の人に「（上司に）申し上げておきます」と言うのも
かしい。「申し伝える」という言い回しを覚える。相手に「書類を持参
してください」と言うのは、間違いである。「持参」は謙譲語であり、

「お持ちください」とする。退庁時に「御苦労様でした」と言うのは、異論もあるが一般に目上の人が使う言葉と考えられ、上司や同僚には「お疲れ様でした」と言うのが良い。敬語の使用には、ウチかソトかの区別の感覚が重要である。

●「いた」を削れ！

　公用文の中でも、上記の「いたします」や「しております」などの謙譲語が散見されるが、それぞれ「します」や「しています」と言い換えても、何の違和感もない。私は、これまでとにかく「いたを削れ」と何度も言ってきた。「まいります」も、議会答弁などでよく用いるが、これも謙譲語であり、通知文等では用いるべきでない。不要な敬語は用いないで、すっきりとした公用文を作成すべきである。

　また、「おります」は謙譲語であるから、「先生は、このような御経歴を持っております」というのは、明らかな間違いである。しかし、最近「おられる」という言い回しがあり、「先生は、このような御経歴を持っておられます」と言うことも多い。「おる」に尊敬の助動詞「れる」を付加したものと考えられるが、国語としてはどうなのであろうか。これを肯定している辞書もあるが、専門家の御教示を待ちたい。公用文では、「お持ちでいらっしゃいます」とするのが適当であろう。

　このほかにも、他人の行為に「おります」を付けている誤った例が散見される。

　例×　イベントには、多くの市民の皆さんが参加しております。

　「おります」は、謙譲語であって丁寧語ではないので、このような文では単に「います」を用いればよく、注意が必要である。なお、「暑い日が続いております」のような客観的な事象については、丁寧語として認められるが、公用文ではこうした用法の「おります」も原則として用いない。ちなみに、補助動詞「いる」の連用形止めを「（し）てい、」とはできないので「（し）ており、」で代用するのは現代文として仕方がな

いが、できれば補助動詞を用いないか接続助詞を補うかすべきである。

例　明日は雨が予想され<u>ており</u>、気に掛かっている。

→明日は雨が予想され（<u>ているので</u>）、気に掛かっている。

また、例えば「明日は、先生が<u>御案内してくださる</u>」というような変な敬語の使い方に出会うことがある。「御案内する」は、私がする行為の謙譲語であるから、それに尊敬語の「くださる」を付けては、敬語にならない。一方で、微妙ではあるが、「御案内くださる」や「案内してくださる」ならば、問題はない。

なお、お手紙、お（御）返事、御連絡などは、「～を差し上げた」のような文脈では、自分の行為であるが、謙譲語として「お」や「御」を付けてかまわない。

国会質問の冒頭で、質問者が「それでは、質問に入らさせていただきます。」と言うのをよく聞く。これは、「入らさせる」という表現がない以上、明らかな間違いである。こうした表現は「さ入れ言葉」と呼ばれ、「食べれる」「見れる」のような「ら抜き言葉」同様注意したい。また、「させる」という表現がある場合でも、例えば張り紙で「今日は、閉店させていただきます。」のような表現をするのは、かえって失礼である。最近「させていただく」の乱用が見られるが、「お庭を拝見させていただきます」のように相手の了承を得て行う行為の表現に限るべきである。

「公用文作成の考え方」では、広く一般の人に向けた「解説・広報等」において丁寧さを出したいときでも、文末は「です・ます」を基調とし、「ございます」は用いないこととしている。また、「申します」「まいります」も読み手に配慮する特別な場合を除いて用いない。「おります」「いたします」は、必要に応じて使うが多用しないこととしている。これは「解説・広報等」において特に丁寧さを出したい文書における表記について段階を分けて言及したものであり、それ以外の公用文（挨拶や答弁を除く。）にはこれらの謙譲語は当然用いない。

　敬語については、「敬語の指針」（平成19年２月２日文化審議会答申）が
参考になる。それによると、従来の「謙譲語」をそれと「参る」「申
す」などのように尊敬の対象ではなくて話の相手方に対して丁重に述べ
る「丁重語」の２通りに分け、また、従来の「丁寧語」をそれと「お
酒」「お料理」のように単に物事を美化して述べる「美化語」の２通り
に分けて、従来の「尊敬語」とともに敬語を５分類して説明している。
答申の後半は、Ｑ＆Ａ方式を採用して分かりやすいものとなっている。

　＊　「二重敬語」は、原則として間違いである。例えば言うの敬語の「おっ
　　　しゃる」に尊敬の助動詞「れる」を付けて「おっしゃられる」とするの
　　　は、明らかな間違いである。一方、食べるの敬語「召し上がる」に「お
　　　〜になる」を付けて「お召し上がりになる」とするのは、許容されてい
　　　る。この場合でも、「お召し上がりになられる」とするのは、間違いで
　　　ある。一般に、尊敬の動詞に「お〜になる」が付く形は許容されている
　　　が、助動詞「れる」「られる」が付く形は認められない。「御留意される
　　　よう」も、二重敬語であり、「御」を削る。

　　　　謙譲語でも、「お伺いします」に更に「いたす」を付けて「お伺いい
　　　たします」とするのは、「伺う」自体が謙譲語であって三重敬語である
　　　が、許容されている。一般に、謙譲の動詞に「お」「いたす」や「申し
　　　上げる」が付く形は、許容されている。ただし、「承りいたします」は、
　　　間違いである。

　　　　なお、「お読みになっ<u>て</u>いらっしゃいます」のように接続助詞「て」
　　　の後に敬語が続く形は、「敬語連結」と呼び、二重敬語ではないとされ
　　　ている。謙譲語でも、「御案内し<u>て</u>さしあげる」は、問題ない。

　＊　受け身、可能や尊敬の助動詞「れる」は、五段活用の動詞に付ける
　　　（読ま<u>れる</u>）。動詞に「〜ない」を付けて未然形を調べると、直前がア
　　　行のものが五段活用であり、イ行のものが上一段活用、エ行のものが下
　　　一段活用である。上一段及び下一段活用の動詞には「られる」を付ける
　　　が（起き<u>られる</u>、食べ<u>られる</u>）、それを「れる」としたものが「ら抜き
　　　言葉」である。「れる」は、サ行変格活用の動詞にも付ける（出席さ<u>れ</u>
　　　<u>る</u>）。また、使役の助動詞「せる」は、五段活用の動詞に付けるが（歌
　　　わ<u>せる</u>）、それを「させる」としたものが「さ入れ言葉」である。なお、
　　　「書ける」「読める」などは、一語の動詞であり、可能動詞と呼ばれて

115

いる。

　ちなみに、「ない」に様態の助動詞「そうだ」を付けた形は、ないが形容詞のときは「動きがなさそうだ」とするが、助動詞のときは「動かなそうだ」とする。これを「動かなさそうだ」とするのは、さ入れ言葉である。

＊　天皇、上皇及び皇族の敬称は、皇室典範等の規定に基づき、天皇、皇后、上皇、上皇后、皇太后にあっては「陛下」、その他の皇族にあっては「殿下」とする。天皇陛下、天皇皇后両陛下、〇〇宮親王殿下、〇〇宮親王同妃両殿下、〇子内親王（女王）殿下のように用いる。マスコミでは、天皇陛下及び天皇皇后両陛下のみ用い、そのほかは全て「さま」等を用いて皇后さま、〇〇宮さま、〇〇宮ご夫妻などとしている。

　天皇及び皇族の外出及び帰還については、天皇にあっては「行幸」「還幸」と、天皇皇后同行の場合にあっては「行幸啓」「還幸啓」と、皇后、皇太子、皇太子妃にあっては「行啓」「還啓」と、その他の皇族にあっては「お成り」「御帰還」とする。マスコミでは、全て「訪問される」「出掛けられる」「戻られる」などとしている。

　皇室の動静について、公用文では「お着きになった」「御覧になった」など「お」や「御」を遣った敬語を用いて表現するが、マスコミでは「到着された」「鑑賞された」など「れる」「られる」等尊敬の助動詞を用いて表現することを原則としている。なお、公用文でも、「あそばされる」「あらせられる」「おかせられる」などのいわゆる最高敬語は、用いない。

「より」と「から」の使い分けに注意

　「より」は比較を表す格助詞にのみ用い、起点を表す格助詞には「から」を用いる。簡単に言うと、「より」と「から」のいずれも用いることができる場合は、「から」を用いる。

例　屋根より高い鯉のぼり（比較）
　　　その会議は、午後１時から（×より）開催されます。（起点）

● 「から」に言い換えられるときは、「より」は用いない

　このことは、何度言っても誤りが直らない典型例のようなものであ

る。どうも、公務員は「から」よりも「より」の方が好きである。実際に、「より」の方が語感が柔らかいからであろう。しかし、公用文では、時間や経路の始まりを表す起点の助詞には「から」を用いなければならない。上記のとおり、「から」を用いることができる場合は、全て「から」を用いると覚える。

> 例　多くの意見書が、地方議会<u>から</u>（×より）提出された。

「〜から」の後には「〜まで」を忘れない

　範囲を示す場合は、必ず「〜から〜まで」と表現し、後の「まで」を落とさないよう注意する。

> 例　第1章<u>から</u>第3章<u>まで</u>を暗唱しなければならない。

● 「まで」を忘れやすいので注意

　これも、後の「まで」を省略しても実際に意味が通じることから、よくある過ちである。「「から」と来たら必ず「まで」と押さえる」と覚えてほしい。

　古くは「第1章乃至第3章を〜」と書いていたのであろうが、「ないし」は、もちろん漢字で書けず、古語的言い回しであるので、公用文で用いることはできない。また、符号「〜」は、特殊な場合を除き、文中で用いることはできない。

　ちなみに、「たり」を用いて二つの事柄を列挙する場合は、一つ目の事柄に「たり」を付けたら、二つ目の事柄にも必ず「たり」を付けなければならない。このことは「たりたり」と覚えるが、「日曜日には、散歩を<u>したり</u>しています」のように一つの事柄に「たり」を付けるのは、構わない。なお、「たり」を二度用いる構文に違和感があれば、「〜とともに」を用いるべきである。

> 例　国際基準よりも厳しい条件を適用すると、輸入品の価格が高くなっ<u>たり</u>、十分な輸入量が確保できなかっ<u>たり</u>する（×できなくなる）可能性がある。

● **助詞の使い方には気を付けたい**

　「の」は所有を表す便利な助詞であり、法令には連続３回用いている例もあるが、公用文では２回までとすべきである。例えば「市町村の人口の増加の状況」とあるのは、「係る」「関する」「おける」などを用いて「市町村の人口に係る増加の状況」「市町村の人口の増加に関する状況」「市町村における人口の増加の状況」などとする。

　付加を表す「も」も、意識していないと多用しがちになり、公用文ではよく添削の対象となる。例えば「このような事態の変化を受け、政府も応急対策の検討を始めた」という文で、政府以外にも検討主体があるならば構わないが、そうでなければ「政府は、」とすべきであろう。無意味な「も」は、用いないようにする。

　「が」は、本来逆接を表す接続助詞であるが、逆接ではない箇所でも多用されている。「雇用の確保には様々な課題があるが、この章では、その個々の課題について検討を加えたい。」というような例である。もちろん間違いではないのであるが（前置きを表す助詞）、「が」の多い文章は読みづらいので多用には気を付けたい。この場合は、単に「課題があり」として困らない。

　なお、並列を表す格助詞の「と」は、本来「AとBとは、等しい」のように用いるべきであるが、「AとBは、等しい」とすることも慣用されている。

「については」と「あっては」の使い分け

　公用文ではよく「については」や「あっては」の表現が用いられるが、「あっては」は２以上の事柄を列挙する場合に用いるのが原則であり、「については」はそれ以外の場合に用いるのが原則である。

　例　知事部局にあっては本日中に、その他の部局にあっては明後日までに意見を取りまとめてください。

●「あっては」は選択的な事柄を示す場合に用いる

　「については」と「あっては」の違いは何か、とよく質問を受ける。この質問に対しては、根拠はないが、経験から「あっては」は「2つ以上の事柄を列挙する場合に用いる。」と答えている。

　2つ以上の事柄を列挙する場合以外でも、次のように括弧書きの中などで選択的な事柄を示す場合は、「あっては」を用いる。

> **例**　各関係行政機関の官房長（官房長を置かない庁にあっては、それに相当する職にある者）は、所定の期限までに内閣官房に報告しなければならない。

句点は丸括弧の後に

　文末の丸括弧は、原則として句点の前に置く。

> **例**　総務部長の許可を受けなければならない（知事が別に定める場合を除く。）。

●法令要綱の参照条文などは例外

　文末の丸括弧の位置については句点の前とするのが原則であるが、場合によって異なった取扱いをする場合もあるであろう。例えば法令の要綱における参照条文の括弧書きは、句点の後に置く。

> **例**　この法律は、日本国内で行われる取引について適用されるものであること。（第2条）

　このほか、国語分科会報告書では、括弧書きの内容が先行する二つ以上の文に係る注釈であれば、最後の文と括弧の間に句点を打つこととしている。当然のことである。

通知文中での注意事項

　通知文中では、次の点に注意する必要がある。

①　通知文の標題には、「通知」、「照会」、「回答」などの文書の性格を表す言葉を括弧書きで付加する。

> **例** 当面の財政運営について （通知）
>
> ② 通知文中「記」以下において文末表現に「〜こと。」を用いる場合は、原則として全ての文末を「〜こと。」で統一する。
>
> 通知文の中には文末表現を「〜されたいこと。」としたものもあるが、「〜すること。」とするのが本来は正しい。

●「〜されたいこと」は「〜すること」に

通知文の標題に括弧書きを付けることは、ある程度浸透している。上記のほか、「報告」「提案」「確認」「開催」「許可」「依頼」「連絡」などがある。ちなみに、国語分科会報告書では、「解説・広報等」には、標題に「〜について」を用いず、より具体的な表現を用いると良いとしている。

「記」以下において、文末を必ず「〜こと。」としなければならないわけではないが、文末を「〜こと。」とする場合は、原則として文末を統一しなければならない。なお、ただし書、なお書きなどがある場合は、その文末を「〜こと。」としない慣例もある。

例 各市においては、この問題に対処するため、所要の組織を設ける<u>こと</u>。ただし、政令市及び中核市以外の市を<u>除く</u>。

通知文の中には文末表現を「〜されたいこと。」としたものもあるが、前述のように公用文には敬語を用いないルールがあり、「される」は尊敬語であるので、本来は「〜すること。」で文末を結ぶべきである。

なお、実際の文書の作成に当たっては、文末を「〜こと。」で結び難い文も多くあり、苦労する。その場合は、「〜こと。」で結び得る他の文章表現がないか、工夫をするしかない。

＊ 通知文では、「原則」という用語がよく用いられる。その際、副詞的に遣う「原則〜する（しない）」という表現（「名詞の副詞的用法」と呼ぶ。）は、できるだけ用いず、「原則として」とする。同様に、「結果」は「結果として」、「実際」は「実際に」、「事実」は「事実として」、「ある意味」は「ある意味では」などとする。

ちなみに、「原則として」は、「例外もあるが通常は」という意味であるが、一般の人には分かりにくい語句であり、漫然と多用せず、例外を明示するなど留意する。

＊　最近テレビ番組などで、「全然大丈夫です」のような「全然＋肯定形」がよく使われている。戦前の小説にも用例があり、文法的な問題はないとも説かれている。しかし、公用文では、「全然＋否定形」は、違和感を持たれないよう当面遵守すべきである。

●略称には意味のある語句を

通知文などで同じ文章中に何度も出てくる長い用語については、略称を用いる方が合理的である。その場合は、初出の箇所で「（以下「○○」という。）」と括弧書きで略称規定を置く（「以下」の次に「、」を打たない。）。その際、国保（国民健康保険）、知財（知的財産）のように既に一般化した略称を除き、このような頭文字による略称を設けるべきでなく、略称にも意味のある語句を用いるべきである。当然のことながら、略称規定を置かずに略称を用いてはならない。なお、法令で用いる略称については、もう少し詳しいルールがあるので、拙著「分かりやすい法律・条例の書き方」を参照してほしい。

　例　感染症対策に関係する省庁（以下「関係省庁」という。）は、内閣官
　　　房長官が別に定める。

●分量の多い文書では見出しを活用する

国語分科会報告書では、分量の多い文書では、内容の中心となるところを端的に表す見出しの活用を勧めている。その際、見出しを層化し、中見出しや小見出しを活用することも有効であり、読み手が見出しだけを読んでいれば、文書の内容と流れがおおよそつかめるようにすると良いとしている。さらに、見出しを目立たせるようにフォントにも工夫が必要であるとしている。

また、日本に住む外国人は年々増加し、その国籍も多様化しているこ

とから、外国人が安全に安心して生活するため、日本語を母語としない人々に対する情報発信においては、やさしい日本語を用いるようにすべきであるとしている（「在留支援のためのやさしい日本語ガイドライン」（令和2年8月出入国在留管理庁・文化庁）参照）。

●くどい表現はやめよう

　決裁書を眺めていてよく添削の対象となるのは、くどい表現である。具体的にくどい表現というのは、形式名詞の「こと」や「もの」を不必要に用いたり、それに更に「という」を合わせて用いたりするものである。「〜しているところ」「〜していく」「〜となっている」も不要な表現であることが多い。くわえて、「思う」や「考える」の多用もよく指摘される。次の例で、こうしたものを削るとすっきりする。

例　次の試合では、必ず勝つことができるでしょう。（勝てるでしょう）

　その意見には、賛成できないものがある。（賛成できない）

　彼は、決して旅行が嫌いということではない。（嫌いではない）

　私は、各国の団結というものに期待している。（団結に）

　事故を絶滅させるという決意で、安全点検を徹底してほしい。（絶滅させる決意）

　山中村という所では、今でも熊が出ると聞く。（山中村では）

　現在住民の意見を伺っているところであり、その結果は近く公表します。（伺っているので）

　毎日欠かさず日記を書いていくことにしている。（書くことに）

　故障の原因は現在調査中となっており、復旧の時期は分かりません。（調査中であり）

　今年こそは、富士山の頂上を目指したいと思います。（目指します）

　物価上昇の原因については、現在検証を行っている。（検証している）

　ビジネスメールを見ると、礼儀上形に当てはめようとしてこのようなくどい言い回しをしていることが多い。公用文でも、紋切り型ではなく、自然な言い回しが最良であることを認識すべきである。

　また、「～しないわけではない」「～を除いて実現しなかった」などの二重否定の表現もくどい表現の例である。「～することもある」や「～のみ実現した」と書けば、すっきりする。

例　条件によっては、この工事の施工を認め<u>ないわけではない</u>。（認めることもある）

　　　新車の販売は、アジア地域を<u>除いて成功しなかった</u>。（アジア地域のみ成功した）

　例えば「休暇には、兄と、昨年家族全員で旅行した街の高台に建つ教会を訪れた。」という文では、「兄と」に続く文節がなかなか出てこないので、読み手をいらいらさせる。こういう文では、長い修飾語を先に書き、「休暇には、昨年家族全員で旅行した街の高台に建つ教会を、兄と訪れた。」とすれば、いらいらは幾分解消される。

　くどい表現をなくすためには、字数をできるだけ減らすにはどうしたら良いかという視点で読み返すと、解決することが多い。できる限り無用の語句を削ってすっきりとした文にすることを心掛けるべきである。

　このほか、「馬から落ちて落馬した」のような重言があり、意外と気付かないが、「諸先生方」や「各都道府県ごとに」という表現もそれに該当する。これは、くどい表現というよりも間違いであり、十分気を付けたい。

＊　重言としては、上記のほか次のようなものがある。

一番最後　　全て一任する　　いまだに未完成　　今の現状　　違和感を感じる
えんどう豆　　日を追うごとに　　加工を加える　　過信しすぎる
過半数を超える　　期待して待っている　　期待のホープ　　挙式を挙げる
クリスマス・イヴの夜　　古来からの　　最後の追い込み　　酒のさかな（肴）
辞意の意向　　まだ時期尚早　　射程距離（圏内）　　従来から　　製造メーカー
余分なぜい（贅）肉　　壮観な眺め　　第○日目　　電車に乗車　　当面の間
取りあえず応急措置する　　内定が決まる　　何よりも一番の　　生ライブ
排気ガス　　返事を返す　　便利のいい　　まず最初に　　約○人ぐらい
若くしてよう（夭）折　　留守を守る　　連日暑い日が続き　　わだち（轍）の跡

一方、「歌を歌う」「建物を建てる」「作品を作る」「伝言を伝える」「犯罪を犯（冒）す」のような名詞と動詞の重複は、重言ではないとされている。これらの名詞には、「落馬」「加工」「挙式」などのような動詞的意味はないからである（「犯罪」は微妙であり、法令上は原則として「犯罪をする」とされている。）。また、「被害を被る」は重言であるが、「被害を受ける」は許容されている（「被害に遭う」が適切である。）。「アンケート調査」「故障中」「防犯対策」などの用語も、慣用されているので、重言ではない。そのほか、「排気ガス」を許容してよいのではないかという意見など重言との線引きについては諸説ある。

●「従来から」「場合には」の言い回し

　上記の「重言」で例に掲げた「従来から」は、通知文中でもよく見掛ける。「従来」のみで「以前から」という意味であり、「従来から」という言い回しは誤りである。なお、「従前から」は、法令に前例があるが、「従前」で「前より」という意味であり、やはり適切な表現ではない（「かねてから」も同様である。）。比較の意味の「従来よりも」は、構わない。

　また、条件を表すときに「～場合は」なのか、「～場合には」なのかという問題がある。これについては、公的なルールはなく、法令上いずれの例もある。私は、法令に出てくる数の上では「場合には」の方が多いが、「には」を用いるとニュアンスが生ずるので、特に語感が変にならない限り、公用文では「場合は」の方を用いるべきであるとしてきた。

　さらに、この「場合」と同じく条件を表す「とき」の違いの問題がある。同時に用いる場合は、「～場合において、～とき」というように、「場合」を大前提に、「とき」を小前提に用いる。

　　例　他省庁から協議があった<u>場合において</u>、その内容に異議がある<u>とき</u>は、すぐに総務課まで連絡すること。

　単独で用いる場合に、どちらを用いるべきかは基準がない。ニュアン

スの違いは若干あるが、ほとんどの場合、相互に入替え可能である。原則としては、「とき」を用いるべきであろう。

* 「いい」と「良い」との遣い分けについては、一般に「いい」は話し言葉であり、書き言葉には「良い」を用いるべきだと言われている。しかし、「〜するほうがいい」と「〜するほうが良い」にはニュアンスがあり（「良い」には他の選択肢が残されている含意がある。）、常に選択可能ではない。公用文で「いい」を用いてならないわけではない。

* 過去に職にあった者を呼ぶときは、直前その任にあった者にあっては「前知事」のように「前」を用い、前々任以前の者にあっては「元知事」のように「元」を用いる。ちなみに、正式に知事を指すときは、「都知事」「県知事」のように都道府県を冠する。

* 文書では余りないが、講演などで「あの政党は、耳触りの良いことばかり言っている。」という発言をよく聞く。「Q4間違いを探せ！」にも出題しているとおり、「耳触り」という日本語はなく、「耳障り」の間違いである。「耳障りの良い」という言い回しは、あり得ない。この場合は、「耳当たり」とすべきである。

* 「弱冠30歳」というのも時々聞くが、「弱冠」とは、古代中国の元服式が20歳で行われていたことから、20歳の男子のことをいう。したがって、30歳以上に用いるのは、違和感がある。女子に用いてよいかどうかは異論があり得るが、本来の意味は知っておくべきである。

* 公用文中に商標である語句を用いてはならないのは、当然のことである。公用文に出てきやすいものを掲げておく（括弧内が一般用語）。
ウイークリーマンション（短期賃貸マンション）
ウオッシュレット（温水洗浄便座）　エレクトーン（電子オルガン）
ジープ（小型四輪駆動車）　セスナ（軽飛行機）
セメダイン・ボンド（接着剤）　セロテープ（セロハンテープ）
宅急便（宅配便）　タッパー（食品保存容器）
バンドエイド（ガーゼ付きばんそうこう）　ピアニカ（鍵盤ハーモニカ）
ポリバケツ（プラスチック製バケツ）　マジック（フェルトペン）
マジックテープ（面ファスナー）　万歩計（歩数計）

　公用文は、序章で述べたように、国民や住民に対して分かりやすいものでなければならない。そのためには、できるだけ簡単な用語を用い、曖昧な言い回しをしないことである。ただし、平易でありさえすればそれで良いというわけではない。どの分野にもその分野独自の形があり、公用文にも公用文独自の形がある。それを否定すべきではなく、その形は、行政情報を正確に伝える手段としての意義を有している。

　国会や議会の答弁に用いる用語、国や地方の行政機関の往復文書に用いる用語、直接国民や住民に対するお知らせに用いる用語は、当然違うのであり、そのことを抜きに単純に平易化を進めると、公用文の形が骨抜きになってしまう。役所用語の改善を説いたものは多いが、この視点が欠けているように見受ける。重要なことは、文書を用いる場面の違いにより、用いることのできる用語や表現に違いがあることを常に意識しながら、役所用語の改善に日々取り組むことである。

●曖昧な言葉は用いない（答弁）

　最も批判があるのが国会や議会での答弁である。「前向きに検討します」というのは、「やりません」という意味であると書いているものもある。もちろんそんなことはないのであるが、そういう批判もあり、最近用いないようにしている。「前広に検討します」という言葉も、意味不分明であり、使わないほうが良い。「検討します」自体いい加減な言葉であるとの批判もあるが、それも駄目だと言われれば、役所も困るであろう。期限や方向性を示した上で「検討します」という言い方もある。

　「〜を念頭に置いて」「〜に善処します」という曖昧語も用いないほうが良い。これまでの努力や実績を言うときに、「〜しているところであり」を多用するが、「ところ」を用いずに自信を持って「〜しました」「〜しています」と言い切った方が評価できる（「であり」を省略し

て単に「〜しているところ」で「、」を打っているものもよく見掛けるが、古い表現である。)。「鋭意努力します」の「鋭意」は、かえって不信感を与える。「粛々と」も、マイペースでという意味にもとられ、最近良いイメージではなくなっている。「傾聴に値する」は、使い方を誤ると尊大に聞こえる。

　謝罪をするときに「遺憾であります」をよく使うが、誠意はきちんと伝わらない。同様に「慚愧（ざんき）に堪えません」も古語であって通用しない。「〜したく、〜します」「〜すべく、〜します」なども曖昧な古い表現であり、用いない。また、文末を「〜と思料します」で結ぶのは、聞く人に意味が通じにくい。「〜と考えます」で十分である。

　役所ごとに答弁書きの暗黙のルールのようなものがあり、担当者一人の力で答弁の書きぶりを変えることは実際に難しい。組織として議論の場を設けることが必要である。

●古い感じを受ける用語は改善を（往復文書）

　行政機関の往復文書は、特にこの章で指摘していることを守ってもらえれば、問題はない。行政用語は、その分野の共通語として存在しているのである。例えば「〜に当たって」「〜の一環として」「〜の上」「〜し得ない」「〜に係る」「〜に鑑み」「〜に際し」「〜に資する」「周知を図る」「所要の」「〜を踏まえ」「〜する旨」のような用語は、行政用語として用いてもよいと考えている。

　これに対して、多少時代掛かってきた用語については、今後使用を改めていくべきである。例えば「いかんを問わず」「遺漏のないよう」「可及的速やかに」「しかるべく」は、最近死語に近い。「具申」「採納」「査収」「暫時」「事由」「漸次」「踏襲」のような熟語も同様である。「〜（する）よう願います」や「〜（する）よう図られたい」「〜されたい」は、「〜（する）ようお願いします（する）」に統一すべきである。話題を表す「〜方について」も最近用いない。

　また、次のような用語は、使用例があるが、やや古い感じや難しい感

じを受けるものであり、できるならば他の平易な言い換えを探すべきである（41ページ及び70ページ③の言い換え語も参照してほしい。）。特に常用漢字で書けないため平仮名書きや分かち書きするものは、原則として用いない。

例　案内（のとおり）　いかなる　いささか　かい（乖）離　かかる（状況）格別の　かし（瑕疵）　割愛　かねてから　喚起　肝要　疑義　き（毅）然（支障を）きたす　忌たん（憚）　喫緊　狭あい（隘）　教示　挙行　僅差僅少　具備　現下　けんけつ（欠缺）　現に　厚ぎ（誼）　幸甚　高配　今般散見　参集　しかるに　（〜する）次第　失念　従前　種々の　所存諸般　招へい（聘）　しんしゃく（斟酌）　甚大　進達　ぜい（脆）弱　先般存ずる　逐次　ちゅうちょ（躊躇）　直せつ（截）　適宜　てん（顛）末何とぞ　のっとる（則る）　のみならず　発出　甚だ　範ちゅう（疇）　頒布ひっ（逼）迫　ひょうそく（平仄）　別段　返戻　亡失　まい（邁）進　抹消目途　目下　余剰　り（罹）患　履行　了知　臨席　戻入　漏えい（洩）

このほか、片仮名語（外来語）の多用もよく指摘されているので、追補1「外来語の表記」を参照してほしい。

●分かりやすく平易なことに徹底（お知らせ）

　国民や住民に対して直接お知らせをする文書は、行政用語の共通認識がある行政機関の往復文書とは異なり、徹底的に分かりやすさを追求しなければならない。その場合、用語や表現を論ずる前に、文章そのものが筋の通った理解しやすいものになっていなければならないことは、当然である。

　第一に、用語が分かりやすいことである。上記の例に掲げた行政用語は、ほとんど用いないほうが良い。平易な言葉を探す努力が必要である。外来語や専門的用語には括弧書きで説明を付けるなど工夫をすべきである。第二に、曖昧な表現をしないことである。やるのかやらないのか、何をどうしろと言っているのか分からない文章は、読み手をいらだ

たせる。二重否定の表現などくどい表現については、別項で説明した。曖昧表現については、上記の答弁の中で指摘している。また、「幾つか」「多少」「多め」「少なめ」など数や量の程度を表す語句や「早めに」「急いで」「しばしば」「しばらく」など時期や期間を表す語句は、意味が曖昧になりがちである。できる限り具体的な数字や期間を示し、「３点ほど」「５人以上」「１週間以内」「夏休みが終わるまで」などとするのが良い。第三に、命令口調の表現は、最近の公用文になじまない。「上から目線」という反論を拒む便利な言葉が用いられるようになったが、そういう指摘を受けないよう注意すべきである。「こと」の体言止めである「〜（を提出)すること」は、指示する言葉としては用いない。

　これも気持ちの在り方のような話であるが、できるだけ否定形を用いず、肯定形を用いる。例えば「届出は、早めに提出してください。来月４日以降は、受け付けません。」と書くよりも、後段は「来月３日まで受け付けます。」と書いた方が、読み手にとっても、書き手にとっても気持ちが良い。是非実践してみてほしい。

●難しい専門用語や外来語はできるだけ用いない

　公用文では、一部の人しか知らない専門用語はできるだけ用いないのが良い。しかし、それが法令に規定されているキーワードである場合などどうしても用いざるを得ないことがある。「公用文作成の考え方」では、専門用語を三つに分類して書き方の工夫を求めている。第一に、他の日常用語に言い換えることができる用語（例えば「埋蔵文化財包蔵地→遺跡」「頻回→頻繁」）は、できるだけそうする。第二に、日常用語への言い換えが困難な用語（例えば「罹災証明書」）については、括弧書きなどで説明を付けて用いる。第三に、今後普及を図るべき用語（例えば「線状降水帯」「ＳＤＧｓ」）については、適切な説明を加えるなど工夫をしてそのまま用いることとしている。その際、単に定義を添えるだけでなく、その用語の背景などについて補足するとともに、関連語の解説

を加えるなど段階を踏んで説明するのが良いとしている。また、用語自体はよく知られていても、正確な意味が知られていないものがあり（例えば「グループホーム」）、明確な説明を加える必要がある。特に日常用語と異なる意味で遣われている専門用語（例えば「悪意」「社員」「出場」）については、必ず意味を添えるようにする。また、「及び」「又は」「並びに」「若しくは」など法令に特有な用語は、必要に応じて言い換えるものとしている。

　外来語についても、「公用文作成の考え方」では、段階を設けて説明している。第一に、日常用語として定着している用語は、そのまま使う（例えば「ストレス」「ボランティア」「リサイクル」）。第二に、そうでない用語は、できるだけ漢語や和語に言い換える（例えば「アジェンダ→議題」「インキュベーション→起業支援」「インタラクティブ→双方向的」「サプライヤー→仕入れ先、供給業者」）。第三に、重要な意味を持つ専門用語で言い換えが困難なものは、説明を付けて用いる（例えば「インクルージョン（多様性を受容して互いに作用し合う共生社会を目指す考え方）」）。第四に、日本語として定着の途上にある外来語については、他の表現を用いるなど文脈に応じて表現を工夫するとしている（例えば「リスクを取る」→「あえて困難な道を行く」「覚悟を決めて進む」「賭ける」）。

Q6 間違いを探せ！ ～体の一部を使った慣用句～

　今回は、体の一部を使った慣用句を集めてみました。次の文の間違いを直してください。

① 　EUからの提案に、日本の外交団は頭をかしげた。

② 　過去の様々な経緯があり、あの人は恨み骨髄に達している。

③ 　どうも二人は口車を合わせているような気がする。

④ 　あの男が言うことなど、どうせ口先三寸に決まっている。

⑤ 　上司の顔をうかがってばかりじゃ、仕事で大成しないよ。

⑥ 　あの役人の態度には、腹が煮えくり返る。

⑦ 　秘書は、骨身をやつしてあの人のために尽くした。

⑧ 　失礼の段は、今回に限り胸先三寸に納めてもらった。

⑨ 　彼は、なかなか目鼻が利く人物だ。

⑩ 　今日の試合では惨敗したが、次回は目に物を言わせてやりたい。

【答えと解説は331ページ】

第7章　項目番号及び配字

　　項目番号は、「1」→「(1)」→「ア」→「(ア)」の順とする。
また、配字については、項目が下がるごとに1字下げにするのが原
則である。①、②、…は、項目を列挙する場合に用いる。

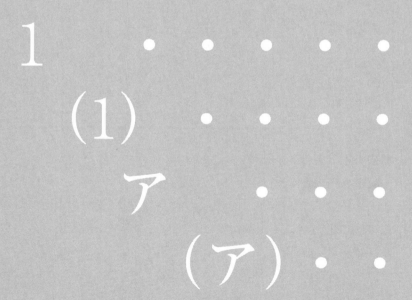

　項目番号は１、２、…、(1)、(2)、…、ア、イ、…、(ア)、(イ)、…の順とし、その順に大項目から小項目に分類する。それぞれの配字は、次のとおりである。

　　　　１　　○○○○○○○○○○○○○○○○○○○○○○○○
　　　　　　　○○○○○○○○○○○○○○○○○○○○○○○○
　　　　(1)　○○○○○○○○○○○○○○○○○○○○○○○
　　　　　　　○○○○○○○○○○○○○○○○○○○○○○○
　　　　　ア　　○○○○○○○○○○○○○○○○○○○○○○
　　　　　　　○○○○○○○○○○○○○○○○○○○○○○
　　　　　(ア)○○○○○○○○○○○○○○○○○○○○○○
　　　　　　　○○○○○○○○○○○○○○○○○○○○○○

見出しがある場合の配字は、次のようになる（△が見出し）。

　　　　１　　△△△△△△△△△
　　　　　　　○○○○○○○○○○○○○○○○○○○○○○○○
　　　　　　　○○○○○○○○○○○○○○○○○○○○○○○○
　　　　(1)　△△△△△△△
　　　　　　　○○○○○○○○○○○○○○○○○○○○○○○
　　　　　　　○○○○○○○○○○○○○○○○○○○○○○○

●**横書きの場合は１→(1)→ア→(ア)、**

　縦書きの場合は一→１→(一)→(1)→ア

　項目番号については、「公用文作成の考え方」の中に例示があり、上記の順に用いることとされている。上記のルールは横書きのものであり、縦書きの場合は、一、二、…、１、２、…、(一)、(二)、…、(1)、(2)、…、ア、イ、…の順に用いることとされている。なお、これは原則であり、項目番号にローマ数字（Ⅰ、Ⅱ、…）やローマ字（A、a、B、b、…）を適宜用いてもかまわない。ただし、公的機関が作成する文書の統一性を維持するため、考え方に示された項目番号の体系はできるだ

け尊重されるべきである。

　最近ワードプロセッサーが普及し、文字の大きさに全角と半角の区別ができるようになった。上記は半角の例であるが、項目番号に全角の文字を用いる場合でも基本は変わらない。

　また、項目番号に「１．」のようにドットを付けた例が多くあり、「いちぽつ」などと読んでいるが、公用文の項目番号にはドットは付けない。

●項目ごとに１字ずつ下げる

　文字をどの位置に配置するかということを「配字」という。配字については、公的に定められたルールはないが、最上位の項目番号は初字から書き始め、項目が下がるごとに１字下げにするのが原則である。本文は、項目番号から１字空けて書き始め、２行目以降は１字上げとする。

　算用数字の項目番号が２桁になるときは、横書きの場合はルールはなく、全角としても半角としてもよいが、原則として半角とする。全角を用いるときは、本文の書き出しが１字下がりになるので、２行目の配字に注意する。縦書きの場合は、半角にしないと、行の幅に収まらない。

　このように配字していくと、項目番号が細かくなる文書では、用紙１枚当たりの文字の容量が随分小さくなるので、その場合は上記のルールと異なった方式を採ることも可能である。

　見出しがある場合は、本文は、見出しの高さと同じ高さから書き始め、次行からは１字上げとなる。なお、ウェブサイト等に掲載する「解説・広報等」では、段落の１字下げに代え、行間を広く空けることなどにより段落を示すことができる。

大項目を設ける場合

　　1、2、…の上に更に大項目を設けるときは、第1、第2、…の項目番号を用いる。この場合、2行目の書き出しには注意を要する。

　第1　　○○○○○○○○○○○○○○○○○○○
　　　　　○○○○○○○○○○○○○○○○○○○
　　1　　○○○○○○○○○○○○○○○○○○

●1行目の書き出しだけ更に1字下がる

　項目の階層が複雑になってくると、どうしても大項目を設ける必要が生ずることがある。その場合は、第1、第2、…を用いるが（縦書きの場合は、第一、第二、…）、ルールは変わらない。ただし、項目番号に2文字を要することから、1行目の書き出しだけが更に1字下げとなる。見出しがある場合は、本文の書き出しは見出しの高さより1字上げとなるので注意する。

　例　第1　　△△△△△△△△△
　　　　　　　○○○○○○○○○○○○○○○○○○
　　　　　　　○○○○○○○○○○○○○○○○○○

①、②、…の使い方

　　①、②、…は、事項を列挙する場合に用いる。

　　　　　①　　○○○○○○○○○○○○○○○○○○○
　　　　　　　　○○○○○○○○○○○○○○○○○○○

　　事項を列挙する場合は、「・」を用いることもできる。この場合は、次のように「・」と第1字目の間を空けずに、2行目の書き出しを1行目にそろえるのが一般的である。

　　　　・○○○○○○○○○○○○○○○○○○○○○
　　　　　○○○○○○○○○○○○○○○○○○○○○

●幾つかの事項を並列的に列挙する場合に使う

　①、②、…は、項目番号ではなく、幾つかの事項を並列的に列挙する場合（箇条書）に用いる。事項の列挙は、文のこともあれば、「〜こと。」のような体言止めや名詞のこともある。この場合、①、②、…の書き出しをどこにするのかという問題があるが、既存のルールはない。その記述を包含する項目の項目番号の高さに合わせるか、当該項目番号よりも１字下げというのが、常識的であろう。①、②、…の後を１字空けていない例も散見されるが、１字空けをした方が見栄えが良い。なお、文中で用いるときは、①、②、…の後を１字空けず、列挙の最後に「等」や「など」を付けない場合であっても各事項を「及び」を用いないで読点のみで列挙する。

　　例　次回の審議会では、①国民のニーズ、②現行施策の課題、③経済成長戦略について議論する。

　中点を用いる場合は、上記のように１字空けをしない配字が一般的である。このほかにも、「○　●　◎　◇　■」などを用いた様々な表現がある。

　昨今のワードプロセッサーの普及により様々な文章表現が可能となり、それが読む者へのアピールを強めている。そのことを決して否定するものではないが、公用文の作成に係る基本だけはきちんと習得しておくべきである。

　他方、ウェブサイトやＳＮＳなどインターネットを介した新たな表現の場における公用文の表記については、まだ定まったルールがない。各府省庁等で独自に創意工夫している状況で良いのかどうか、今後検討していく必要がある。

　＊　公文書をウェブサイトにＰＤＦファイルで掲げることがよく行われているが、時折文字が読みにくいものに変換されていることがある。これは、ＰＤＦファイルの作成時に「フォントの埋め込み」が行われていないため、ブラウザが選択したフォントで表示されるからであり、注意が必要である。

Q7 間違いを探せ！ ～決まり文句～

今回は、決まり文句の類を集めてみました。よく考えて、次の文の間違いを直してください。

① 新たな組織は、全く屋上屋を重ねたようなものだった。
② 彼女は、娘三人を女手一人で育て上げた。
③ そんなひきょうなまねをするなんて、彼は風下にも置けない男だ。
④ いつも相談に乗ってくれる彼女は、私にとって最も気が置ける人だ。
⑤ お昼休みに碁でも指そうか。
⑥ 事業に成功し、あの男は、最近頭角を伸ばしてきた。
⑦ 野党席からの突然の指摘に、その局長は二の句が出なかった。
⑧ 困難な契約もようやくまとまり、社長も溜飲を晴らしたことだろう。
⑨ 彼女は、今ではもう押しも押されぬ大女優になった。
⑩ 彼は、反骨精神の人であり、流れにさおさして生きてきた。

【答えと解説は332ページ】

第8章　名詞の列挙

　限定列挙の場合は、読点でつなぎ、最後に「及び」「又は」を用いる。列挙するものに階層構造がある場合は、「並びに」「若しくは」を用いる。また、非限定列挙の場合は、読点でつなぎ、最後に「等」「その他」を用いる。

又は

及び　並びに

若しくは

　公用文では、名詞を列挙する場合が多いが、これにも一定のルールがある。列挙には、特定の数の名詞を列挙する限定列挙と「等」や「その他」を用いて類似の名詞を類推させる非限定列挙がある。

●名詞の列挙法には習熟が必要

　名詞の列挙法については、主として法制執務に必要な技術であるが、一般の公用文の作成に当たっても、当然法令に準じて記述することになるので、必要な知識の一つとなっている。したがって、ある程度の知識は皆持っているが、名詞列挙法を完全にマスターするには、習熟が必要である。

　名詞を列挙するときは、厳密さを要しない箇所では接続助詞の「や」を用いることもできるが、原則として「及び」や「又は」を用いるか、①、②、…を用いて箇条書（文中の箇条書を含む。）にすべきである。

　名詞の列挙には、特定の数の名詞を列挙する「限定列挙」と「等」や「その他」を用いて不特定の数の名詞を類推させる「非限定列挙」がある。「非限定列挙」の場合も、「等」や「その他」の前に、一以上の数の名詞が列挙されていることは言うまでもない。

　限定列挙には、「及び」を用いて集合の全体を示す集合列挙と「又は」を用いて集合の要素を示す選択列挙がある。

　　例　試験には、鉛筆、万年筆及びボールペンを持参してください。
　　　　（鉛筆と万年筆とボールペンの全てを持参しなければならない。）
　　　　試験には、鉛筆、万年筆又はボールペンを持参してください。
　　　　（鉛筆、万年筆、ボールペンのうちいずれかを持参すればよい。）
　この場合、各名詞は「、」で結び、最後の名詞の前にのみ「及び」又は「又は」を置く。「及び」及び「又は」の前後には、「、」を打っ

てはならない。

　　ただし、動詞を列挙する場合は、動詞の連用形止めの後には「、」を打つルールがあるので、「及び」や「又は」の前にも「、」を打つことになる。

　　例　この工事の施工を第三者に委託し、請け負わせ、<u>又は</u>承継させてはならない。

　　また、「～とき」を列挙する場合も、「とき」の後には「、」を打つ。「～こと」の場合も、同様である。

　　例　会議は、委員の3分の1以上から要求があったとき、<u>又は</u>知事が必要と認めたときに、招集される。

●限定列挙は「及び」と「又は」が基本

　「集合列挙」や「選択列挙」というのは、私の造語である。集合の全部を指し示して列挙するときには「及び」を用い、集合の中の特定の要素を指し示して列挙するときは「又は」を用いる。「及び」で列挙するときは列挙された名詞の全てが要件に該当するという意味であり、「又は」で列挙するときは列挙された名詞のいずれかが要件に該当するという意味である。

　「並びに」や「若しくは」の用い方は後述するが、公用文上「及び」がどこにもないのに「並びに」を用いた例や「又は」がどこにもないのに「若しくは」を用いた例が散見されるが、「及び」がない所で「並びに」は使えないし、「又は」のない所で「若しくは」は使えない。

●「及び」「又は」の前には読点は打たないが…

　これに次いでよくある間違いは、「及び」や「又は」の前に「、」を打った例である。

　ただし、何事にも例外のない規則はなく、ここでも二つの例外を掲げている。一つは、動詞の連用形止めの後には「、」を打つルールがあるので、このルールの方が優先的に適用され、「及び」や「又は」の前

であっても、動詞を列挙する場合は「、」を打つことになる。

　もう一つは「とき」の列挙の場合であり、「とき」で終わる文末に「。」を打つルールの類推により、「とき」の後に「、」を打つ。「こと」の列挙についても、例文は余りないが、同様である。

　＊　現行法令上も、「とき」については、「〜とき、及び」や「〜とき、又は」のように「及び」や「又は」の前に「、」を打つのが常識になっている。しかし、「〜とき、その他」とする例は、「〜ときその他」とする例よりも若干少ない。

　　　一方、「こと」については、「〜こと、及び」や「〜こと、又は」とする例は、「及び」や「又は」の前に「、」を打たない例よりも圧倒的に少ない。特に「〜こと、その他」とした例は、数例にすぎない。

　　　このように「、」を打つ例と「、」を打たない例が混在しているのは、法制執務上のルール化が行われていないことが原因であり、引き続き研究が必要である。

階層構造を持つ場合の基本ルール

　限定列挙を行う場合において、列挙される名詞の集合が階層的になることがある。分かりやすく表現すると、名詞の列挙に大括弧と小括弧が必要な場合がある。この場合は、集合列挙のときは「及び」が小括弧の接続に、「並びに」が大括弧の接続に用いられ、選択列挙のときは「又は」が大括弧の接続に、「若しくは」が小括弧の接続に用いられる。「及び」と「又は」の場合で原則が逆であるので、注意する必要がある。

　例　国及び地方公共団体の職員並びに公共企業体の役員及び職員
　　　消印された証紙又は著しく汚染若しくは毀損した証紙

　これを分解してみると、次のようになる。

　　　　｛（国）及び（地方公共団体）の職員｝並びに｛公共企業体の
　　　　（役員）及び（職員）｝
　　　　｛消印された証紙｝又は｛著しく（汚染）若しくは（毀損）した証紙｝

　「並びに」又は「若しくは」は、「及び」又は「又は」とともに用い

る場合でなければ用いることができないことに十分注意しなければならない。

　なお、限定列挙の階層関係が３階以上になる場合がある。その場合は、集合列挙のときは、「及び」を最も小さい小括弧の接続のみに用い、他の大括弧の接続には「並びに」を用いる。また、選択列挙のときは、「又は」を最も大きい大括弧の接続のみに用い、他の小括弧の接続には「若しくは」を用いる。

●「及び」「又は」「並びに」「若しくは」は、公務員の基礎知識

　「及び」と「並びに」の関係や「又は」と「若しくは」の関係については、公務員として知っておかなければならない基礎知識である。そのルールは上記のとおりであり、特に付け加えることはないが、通常使われる「及び」や「又は」が、「並びに」や「若しくは」とともに階層的に用いられるときは、「及び」は小括弧の接続に、「又は」は大括弧の接続に用いられ、それぞれ原則が反対であることに特に留意しなければならない。なお、上記の例文は、既に該当条文がなく、多少古いものになったが、覚えやすい例であるのでそのまま掲げておく。

　「階層関係が３階以上になる場合」とあるが、４階以上となるものは最早正しい日本語とは言えないであろう。したがって、これは３階の場合のルールと考えてもよいが、このような文に年２、３回はお目に掛かることがある。この場合は、「及び」を最も小さい括弧の接続に用いて他は「並びに」を用い、また、「又は」を最も大きい括弧の接続に用いて他は「若しくは」を用いるのがルールである。言い換えると、大括弧と中括弧の接続に「並びに」を、中括弧と小括弧の接続に「若しくは」を同時に用いるということであり、どちらがどの括弧を接続しているのか一見極めて分かりにくい。このような文は、読み方に解釈が必要なことが多く、法令文に用いると解釈に異同が生ずることもあり、原則として用いないことが適当である。

●分かりづらい法令文を分解してみると…（その１）

　最近の法令では、次のような例がある。これは、申請書の記載事項を規定した各号列記の一項目である。

　　例　（6）使用施設ごとのアルコールの用途<u>及び</u>使用方法<u>並びに</u>使用設備の能力<u>及び</u>構造<u>並びに</u>貯蔵設備ごとの能力<u>及び</u>構造

　これを分解してみると次のようになり、前の「並びに」は中括弧の接続であり、後の「並びに」は大括弧の接続であって、互いに階層が異なっていることが分かる。極めて分かりにくいことは言うまでもない。

　　　　【使用施設ごとの｛アルコールの（用途）及び（使用方法）｝並びに｛使用設備の（能力）及び（構造）｝】並びに【貯蔵設備ごとの（能力）及び（構造）】

　これも分かりにくい文の例であるが、「及び・並びに」系の語句と「又は・若しくは」系の語句が、相互に階層的に用いられている場合もある。こうした場合は、「及び・並びに」系と「又は・若しくは」系は別々に考え、一方が「又は」と「若しくは」を用いて階層的になっているからといって、「及び」がないのに「並びに」を用いることはしない。もちろん、その逆も同じである。

　階層関係が３階になる場合や「及び・並びに」系と「又は・若しくは」系の語句が相互に階層的に用いられている場合は、文の構造から文意が分かるわけではなく、文意から文の構造を探らなければならない。読み手に相当の負担を掛けることを十分認識し、できるだけこのような表現を避けるべきである。

●分かりづらい法令文を分解してみると…（その２）

　最後に、弁理士法第４条第１項の条文とその分解結果を掲げておく。「及び・並びに」系と「又は・若しくは」系が混合した４階建ての例であるので、各自で解読してみてほしい。１回の黙読でこの文の構造が分かる人がいれば、よほどの達人である。

　　例　第４条　弁理士は、他人の求めに応じ、特許、実用新案、意匠<u>若しく</u>

は商標又は国際出願若しくは国際登録出願に関する特許庁における手続及び特許、実用新案、意匠又は商標に関する異議申立て又は裁定に関する経済産業大臣に対する手続についての代理並びにこれらの手続に係る事項に関する鑑定その他の事務を行うことを業とする。

弁理士は、他人の求めに応じ、【《｛（特許）、（実用新案）、（意匠）若しくは（商標）｝又は｛（国際出願）若しくは（国際登録出願）｝に関する特許庁における手続》及び《｛特許｝、｛実用新案｝、｛意匠｝又は｛商標｝に関する｛異議申立て｝又は｛裁定｝に関する経済産業大臣に対する手続》についての代理】並びに【これらの手続に係る事項に関する鑑定その他の事務】を行うことを業とする。

なお、法令の題名等を列挙する場合にその固有名詞に中に「及び」が入っていたとしても、「並びに」を用いる必要はない。

非限定列挙の基本ルール

　非限定列挙では、「等」を用いるのが一般的である。名詞を全て「、」で結び、最後に「等」を付ける。よくある間違いは、「及び」又は「又は」との併用である。「及び」又は「又は」が小括弧の接続に用いられる場合を除き、絶対に「等」と併用してはならない。

例　試験には、鉛筆、万年筆、ボールペン等の筆記用具を持参してください。（×試験には、鉛筆、万年筆及びボールペン等の筆記用具を持参してください。）

　次の遠足には、鉛筆又はシャープペンシル、メモ帳、虫眼鏡等必要なものを持参してください。

　（「又は」は、「鉛筆」と「シャープペンシル」を接続しているだけであるので、「等」と併用してかまわない。）

●不用意に「等」と一緒に「及び」「又は」を使わない

　非限定列挙のうち「等」を用いるものは、それほど難しくない。全ての名詞を「、」でつなぎ、最後に「等」を付けるだけである。「等」の前に列挙されている名詞に類似したものがほかにもあるという意味である。

「等」は、「など」とは読まないことは前述のとおりであり、「とう」としか読めない。なお、「等」と「など」の遣い分けについては、「など」の方が柔らかい表現とは言えるが、ルールはない。ただし、法令では、目的規定などを除き、原則として「等」を用いる。反対に、マスコミでは、「など」を用い、「等」を用いない傾向にある。「など」を用いる場合も、用い方は「等」に準ずる。なお、「など」の場合は、接続助詞の「や」を同時に用いて「AやBなど」とすることもある。「等」や「など」の後には、原則として「、」を打たない。

　　例　明日は、出資額、役員の割当てなど重要な事項を協議したい。

　上記の２つ目の例文を少し変更して次のようにすると、極めて分かりにくい文になる。

　　例　次の遠足では、メモ帳、虫眼鏡、鉛筆又はシャープペンシル等が必要となります。

　この場合、「等」が、全部を受けて「メモ帳、虫眼鏡、鉛筆又はシャープペンシル」等なのか、単に「シャープペンシル」等だけなのか判然としないからである（前者の場合は、「鉛筆又はシャープペンシル」を一かたまりと考える。）。どうしても「及び」や「又は」を「等」と併用しなければならない場合は、それらを「等」の直前で用いると文意が分からなくなるので、列挙の順番にも留意する必要がある。

● 「等」の乱用はやめよう！
　「等」を用いた文の構造は難しくないが、「等」を付けると、類似のものがそのほかにもあることが分かるだけであり、「等」の中身は具体的には分からない。したがって、法令においては、未定義のまま「○○等」と規定することは、原則として認められない。

　公用文では、正確を期するため、やたらと「等」を付ける癖がある。この結果として、文章が大変読みにくいものになっていることは、否定できない。「等」の中身は、書いた人は知っていても、読む人には分か

らないからである。本当にその箇所に「等」が必要かよく吟味し、できるだけ「等」を用いないようにすべきである。

　国語分科会報告書では、「等」をできるだけ使わないようにするため、次のような「関わる」を用いた包括的な言い換え方法を紹介している。ただし、常にこのような言い換えができるわけではない。

> 例　遺跡の保存・活用等の実施　→　遺跡の保存・活用に関わる取組の実施

「その他」を使った非限定列挙

　非限定列挙には、「その他」又は「その他の」を用いるものがある。これは、具体的な名詞を列挙し、「その他」又は「その他の」の後の抽象的な名詞の内容を類推させるものである。「その他」と「その他の」の用法は異なっているので、文章中で用いる場合は注意が必要である。

① 「その他」は、次のように「その他」の後の名詞をその前に列挙した名詞と並列的に列挙する場合に用いる。

> 例　俸給表は、生計費、民間における賃金その他人事院の決定する妥当な事情を考慮して定められ、～
> （「人事院の決定する妥当な事情」の中に「生計費」や「民間における賃金」は含まれていない。）

② 「その他の」は、次のように「その他の」の後の名詞がその前に列挙した名詞を例示として受ける場合に用いる。

> 例　地方公共団体は、この法律に基づいて定められた給与、勤務時間その他の勤務条件が国及び他の地方公共団体の職員との間に権衡を失しないよう～
> 　（「勤務条件」の中に「給与」や「勤務時間」が含まれている。）

③ 「その他」及び「その他の」も「及び」又は「又は」と併用できない。

④ 例えば法律の条文中に「重油、軽油、揮発油その他政令で定める石油類」と規定されていれば、政令では「重油、軽油、揮発油」について改めて定める必要はないが、「重油、軽油、揮発油その他の政令で定める石油類」と規定されていれば、「重油、軽油、揮発油」は例示にす

ぎないので、政令では「重油、軽油、揮発油」についても改めて定める必要がある。

● 「その他」「その他の」の使い分けは難しい

　「等」に対して、非限定列挙のうち「その他」を用いることはかなり難しい。それは、「その他」には「その他」の形と「その他の」の形の２種類があるからである。これは法制執務上のかなり専門的分野の話ではあるが、通常の公用文にも「その他」を用いることがある以上、基礎的なことは知っておく必要がある。

　「その他」を用いる場合は、その後にその内容を限定する抽象的な名詞が付くので、「等」と比較すれば、類推する「その他」の内容は多少具体的であると言える。そのため、法令上「その他必要な事項」など多用されている。

　「その他」を用いるときは、次のような構文となる。

具体名詞、具体名詞、具体名詞＋その他(の)＋抽象名詞

　説明の順番は逆になるが、上記④の例で考えてみよう。

「その他」の例　　重油、軽油、揮発油その他政令で定める石油類
「その他の」の例　重油、軽油、揮発油その他の政令で定める石油類

　こうした文章では、「その他」でも「その他の」でも構文を作ることは可能であるが、意味は若干異なってくる（常にどちらとも用いることが可能なわけではない。）。いずれも抽象名詞の部分は、「政令で定める石油類」であり、同じであるが、その頭に「その他」が付く場合と「その他の」が付く場合とでは、意味が変わってくる。「その他」の場合は抽象名詞は具体名詞と並列的に列挙されているものと解釈するが、「その他の」の場合は抽象名詞は具体名詞を例示として受けてそれも包含しているものと解釈する。

　具体的に言うと、「その他」の場合は、「重油、軽油、揮発油」と「その他政令で定める石油類」は同格で列挙されているので、「その他政令で定める石油類」には「重油、軽油、揮発油」は含まれない。

　「その他の」の場合は、「重油、軽油、揮発油」は例示であり、「その他の政令で定める石油類」はこれらの具体名詞も受けているので、「その他の政令で定める石油類」には「重油、軽油、揮発油」が含まれている。

●どちらでも良いでは済まされない！

　どちらでも良いのではないかとの感じも受けるであろうが、この場合でも、上記のようにこれが法律の規定であり、それに基づいて実際に政令を定めるときには、留意が必要となる。「その他」の場合は、「重油、軽油、揮発油」については、既に法律で規定されていることになるので、政令でこれらのものを改めて規定する必要はなく、これら以外の石油類だけを政令で規定すればよい。一方、「その他の」の場合は、「重油、軽油、揮発油」は、例示にすぎないことから、法律で規定されていることにはならず、これらのものをこれら以外の石油類と一緒に改めて政令で規定する必要がある。

　また、実際に文章を作成して「その他」を用いる場合は、「その他」でも「その他の」でもどちらでも良いという場合ばかりではない。その際は、ちょっとややこしいルールであるが、上記のことを熟知しておく必要がある。こうした点を踏まえ、上記①と②の例文をよく吟味してほしい。

Q8 間違いを探せ！ ～どこがおかしいでしょう？～

　今回は、微妙におかしい表現を集めてみました。次の文の間違いを
直してください。

① この分でいくと、味方も犠牲を被る可能性がある。
② 不正が明らかになると、会員たちも、くしの歯が抜けるように
　減っていった。
③ 話を聞いていると、どうも彼女は実態を知らなさすぎる。
④ 年末まで働きずくめで休みがありません。
⑤ 仲介を依頼したら、課長は一つ返事で引き受けてくれた。
⑥ 先生は、老体に鞭打って著作に励まれている。
⑦ 仕事がなくて、今は暇をもてあそんでいる。
⑧ いくら水源が豊かだと言っても、水を無尽蔵に使うわけにはい
　かない。
⑨ 彼女の発言に根拠がないことは、火を見るように明らかだ。
⑩ いよいよ全国競技大会の火蓋が切って落とされた。

【答えと解説は332ページ】

第9章　通知文の書き方

　通知文の書き方については、各府省庁や各地方公共団体に様々な
ローカルルールがあるが、経験上最も標準的と思われる基本的な書
き方をまとめた。公用文の中でも最も公用文らしい通知文の書き方
の伝統が若い職員にきちんと継承されていないことには、率直に
言って危惧を抱く。文書の乱れは、すなわち行政レベルの低下につ
ながりかねないと考えるからである。

行 政 発 第 １ ２ ３ 号
令 和 元 年 １ ２ 月 １ １ 日

通知文の基本的な書き方

　通知文の書き方も最近かなり乱れてきている。ワードプロセッサーの普及により文書書式の表現力が向上し、かえって基礎的なルールが忘れ去られていることが、その主な原因である。例えば標題については、元来3字下げで書き始めるのがルールであったが、ワードプロセッサーのセンタリングの機能を使い、最近では中央そろえとするのが普通になってきている。こうしたことは、時代の流れに伴う変化であり、やむを得ないものと考える。しかし、公用文の中でも最も公用文らしい通知文の書き方の伝統が若い職員にきちんと継承されていないことについては、率直に言って危惧を抱く。文書の乱れは、すなわち行政レベルの低下につながりかねないと考えるからである。

　そこで、通知文の基本的な書き方について、まとめておきたい。各府省庁や各地方公共団体には、様々なローカルルールがあることと思う。したがって、当然ここに記したようになっていなければ間違いというわけではない。私の経験上最も標準的と思われる事柄を述べたものであるということについて、御理解をいただきたい。

●通知文の構成

　通知文は、通常、文書番号、日付、通知先、通知元、標題、本文及び「記」（記以下を含む。）で構成されている。これに別紙や別添が付されることがあり、最後に問合せ先が置かれる。

●日付と文書番号は均等割付

　日付及び文書番号は、用紙の右上にそろえて記載する。決まったルールはないが、右端を1字分空け、ワードプロセッサーで作成するときは、日付と文書番号を均等割付するのが普通である。文書番号は、記号及び番号で構成され、部課等の組織単位で暦年又は年度ごとに管理されている。

記　号　第　１　２　３　号■

令和元年９月１７日■

　通知文以外の文書では、文書番号に代えて作成官庁や部局名を記載する場合もある。この場合は、日付を上に書いた例が多い。

令和元年９月１７日■

総　　務　　　　部■

●通知先の書き方は３通り

　通知先は、文書番号から１行又は２行空けて記載する。肩書と氏名を記載するのが原則であるが、その場合は肩書と氏名を１行に続けて記載するもの、肩書と氏名を２行に分けて記載するもの及び１行目に組織名を２行目に役職名と氏名を記載するものの３通りがあり、これらはそれぞれの書式において慣例的に定められている。

　なお、１行目の書き始めは１字下げとし、２行目は更に１字下げとする。この場合、２行目の氏名の最後の文字が１行目の肩書の最後の文字よりも更に右に出た方が見やすいので、肩書が長い場合は氏名の記載位置を若干調整することがある。

■○○県知事　甲　野　乙　平　様

■○○県知事
■■甲　野　乙　平　様

■○○県土地開発公社
■■理事長　甲　野　乙　平　様

　氏名は、各字１字抜きで記載するのが通常である。氏又は名が３字のときは間を詰め、氏又は名が１字のときはそれぞれの真ん中に記載する方法と端に記載する方法の２通りが考えられる。ただし、後者の場合、

表記がやや間延びした感じになるので、任意の方法を採ってもよい。

甲■野■乙■平

甲野山■乙太郎

■林■■乙■平　　又は　　　林■■■乙■平

甲■野■■明■　　又は　　　甲■野■■■明

　氏名を書かず、肩書のみ記載することも実際に多い。通知先が複数あるときは、並記し、肩書部分を均等割付するのが最近の例である。

　敬称は、国では依然「殿」であるが、地方公共団体では「様」を採用する所が増えてきている。通知先が複数あるときは、敬称は、原則として一つのみ上下の中央に付する。なお、一つの肩書で複数の通知先を表すときは、「○○県議会議員　各位」などとする。「各位殿」とは、絶対にしない。

■各　　　　部　　　　長

■教　　　　育　　　　長

■警　察　本　部　長　様

■各種行政委員（会）事務局長

■公　営　企　業　管　理　者

●通知元は公印の位置を考える

　通知元は、通知先から1行又は2行空けて記載し、その表記については原則として通知先と同じである。ワードプロセッサーで作成するときは、通知先の肩書と通知元の肩書を均等割付すると、見栄えが良い（氏名も特殊な表記をするときは、同様に均等割付をする。）。通知先と通知元を同格の扱いとすべきだからである。

　通知元の記載位置は、通知元の最後の文字の位置で決める。すなわち、公印を押す押さないにかかわらず、公印を押すものと仮定し、公印の右端を行末に合わせ、公印の左端を通知元の最後の文字の真ん中に合うよう通知元の記載位置をおおよそ調整する。このルールからすると、現在右寄りに記載されたものが多く、もう少し中寄りに記載すべきであろう。

　通知元については、氏名を記載する場合と肩書のみ記載する場合がある。大臣や都道府県知事、市町村長の場合は、原則として氏名を記載する。一般の公務員の場合でも、通知元が許認可等の行政処分を行う「官庁」であるときは氏名を記載する例が多いが、行政機関の往復文書のときは通知元の氏名を記載しない例が多い。このことは、ある程度慣例によっている。

●標題はセンタリングが通常となってきた

　標題は、通知元から1行又は2行空けて記載し、従来3字下げで書き始めるのがルールであったが、ワードプロセッサーの普及に伴い中央そろえ（センタリング）をするのが通常となっている。末尾は、一般に「〜について」とするのが普通であるが、定型があるわけではない。標題が長くなって2行にわたるときは、2行目をセンタリングせずに、その頭を1行目の頭に合わせる。なお、国語分科会報告書では、標題は、1行に収めるのが適当であるとしている。

　標題の最後に「（通知）」等の文書の性格を表す括弧書きを付加することについては、119ページに記載したとおりである。

●本文は「このことについては」で始まるのが一般的

　本文は、標題から１行空けて記載し、１字下げで書き始める。

　書き出しについては、様々な所で様々な慣例があるが、標題を受けて「このことについては、」として始めるのが最も一般的である。このほか、「標記の件については、」や「見出しの件については、」という例もある。

　本文の内容の書き方は多様であり、定型を示すことは困難であるが、結論の部分を「ついては、」で書き始めたり、更に結論の部分を付け加えるときは「おって、」で書き始めたりするなど通知文独特の言い回しがあることも知っておく必要がある。

　また、「記以下」のある通知文では、「下記のとおり」など「記以下」を引用する文言を入れておくことが、原則として必要である。

　なお、各府省大臣等は、地方自治法第245条の４第１項の規定に基づき、地方公共団体に対し、その事務の運営等に関して強制力を伴わない「技術的な助言又は勧告」をすることができるが、通知がそれに該当する場合は、本文の最後にその旨を次のように記載しなければならない扱いとされている。

> 例　なお、この通知は、地方自治法（昭和22年法律第67号）第245条の４第１項の規定に基づく技術的助言であることを申し添えます。

●「記」はセンタリング

　「記」は、本文から１行又は２行空けて記載し、センタリングする。

　記以下の本文は、「記」から１行空けて書き始める。記以下の書き方については、第６章文体及び第７章項目番号及び配字を参照してほしい。

　「記」のほか、必要に応じて別紙や別添を付け加えることがある。別紙は手続や基準の詳細等を定めた文書を、別添は参考のため既存の文書を付加するときなどに用いる。いずれも、ページを改めて掲げ、左肩に「（別紙）」「（別添）」と記載する。なお、本文には、それを引用する文言が必要である。別紙、別添が複数あるときは、（別紙１）、（別紙２）、…等とする。

●最後には問合せ先を

　通知文には、最後に問合せ先を置く例となっている。長い通知文では、「記」の前本文の最後に置くこともある。これには統一的なルールはなく、ローカルルールによっている。

　一般に、文書の右方に「問合せ先」と記載し、改行して1字下げで課名等を記載する。課名等は、通知元と重複する部分は省略できる。班や係名まで記載するのが親切である。その行に又は改行して担当者名を記載する。担当者名は、氏だけのものが多いが、「課長補佐　○○」のように役職名を記載したものもある。問合せ先であるので、その前に「担当者」と記載する必要はない。その次の行に「電話」と記載して電話番号を掲げる。内線番号も付加し、必要に応じてファクス番号やメールアドレスも記載する。問合せ先全体を四角囲みしたものが多い。

　＊　広義の通知文には、このほか事務連絡がある。事務連絡は、非公式に情報共有をするものであり、文書番号を記さず、公印も押さない。文書番号の場所に「事務連絡」と記載するのが一般的である。通達は、従来よく用いられた語句であるが、上位の機関から下位の機関に通知するものであり、近年、国から地方公共団体に対する通知については、用いられなくなった。また、依命通知と呼ばれるものがあり、本来の権限者に代わって下位の者が発する通知のことをいう。内閣総理大臣に対する内閣官房長官、府省大臣に対する事務次官、都道府県知事に対する副知事などが発する例があり、主として内部管理的な通知で用いられる。本文中に「命により通知する」と記載されている。法令の制定改廃に伴う通知は、特に施行通知と呼ぶ。ちなみに、かつて内かん（翰）と呼ばれる書簡形式の非公式文書があったが、近年事務連絡に替わっている。

　＊　通知文に限られることではないが、公文書の作成に際しては、必ず作成者又は作成部局及び日付を記載することが必要である。このことを「クレジット」と呼んでいる。クレジットのない文書のことを俗に「怪文書」と呼ぶ。

消防災１２３号

令和元年６月１日

文書番号と日付を均等割付する。

各都道府県防災主管部長　殿

公印を押さない場合も、押すものと仮定して記載位置を調整

公印の右端を行末に、左端を通知元の最後の文字の真ん中に合わせる。

通知先の肩書と通知元の肩書を均等割付すると見栄えが良い。

消防庁防災課長　　印

センタリング（本来は、3字下げ）

通知文の標題には、（通知）、（照会）、（回答）などの文書の性格を表す言葉を付加する。

標題を受けた書き出し

風水害対策の強化について（通知）

　このことについては、平素から格段の御尽力を頂いていますが、集中豪雨や台風襲来等の出水期を迎えるに当たり、毎年のように多くの被害をもたらしている風水害に対し、万全の体制を整える必要があります。

・・・・・・・・・・・・・・・・・・・・

　ついては、下記事項に留意し、人命の安全の確保を最重点とする風水害対策に万全を期するようお願いします。

「記以下」のある文章では、「記以下」を引用する文言が必要

センタリング

記

1　防災知識の普及啓発

　　出水期を前に、再度、住民に対し、各種媒体を活用し、具体的かつ分かりやすい形で災害に関する知識の普及啓発に積極的に努めること。

2　避難体制の整備

　(1)　適切な避難の指示及びその伝達

　　　危険が切迫する前に十分な余裕をもって、避難の指示等を行うこと。

　　…

Q9 間違いを探せ！ ～応用編に挑戦！～

　今回は、アラカルトです。少し難しくなっています。次の文の間違いを直してください。

① 調査の結果に一抹の望みも途絶えてしまった。
② 宿敵との試合に勝ち、大いに雪辱を晴らした。
③ 彼の手品はすばらしく、全く素人はだしだ。
④ 博士は、この論文の作成に心血を傾けていた。
⑤ 証人の発言に、被告人は苦虫をかんだような顔をしていた。
⑥ 首相の発言は、解散を念頭に入れたものに違いない。
⑦ 夏も過ぎ、海岸は人波もまばらだった。
⑧ 学者たちの提出した行政改革に関する意見書は、大いに物議を呼んでいる。
⑨ 親切な言葉を掛けて来るが、あの人は、恩を着せるたちだ。
⑩ 冷房が利きすぎていたため、体調を壊してしまった。

【答えと解説は332ページ】

第10章　差別用語・不快用語

　それを読み、聞く人の立場になって不快に感ずる言葉はできるだけ用いるべきではないというのが、公用文の原則である。しかし、それは、公用文の使用の現場において、誰からか言葉の用い方について抗議されたら、検討を省略して直ちに改めるということではない。そこには、行政の主体的な判断がなければならないのである。

出自
性別
職業

時間とともに変化する差別用語・不快用語

初版の発行後、「差別用語・不快用語」の解説をもっと充実するようにという要請が、多々あった。こうした用語に対する言及には、なかなか難しいものがある。準拠すべき公式な文書は、当然存在していない。差別に関する意識は、地域においても大きく異なり、また、多分にイデオロギー的なものでもある。最も困ることは、こうした意識が、時間とともに大きく変化していくということである。このような困難を振り切って、若干の加筆をすることとしたが、これらの前提の下、以下の記述については、現時点における私なりの整理の一つにすぎないということを、是非理解していただきたい。

「差別用語」とは今日において差別的意図が認められる用語をいい、「不快用語」とは、元々の差別的意図は認められないが、それを間接的に類推させる用語をいう。不快用語には、身体の一部を表す語句を用いた常套句の一部（後述）のほか、元々の差別的意図はないが、対象となる当事者がそれを聞いて嫌悪感を抱くもの、遣われ始めた当時からの時間の経過によって次第に差別感が伝わるようになったもの、語感から差別的なことや野卑なことを連想させるおそれのあるものなど様々なものがある。差別用語との境界は必ずしも明確でない場合があり、一々区別は示していない。

ここでは、公用文を作成する立場からできるだけ用いないほうが良い用語を示すことを目的としたものであり、そのことを離れて批判の対象とすべき用語をリスト化したものでは決してないので、その点に誤解がないようお願いしたい。また、明確な侮蔑語は掲げていないので、常識で判断してほしい。

なお、国語分科会報告書では、こうした用語の使用について、次のように指摘しているので、引用しておく。

　その言葉・表現が偏見や差別につながると即断することには慎重であるようにする。字面の印象にとらわれたり、意味が誤解されるかもしれないと過剰に気にしたりして、やみくもに言葉の使用を規制・禁止することは、かえって問題の実態を見にくくしてしまうことにもつながる。ひいては表現の幅を狭め、日本語の豊かさを損なってしまうことにもなりかねない。取りあえず使わないでおけばよいと済ますのではなく、実態を的確に捉えるよう努め、読み手・当事者の気持ちに寄り添ったふさわしい言葉・表現を考えたい。

出自に関する用語

人の出自に関することは、公用文では言及しない。

●出自に関連する語句は用いない

　「混血児」「ハーフ」などは、当然用いない。また、「私生児」という言葉も用いない。法律的には「非嫡出子」という用語があり、最近テレビ放送等で「婚外子」という言葉も用いられているが、公用文ではいずれも用いない。その観点から、「家柄」「血筋」「血統」などの言葉も公用文では用いない。「片親」という言葉も同様であり、近年、「母子家庭」又は「父子家庭」を用いる必要のないときは、「一人親家庭」と言う。

性別に関する用語

　男女共同参画社会においては、特に女性に対する差別用語やジェンダー（社会的に作られた性差別）の意識が強い言葉は、用いるべきではない。

●男女の性格や性質を断定しない

　「オールドミス」「出戻り」などは、明らかな差別用語である。「未亡

人」は、従来かなり遣われた言葉であるが、語句の意味をよく考えてみ
ると、相当に不適切な言葉である。その一方で、「女史」「女傑」「才
媛」「才女」など、女性をほめる言葉もできるだけ用いない。言外に
「女性としてはすばらしい人」という差別感が伝わるからである。「女
史」も、従来かなり遣われた言葉であるが、男女平等社会では適当な言
葉ではない。なお、結婚披露宴のスピーチで新婦を「才媛」と呼んで
も、許されるであろう。「美人」「美女」など美醜に関する語句は、風土
に関する記述を除き、用いない。ちなみに、「女流」という言葉は、固
有名詞的に「女流選手権」というような場合を除き、不必要に用いな
い。「女性議員」「女性社長」なども、女性であることを説明する必要の
ないときは、殊更用いるべきではない。「OL」は、和製英語であり、余
り差別感のない用語であるが、女性のみを指す用語であることから、こ
れらと同様に公用文では用いないほうが良い。

　こうした用語だけの問題ではなく、「女性は、〜である」「男性は、〜
である」のように男女の性格や性質を断定的に言うのは、ジェンダーそ
のものであり、避けなければならない。「女性（男性）には、〜な人が
多い」と言うのも同じことである。

　また、一般に「婦人」という言葉は用いない方向にあり、従来の「婦
人警察官」は、「女性警察官」と呼ぶ。全国的に、「婦人会館」は「女性
センター」に名を変え、その名も、現在では、男女平等の観点から見直
すべきではないかとの議論がなされている。「女工」とか「女中」など
は、最近死語となっている。ちなみに、「処女作」「処女航海」という言
葉も、差別的とまでは言えないが、最近余り上品な言葉とは考えられて
いない。

　さらに、特に職業の呼び名で、男性名詞や女性名詞は、できるだけ用
いないこととされている。一番の例が「スチュワーデス」であり、現在
では中性名詞で「キャビンアテンダント（客室乗務員）」と呼ばれてい
る。歴史的に、男性名詞（スチュワード）が先にでき、それに接尾辞を
付ける形で女性名詞ができてきたわけであるが、こうした用語の使用

は、ジェンダー意識を助長することが懸念されている。イギリスでは、こうしたことに大変気を遣い、中性名詞辞典も出版されている。「チェアマン」も「チェアパーソン」と、テニスの「ボールボーイ」も「ボールパーソン」とするのが、最近の例である。

●相手の配偶者の呼び方は検討課題

　問題は、相手の配偶者をどう呼ぶかという点にある。年配の人同士では、どうしてもまだ、自分の配偶者を「主人」「家内」と言い、相手の配偶者を「御主人」「奥様」と言う例が多い。最近の若い夫婦では、自分の配偶者を「夫」「妻」と言う例が増えてきている。しかし、相手の配偶者を言うときに良い言い換えがなかなか見つからないのも事実である。調査表などで「あなたの夫の年齢を書いてください」などとすることは可能であるが、会話の中で「あなたの夫はどこにお勤めですか」と言うのはまだ抵抗感がある。「夫」や「妻」に敬語形がないからである。今後の検討課題として残されている。

　＊　一部の地方公共団体や企業の窓口では、英語のパートナーに相当する「（お）連れ合い」という語句を遣っている。「夫様（さん）・妻様（さん）」と遣い始めれば次第に語感が慣れるという意見もあるが、現段階ではなお違和感がある。

　「入籍」は、婚姻によって夫婦の新戸籍が作られるので制度的に誤った表現であり、「婚姻」又は「結婚」と言うべきである（戸籍筆頭者と婚姻する場合はその戸籍に入ることがあるが、その場合でも「入籍」は用いない。）。また、「内縁」は、法律問題の議論以外のときは、原則として用いない。「事実婚」は、内縁と同義とするものと主体的に婚姻届を提出しない事例に限るとするものがあり、語句の遣い方に注意する。「連れ子」は用いず、養子縁組をしていない子を呼ぶ必要があるときは、「夫の子」又は「妻の子」とする。

　近年、異性愛以外の性的指向を持つ者や性自認が付与された性別と異なる者などをやゆする表現は、差別であると考えられるようになってき

た。LGBT（レズビアン、ゲイ、バイセクシュアル及びトランスジェンダー）等に対して、正しい認識をすることが求められている。

障害・病気に関する用語

障害や病気に対する差別的な表現は近年厳しく戒められ、身体の一部を表す語句を用いた常套句の取扱いにも変化が見られる。

●常套句には気を付ける

従来、「めくら判」や「片手落ち」という言葉が、問題となった。「めくら」は現在では明らかな差別用語であり、それを用いた「めくら判」という語句も用いることは許されない。「片手落ち」については、様々な意見があり、元々の差別的意図はないとする意見もあるが、それを読む人に不快な思いをさせる可能性があり、用いるべきではない語句とされている。同様に、「つんぼ桟敷」も用いてはならない。「片肺飛行」や「跛行的」も同類と考えられている。

従来読み書きのできない人の割合について「文盲率」という言葉を用いていたが、現在では「非識字率」が用いられている。ちなみに、「盲目的な」という言葉も公用文では用いない。「色盲」は、「色覚異常」とする。また、通常選挙事務所のような所でしか遣わない言葉であるが、「（だるまの）片目が開いた」という言葉も不快用語として指摘されている。常套句は、どこで線引きをするのか非常に難しいのであるが、例えば「足切り」「舌足らず」「手短に」という言葉も、問題が指摘されているので、それぞれ「二段階選抜」「説明不足」「簡潔に」等に言い換えるべきである。

公用文では、文学作品などと異なり、絶対に常套句を使わなければならない場面は極めて少ないものと考えられる。したがって、できるだけ身体の一部を表す語句を用いた常套句は使わないようにするのが公用文の書き方におけるルールである。しかし、それが全て不快用語であると言っているわけではない。不快用語は、身体の一部を表す語句「足」と

マイナスイメージの語句「切り」が合わせられて、初めてそう分類されるものと考えたい。すなわち、身体の一部を表す語句が含まれているからといって、直ちにそれが不快用語であると認識する必要はない。「腕が上がる」とか「目に付く」とか、身体の一部を表す語句を用いた常套句は無数に存在し、これら全てが不快用語でないことは言うまでもない。なお、例えば会場への「足がない」という言葉が不快用語であるとすれば、反対語の「足がある」も不快用語として整理すべきであろう。「失脚」を行政用語として用いることはないと考えるが、同様である。

●障害や病気の呼び方も変化している

　心身障害や病気に対する言葉遣いについて、考えたい。身体障害者については、「目の不自由な人」「耳の不自由な人」や「足の不自由な人」などと呼ぶことが定着してきている。法令用語では、「視覚障害者」「聴覚障害者」「肢体不自由者」という。ちなみに、吃音については、「発音の不自由」と表現する。「精神薄弱」や「知恵遅れ」については、「知的障害」と呼ぶこととされている。「知恵遅れ」については、過去広く用いられてきた言葉であるが、最近使用例が減る傾向にある。「精神薄弱」という語句を「知的障害」という語句に改めるに当たっては、様々な観点からの議論がなされたので、そうした経緯を踏まえて語句を正しく用いることが必要である。なお、知的障害者と精神障害者を混同して述べている例がよく見掛けられるが、認識不足が指摘される可能性があるので、十分留意しなければならない。

　＊　「障害者」は、現行の法律用語であるが、国会の委員会決議で人に対して「害」の字を用いるべきでないとして見直しが求められ、地方公共団体では既に「障がい者」と分かち書きしている所が多い。そのため、文化審議会で、「障碍者」の表記を用いるため「碍」を「常用漢字表」に掲げるべきであるかどうかについて検討されている。しかし、当事者の中にも異なる意見があり、「障害（碍・礙）者」という熟語全体を検討すべきであるとの意見もあることから、同審議会国語分科会では当面「常用漢字表」への追加を見送ることとした。なお、「健常者」という

用語は使用例があるが、公用文ではできるだけ用いないよう文脈を工夫すべきである。

　病気については、「難病」や「不治の病」という言葉は、用いない。特に法定の難病を指す必要があるときは、「厚生労働省指定の特定疾患」と言うのが適当である。「アル中」は用いずに、「アルコール依存症」と言う。「植物人間」も不適当であり、用いない。「らい病」は「ハンセン病」と、「精神分裂病」は「統合失調症」と、「脳溢血」は「脳出血」と、「蒙古症」は「ダウン症候群」と、「ノイローゼ」は「神経症」と呼ぶこととされた。「成人病」も近年「生活習慣病」と呼ばれている。このほか、従来の「精神病院」は、「精神（・神経）科病院」とする（個別の病院では、診療科名を表示しないものが増えている。）。また、最近、「痴呆」という用語は、「認知症」と改められ、定着してきた。なお、「（組織の）がん」（内的障害）「脳死状態」（思考停止）「自閉症的」（内向的）「視野狭さく」（思慮不足）など病気を比喩に用いることは、厳に認められない。「近視眼的（目先のことにとらわれる）」「アレルギー（抵抗感）がある（ない）」も、時折見掛けるが、公用文には用いない。

　ちなみに、近年「高齢者」という語句が定着し、「老人」や「（お）年寄り」は余り遣われなくなった。「老化」は医療以外の場面では用いず、できるだけ「加齢」と言う。「もうろく（耄碌）」は、用いない。広報紙のインタビュー記事で、「おじいさん」「おばあさん」も用いない（孫に対する表現を除く。）。

　障害ではないが、「ぎっちょ」は用いずに、「左利き」とすべきである。

職業に関する用語

　職業に対する表現も、時代の推移に伴って変化しているので、注意しなければならない。

●正式な職業名を覚えよう

　男女共同参画社会を推進するため、従来女性名詞で用いられていた国

家資格の呼び名が、次々と法律改正された。「看護婦」「保健婦」「保母」などが、それぞれ「看護師」「保健師」「保育士」などとされた。このほか、医療関係では、正式名称により「あんま」は「マッサージ師」、「産婆」は「助産師」、「レントゲン技師」は「診療放射線技師」とする。ちなみに、「獣医」は、正確には「獣医師」である。

　「作業員」「労働者」などは用いるが、「労務者」は用いてはならない。「人夫」「土方」も同様である。「出稼ぎ」もできるだけ用いずに、「季節労働者」という。「共稼ぎ」は、「共働き」とする。学校用務員は、法令用語であるが、地方公共団体によっては「校務員」「学校主事」などとされている所もあり、注意する。

　＊　「八百屋」や「魚屋」などの「○○屋」という表現について、問題を指摘する意見がある。公用文では、「青果店」「鮮魚店」「精肉店」「洋菓子店」など「○○店」としたほうが良いが、分かりやすい表現として「八百屋さん」「魚屋さん」「肉屋さん」「ケーキ屋さん」など「さん」を付ければ、差し支えない。「花屋さん」（生花店）「洋服屋さん」（洋装店）も同様である。「屋」に差別的意味はなく、「屋」で言い切りにするところにぞんざいさが感じられるからである。

　　なお、「政治屋」「ブン屋（新聞記者）」など本来「屋」の付かない職業に「屋」を付ける表現（それで金もうけをしているという意味）は、当然不適切である。

　　「床屋さん」「パーマ屋さん」は用いずに、それぞれ「理髪（理容）店」「美容店」とする。クリーニングについては、「洗濯屋さん」を用いずに「クリーニング店」とする（「クリーニング屋さん」は、可）。「散髪屋さん」は、異論があるので、公用文では用いない。

　　ちなみに、「お百姓さん」は、異論があり、できるだけ「農家」「農民」を用いる。警察官を「お巡りさん」と呼ぶのは、「常用漢字表」付表に掲げられているので、問題ない。消防士は、初任者の階級名であり、法令上消防吏員が正式であるが、ポスター等で「消防官募集」など非公式な呼称も使われている。消防吏員の簡易な呼び名を検討すべきである。

業種名では、「土建屋」は「建設業者」、「興信所」は「民間調査機関」、「サラ金」は「消費者金融」とする。「ブローカー」も用いない。「廃品回収業」は、最近「再生資源回収業」に変わりつつある。また、「芸人」は、「芸能人」とする。業務名では、「と（屠）殺」は用いず、「食肉処理」又は「と畜」とする。

　職業ではないが、「ホームレス」の人たちを「浮浪者」とは呼ばない。この「ホームレス」という言葉も、やや揺れているので、最近は「路上生活者」という言葉が用いられている。

外国人に関する用語

　外国人関係については、まず「外人」という言葉は公用文に用いてはならない。「在住外国人」という用語も多文化共生の観点から「外国籍住民」又は「外国人住民」と呼ぶのが適当とされている。

●国際化時代にふさわしい適切な言い換え語を用いる

　人種差別関係では、幾つか例があるが、日本語としては「クロンボ」などが指摘される。「チビクロサンボ」という童話の題名がかつて問題とされ、一時廃刊されたが、最近復刊されている。「黒人兵」という表現そのものは差別ではないが、単に「米兵」と言えば足る場合など「黒人」を特に明らかにする必要のない文脈で用いれば、差別になり得る。言葉の問題ではないが、黒人の身体を誇張して表現した図案等は、差別とされている。リーフレットなどに人々が集合する絵を描くときは、外国籍住民にも配慮する。最近商品での「肌色」の表示についても指摘があり、「薄だいだい色」若しくは「薄茶色」又は「ベージュ」とする。

　「ジプシー」や「ボヘミアン」などは、日本では余り差別意識なく使われているが、外国では必ずしもそうではなく、公用文に用いるときは、注意が必要である（近年自称の「ロマ」を用いることがあるが、ヨー

ロッパの移動型民族の全てを指すわけではない。）。また、「帰化」は、法律用語であるが、朝廷への帰属を意味する言葉であることから、できるだけ用いずに「国籍取得」と言うのが良い。古代の「帰化人」は、「渡来人」とする。外国人ではないが、「帰国子女」は、「帰国児童生徒」とする。

　「後進国」は、従来「発展途上国」と言い換えることとされていたが、現在では「開発途上国」と言うのが良い。「発展途上国」や「低開発国」という言葉は、場面に応じて比較的に用いることは可能であるが、注意が必要である。

　「支那」という言葉も公用文で用いてはならない。「支那」は、古代の「秦」の変化であり、英語の"China"と語源を同じくしている。したがって、言葉そのものが不快用語ではないが、中国の人たちに日本の侵略を思い出させるという配慮から、用いないこととされている。実際、中華人民共和国という正式国名があり、一般に「中国」という略称が使われている中で、あえて「支那」を用いる必要はないであろう。なお、片仮名書きで「東シナ海」などと用いるのは、構わない。ちなみに、「満州」も用いず、「中国東北部」と呼ぶ。

　北朝鮮については、従来「朝鮮民主主義人民共和国、北朝鮮は〜」と正式国名を記してから読み替えるのが例であったが、最近北朝鮮関係のニュースが増えるに従い、「北朝鮮」という言葉が単独で用いられる例が多くなってきている。この用語の使用については、同国から抗議がなされているので、注意が必要である。南北朝鮮を総称する「朝鮮」という言葉は、もちろん差別用語ではないが、文脈の中で誤った用い方をすると差別的にとられる可能性があるので、留意が必要である。「北鮮」「南鮮」という言葉は、差別用語と考えられている。

　「在日」という語句は、「在日韓国人」や「在日アメリカ人」などとして用いるのは問題ないが、特別永住者などを指して単に「在日の人」などと用いるのは適当でない。なお、「在日韓国・朝鮮人」とすることは、差し支えない。

「メッカ」という中東の地名を物事の中心地という意味で遣うことがあるが、メッカはイスラム教の聖地であり、公用文には用いない。また、「ナチス」「ヒトラー」など過去の全体主義の団体人物は、否定的な意味であっても例え話に用いない。

　「部族」の意味合いの強い「〜族」は、「部族」とともにできるだけ用いない。ただし、これは、言い換えが難しい。「アパッチ族」であれば「アパッチ系インディアン」、「マサイ族」や「クルド族」であれば「マサイ人」や「クルド人」とし、「チベット族」については「チベット民族」とするのが適当である。また、「原住民」とは言わず、「先住民」又は「現地人」とする。「エスキモー」についても、最近用いず、「イヌイット」と呼んでいる。なお、「エスキモー犬」は、構わない。ちなみに、「酋長」も用いない。「土人」は、論外である。

　＊　「インディアン」という呼称については近年議論が継続され、アメリカ政府は他の先住民も含めて「ネイティブ・アメリカン」という用語を用いている。また、「インディアンス」という球団名が最近変更されたこともあり、今後のアメリカの動向を注視する必要がある。

　ちなみに、特定の国や地域の生活水準や文化水準の成熟度をいう「民度」は、誤解されやすい語句であるので、公用文には用いないほうが良い。

　我が国の先住民族であるアイヌ民族については、一時呼称として「ウタリ」が用いられたことがあったが、現在再び「アイヌ」が用いられている。アイヌについては、「北海道（等）に先住し、独自の言語、宗教や文化の独自性を有する先住民族として認めること」（衆参両院決議）が求められている。「我が国は、単一民族から成る」という表現は、してはならない。

　同和問題に関しては、これまで多くの差別事件が繰り返され、今日においてもなお後を絶たない。その中でも、特に差別用語を用いた事件に

より、多くの人の心が傷つけられてきた。このことについては、単なる表現の問題にとどまらず、心の問題、差別意識の問題として、その根絶に一層努めていかなければならないことを付け加えておきたい。

　なお、公用文では、同和問題への配慮から、一般に字等の地域を指す場合においても、「地区」又は「集落」という語句を用いる。

その他の不快用語

　不快用語にはこのほかにも様々なものがあり、その中には過去にはよく遣った語句も含まれているので、気を付けたい。

●時代とともに変化する不快用語

　学校用語では、「登校拒否」という言葉は、最近「不登校」と言い換えられている。「落ちこぼれ」という言葉は、教育用語としてある程度定着していたが、最近は用いず、「授業に付いていけない子供たち」などと言い換える。「滑り止め」というのも、要注意な言葉であり、「併願」等を用いるべきであろう。「父兄会」は「保護者会」とし、「鍵っ子」は「留守家庭児童」とする。従来の「特殊学級」は、「特別支援学級」とする。ちなみに、子供の敬称の「ちゃん」は、原則として就学前の乳幼児のみに用いる。「君」は男子生徒児童に用いてもよいが、近年男子にも女子同様「さん」を用いる例が学校を中心に増えている。

　社会的な用語では、「首切り」は用いず、「解雇」と言う。「企業戦士」という言葉も最近用いない。「青田買い」も公用文では用いない。例えば「ホームレスを野放しにしている」など、「野放し」という言葉を人に用いると、差別的になるので、注意が必要である。「役人上がりの市議会議員」というように、「～上がり」は使えない。では、「天下り」は、どうなのであろうか。研究課題としたい。地域的なものとしては、「裏日本」は用いずに、「日本海側」と言う。当然、「表日本」も用いない。

「チビ」や「デブ」のように人の身体的特徴をやゆする言葉は、差別用語である。「チビッ子」という言葉は、まだ用例があるが、公用文では用いないほうが良いであろう。「坊主刈り」は、「丸刈り」と言うべきである（「てるてる坊主」「三日坊主」は、構わない。）。

　また、「気違い」という言葉は差別用語であるから、阪神タイガースファンを「トラキチ」と呼ぶのも公用文では認められない。「～狂」という用い方もあるが、同様に問題があるものと考えたい。英語で「～マニア」というのもあるが、翻訳すれば、同じ意味である。ちなみに、「狂気のさた」も用いるべきではない。

　このほか、「いかさま」「いちゃもん」「ごね得」「しらみつぶし」「尻ぬぐい」「猫ばば」などは、上品な言葉ではないので、公用文には用いない。

　ちなみに、住民への説明会などで話を分かりやすくするため例え話をすることがあるが、的外れな例え話をすると批判を受けることがあり、十分気を付けたい。例え話のほうが差別的に受け止められることもあるので、あらかじめ例え話として実体の話に即しているか十分吟味をすべきである。その場での思い付きの例え話はしないほうが良い。

　以上、知らないと使ってしまいそうな差別用語や不快用語について、整理をしてみた。前述したように、こうした言葉の使用の可否は、地域により、時代により、あるいはその時の状況によって、極めて相対的なものである。そのため、特定の言葉や文学作品を巡って、差別用語の撤廃を求める人たちと日本語を守ろうとする人たちの間において、激論が交わされたこともあった。また、外国人差別の問題などは、政治的思想とも大きく関わってくる。しかし、公用文は、こうした問題について中立的であり、かつ、見本となるものでなければならない。

　したがって、それを読み、聞く人の立場になって不快に感ずる言葉はできるだけ用いるべきでないというのが、公用文の原則である。ただし、このことは、誤解されてはならない。私たち公用文の作成に携わる

者が、その作成のルールを考える上で、この原則に立つことは、当然のことである。しかし、それは、公用文の使用の現場において、誰からか言葉の用い方について抗議されたら、検討を省略して直ちに改めるということではない。そこには、行政の主体的な判断がなければならないのである。多くの国民や住民の意見を聴くことが行政の使命であり、一部の意見によって行政が揺さぶられてはならないということも心しておくべきである。

Q10 間違いを探せ！ ～上級編で実力をためそう！～

　最終回は、上級編です。言葉を知らないとどうしようもないものもあるかもしれませんが、よく考えて次の文の間違いを直してください。

① 　彼の病気も、日々薄皮をはぐように回復してきた。
② 　映画を見ながら、隣の男は、目をしばたいていた。
③ 　現地を視察したところ、清貧洗うがごとき状況だった。
④ 　彼は、意志が強く、なかなか説を曲げない。
⑤ 　あの作家は、意外にもつつましい生活をしている。
⑥ 　今回は、絶対に二の舞を繰り返してはいけない。
⑦ 　次の国際会議には、万全を尽くしてほしい。
⑧ 　きちんと論戦を張って相手方に言うべきことははっきりと言いなさい。
⑨ 　その家の門を、わらをもすがる気持ちでたたいた。
⑩ 　受付の男は、私のことを気嫌いしているようだ。

【答えと解説は333ページ】

追補 1　外来語の表記

●自由化された外来語表記

　外来語の表記については、国語審議会内部の意見がまとまらず、長く非公式文書である昭和29年の同審議会表記部会建議案がよりどころとされていた。その後、平成 3 年に大幅な再検討が行われ、新たに内閣告示として「外来語の表記」が制定され、従来制限的であった表記がかなり自由なものとなった。告示は、第 1 表（外来語や外国の地名・人名を書き表すのに一般的に用いる仮名）及び第 2 表（原音や原つづりになるべく近く書き表そうとする場合に用いる仮名）により構成されている。

　具体的には、

① 　外来語や外国の地名・人名を書き表す場合に、「シェ、ジェ」「ティ、ディ」「ファ、フィ、フェ、フォ」及び「デュ」を一般的に用いることができることとなった（第 1 表）。

　　　例　シェーカー　シェード　ジェットエンジン　ダイジェスト
　　　シェークスピア
　　　　　ティーパーティー　ボランティア　ディーゼルエンジン
　　　　　ビルディング　ディズニー
　　　　　ファイル　フィート　フェンシング　フォークダンス　フォースター
　　　　　デュエット　プロデューサー

　　この用例を見ると、ほとんどが既に一般に用いられているものばかりであり、ルールが後から付いてきたものと言える。

　　また、上記の仮名を用いて書ける外来語であっても、慣用があるものは、従来の表記による。

　　　例　ミルクセーキ（シェ）　ゼラチン（ジェ）
　　　　　エチケット　スチーム　プラスチック　ステッキ（ティ）
　　　　　スタジアム　スタジオ　ラジオ　キャンデー　デザイン　デジタル
　　　　　（ディ）
　　　　　セロハン（ファ）　モルヒネ（フィ）　プラットホーム　ホルマリン

メガホン（フォ）

　　　ジュース（同点状態）　ジュラルミン（デュ）

　　　ファン（フアン）　フィルム（フイルム）　フェルト（フエルト）

　　括弧書きも可

② 　外来語や外国の地名・人名を原音や原つづりになるべく近く書き表
　そうとする場合に、「ウィ、ウェ、ウォ」「クァ、クィ、クェ、クォ」
　及び「ヴァ、ヴィ、ヴ、ヴェ、ヴォ」並びに「トゥ、ドゥ」「テュ」
　「フュ」及び「ヴュ」を用いることができるようになった（第2表）。

　　　この表記は任意であり、次のいずれを用いてもかまわない（括弧書
　きは、第1表の仮名による表記）。ただし、第2表の仮名を用いたとき
　は、同一文書中の外来語には同表の仮名を用いるよう努めなければ
　ならない。

　　例　ウィスキー（ウイスキー）　ウィルス（ウイルス）

　　　ウェディングケーキ（ウエディングケーキ）

　　　ストップウォッチ（ストップウオッチ）

　　　　クァルテット（クアルテット又はカルテット）

　　　クィンテット（クインテット）

　　　クェスチョンマーク（クエスチョンマーク）

　　　クォータリー（クオータリー）

　　　ヴァイオリン（バイオリン）　ヴィーナス（ビーナス）

　　　トゥールーズ（ツールーズ）　ヒンドゥー教（ヒンズー教）

　　　テューバ（チューバ）

　　　フューズ（ヒューズ）

　　　インタヴュー（インタビュー）　レヴュー（レビュー）

　国語として定着している外来語は、公用文では、日本語として発音し
やすいように表記するのが原則であり、特別の配慮が必要なときに限っ
て原音に近い表記をする。前述のとおり「セロファン」「プラスティッ
ク」「ディジタル」のような表記はしない。他方、外国の人名や国名・
地名には、原音に近い表記を求められる場合がある。その場合でも、第
1表にも第2表にもない表記は、原則として用いない。

　外国の国名や地名については、外務省が定めたものを用いるほうが良

いが、必ずそうでなければならないわけではない。

　例　ベトナム・ヴェトナム社会主義共和国

　　　ジュネーブ・ジュネーヴ条約

　最近、外務省では再び「ヴ」を用いない傾向にあり、国名で残されて
いた「セントクリストファー・ネーヴィス」及び「カーボヴェルデ共和
国」も「ヴ」を用いない表記に改正された。国名以外の一般の表記で
も、今後特に必要のない限り、上記のことにかかわらず、「ヴ」は用い
ないほうが良い。

　新しい外来語は、できるだけ用いることを控え、マスコミ等社会全体
における使用の状況を十分見定めるべきである。

　＊　英語の「ｖ」の音に初めて「ヴ」を当てたのは、福澤諭吉である。政
　　府では、現在日本人が摩擦音である「ヴ」を正確に発音しているわけで
　　はないので、今後外国名等には用いないこととした。

　＊　中国の地名・人名は、片仮名表記又は原音読みが定着しているもの
　　（アモイ、ハルピン、上海（シャンハイ）、青島（チンタオ）等）を除き、
　　漢字表記・日本語読みが原則である。ただし、教科書やマスコミの中に
　　は、漢字表記に原音読みを併記するものもある。一方、韓国の地名・人
　　名は、近年漢字表記・原音読み又は片仮名表記することとされている。
　　中国と韓国との読みの違いは、日本の地名・人名を読む場合の両国の違
　　い、相互主義によるものと説明されている（中国語では漢字に固有の読
　　みが当てられているが、韓国語では表音文字であるハングルが用いられ
　　ているという言語的な背景がある。）。

　　　ちなみに　北方領土（歯舞群島、色丹島、国後島及び択捉島）は日本
　　固有の領土であり、その記述に際しては、島名・地名を必ず漢字で書
　　く。また、南樺太及び千島列島は歴史的経緯により未帰属地域であり、
　　その現在島名・地名を書くときは、日本語名を「サハリン（樺太）」の
　　ように添える。

　外来語の表記に関し、これ以外の点は、おおむね従来の慣用によって
いるので、細かく説明する必要はない。

　なお、語末のア列の長音については、「外来語の表記」において原則
として長音符号を用いるが慣用に応じて省略できるものとされ、従来一

部「エレベータ」「コンピュータ」「プリンタ」のように表記されていた（かつて旧日本工業規格（ＪＩＳ）で三音以上の場合は語尾に長音符号を付けないこととされていたことに原因がある。）。国語分科会報告書では、これらの語句も含めて原則として長音符号を用いることとした。ルールの紛れはなくなったが、慣用上次のようなもの（語末が「ア」の語が多い。）は、なお長音符号を付けない。「データ」のように原語の語尾が -a である語句も同様である。

例　インテリア　　ウェア　　エンジニア　　ギア　　キャリア　　グラビア　クリア　ケア　コア　シェア　シニア　シビア　ジュニア　スクエア　スコア　ストア　スペア　スリッパ　タイヤ　ドア　バリア　ピュア　フィギュア　プレミア　フロア　プロペラ　フロンティア　ボランティア　ユーモア　リタイア　リニア　ワイヤ

　語末のイ列の長音についても「カテゴリー」「コミュニティー」のように長音符号を付ける。

　また、次の語句は、慣用に従い、長音符号を用いない。

例　エイト　　バレエ（舞踊）　　ペイント　　ボウル（食器）　　ボウリング（スポーツ）　ミイラ　レイアウト
　　アルミニウム　　カルシウム　　ナトリウム　　ラジウム　　シンポジウム　プラネタリウム
　　インターフェイス　　ドメイン　　メイン　　メンテナンス　　レインコート

＊　外来語の正書法を論理的に整理するのは、難しい課題である。民間団体で原語のつづりを基にした精緻な検討が行われているが（「外来語（カタカナ）表記ガイドライン（第３版）」平成27年９月一般財団法人テクニカルコミュニケーター協会）、原則に対する例外が多い。外来語の表記は、慣用によるところが大きいからである。

●間違いやすい片仮名語

　表記を間違いやすい片仮名語が幾つかあるが、時代とともに誤用が一般化してきたものもあり、注意を要する。

　公用文でよく用いるものとしては、「コミュニケーション」があり、「×コミニュケーション」としたものを時折見掛ける。「シミュレーショ

ン」も「×シュミレーション」としたものがある。「ナルシシズム」は、これが正しいが、「ナルシズム」もかなり広がっている。「エンターテインメント」も、「エンターテイメント」が広がっているので、誤りとは断定しがたい。一方、「スムーズ」を「×スムース」と書くのは、適当ではない。

　スポーツ用語では、「×バトミントン」（バドミントン）、「×エキシビジョン」（エキシビション）、「×グランド」（グラウンド）は、誤りである。物の名前では、「×アボガド」（アボカド）、「×ギブス」（ギプス）、「×ジャンバー」（ジャンパー）、「×ティーパック」（ティーバッグ）、「×バッチ」（バッジ）、「×ホットドック」（ホットドッグ）、「×マニュキュア」（マニキュア）などの誤用を散見する。

　「アタッシェケース」は、外交専門職の「アタッシェ」から来た語句であるが、発音上「アタッシュケース」でも許容との意見がある。「ジャクジーバス」は、「×ジャグジー」ではないが、商標であるので、「ジェットバス」とするのが良い。「ホチキス」は、歴史上の製造社名であり、適切な日本語訳がなく英語で「ステープラ」とするしかないので、許容されている。

　なお、和製英語について指摘するものもあるが、例えばナイトゲームを「ナイター」と呼ぶなどある程度社会的に用いられている語句であれば、公用文に用いても差し支えない。和製英語は、日本語だからである。

　＊　和製英語（等）には、次のようなものがある。英語（等）にもある単語であるが、日本語として用いる場合に意味が異なるものも含まれている。

アフターサービス	アルバイト	オートバイ（スクール）
オフィスレディ（OL）	ガードマン　ガソリンスタンド	カンニング
キーホルダー	キャンピングカー	クレーム（を付ける）
コインランドリー	コインロッカー　ゴールイン	コンセント
サラリーマン　ジェットコースター	シャープペンシル	スキンシップ
スケートリンク	スタンドプレー　タオルケット	チャック
テーブルスピーチ	ドッキング　ナイーブ（な問題）	ノートパソコン

181

バイキング(料理)　　バックミラー　　ビジネスホテル　　ファクス
(ホテルの)フロント　　ベースアップ　　ベッドタウン　　ペットボトル
マイカー　　マイホーム　　マジック(インキ)　　モーニングコール
ランドセル　　(住宅の)リフォーム　ワンパターン
*　上記の外来語の中で、「ホチキス」を「ホッチキス」と、「ファクス」
を「ファックス」と「ッ」を入れてももちろん間違いではないが、入れ
ない方が上品な感じがする。また、「ファストフード」などの fast は、
最近アメリカ読みの「ファスト」に統一されている（序数の first は、
「ファースト」とする。）。

●「外来語」言い換え提案

　国立国語研究所「外来語」委員会が、過去4回にわたって「『外来
語』言い換え提案」を行っているので、次に掲げておく。この提案は、
誤解されやすいが、下記の外来語を使わずに日本語で書くことを勧める
趣旨のものではない。飽くまでも、分かりにくい外来語を分かりやすく
するため、「個々の外来語に対して、どのような言い換え語を当てるの
が最も適切であるのか」その目安を具体的に示すことにある。したがっ
て、個々の外来語を使用すべきか否かの基準を示すものではない。まし
てや、公用文の書き方について論じたものではない。

　そのため、言い換え提案の対象となった外来語の中には、公用文の観
点から、既に十分日本語化されているので、言い換えの必要がほとんど
ないと考えられるものから、とても日本語とは言えずまだ英語等そのも
のと言うべきものまで含まれている。

　要は、外来語の使用は、①既に十分日本語化しているので、理解に支
障がないと考えられるもの、②他に適切な日本語の言い換えが見当たら
ないものに限られるべきである。そうでない場合は、下記の言い換え提
案を参考にしてできるだけ日本語の表記にすべきである。また、やむを
得ず外来語を用いる場合は、括弧書きで説明を加えるなど工夫をする。
*　外来語を遣うときに短縮形、例えば「コンビニ」や「リモコン」とい
う語句を用いてよいかという問題がある。このことも日本語としてその
外来語がどれだけ定着しているかによる。「コンビニ」は、飽くまで口

語の略称であり、公用文では「コンビニエンスストア」としてほしいところである。一方、「リモコン」は、生活の中で相当定着している語句であり、「リモートコントローラー」としたのではかえって何のことか分からず、短縮形を用いた方が分かりやすい感じを受ける。

【第1回「外来語」言い換え提案】

アイドリングストップ（停車中エンジン停止）

アウトソーシング（外部委託）　　アクションプログラム（実行計画）

アクセス（接続・交通手段・参入）

アジェンダ（検討課題）　　　　　アセスメント（影響評価）

アナリスト（分析家）　　　　　　アメニティー（快適環境・快適さ）

インキュベーション（起業支援）　インサイダー（内部関係者）

インターンシップ（就業支援）　　インタラクティブ（双方向的）

インパクト（衝撃）

インフォームドコンセント（納得診療・説明と同意）

オピニオンリーダー（世論形成者）　オンデマンド（注文対応）

ガイドライン（指針）　　　　　　キャピタルゲイン（資産益）

ケア（手当て・介護）　　　　　　コミット（かかわる・確約する）

コミットメント（関与・確約）　　コンセンサス（合意）

コンソーシアム（共同事業体）　　コンテンツ（情報内容）

サーベイランス（調査監視）　　　シーズ（種）

シェア（占有率・分かち合う・分け合う）

シフト（移行）　　　　　　　　　シンクタンク（政策研究機関）

スキーム（計画）　　　　　　　　スクリーニング（ふるい分け）

スケールメリット（規模効果）　　ストックヤード（一時保管所）

セカンドオピニオン（第二診断）　セキュリティー（安全）

ゼロエミッション（排出ゼロ）　　タイムラグ（時間差）

デイサービス（日帰り介護）　　　デリバリー（配達）

トレーサビリティー（履歴管理）　ノンステップバス（無段差バス）

ハーモナイゼーション（協調）　　バックオフィス（事務管理部門）

バリアフリー（障壁なし）　　　　フィルタリング（選別）

フェローシップ（研究奨学金）　　フォローアップ（追跡調査）

プレゼンテーション（発表）

フレックスタイム（自由勤務時間制）

プロトタイプ（原型）　　　　　　ポジティブ（積極的）

マスタープラン（基本計画）　　　メンタルヘルス（心の健康）

モータリゼーション（車社会化）　モチベーション（動機付け）

モラトリアム（猶予）

ユニバーサルサービス（全国均質サービス）

ライフサイクル（生涯過程）　　　ライフライン（生活線）

リーフレット（ちらし）　　　　　リニューアル（刷新）

ワーキンググループ（作業部会）

【第2回「外来語」言い換え提案】

アーカイブ（保存記録・記録保存館）

アイデンティティー（独自性・自己認識）

イノベーション（技術革新）　　　インセンティブ（意欲刺激）

インフラ（社会基盤）

エンパワーメント（能力開化・権限付与）

エンフォースメント（法執行）　　オブザーバー（陪席者・監視員）

キャッチアップ（追い上げ）　　　グランドデザイン（全体構想）

グローバリゼーション（地球規模化）

グローバル（地球規模）　　　　　ケーススタディー（事例研究）

コア（中核）　　　　　　　　　　コミュニケ（共同声明）

コミュニティー（地域社会共同体）　コラボレーション（共同制作）

コンセプト（基本概念）　　　　　サマリー（要約）

シミュレーション（模擬実験）　　スクーリング（登校授業）

セーフティーネット（安全網）　　セクター（部門）

タスク（作業課題）　　　　　　　タスクフォース（特別作業班）

ダンピング（不当廉売）　　　　　トレンド（傾向）

ノーマライゼーション（等生化・等しく生きる社会の実現）

バーチャル（仮想）　　　　　　パートナーシップ（協力関係）

バックアップ（支援・控え）　　ビジョン（展望）

フレームワーク（枠組み）　　　ベンチャー（新興企業）

ボーダーレス（無境界・脱境界）ポテンシャル（潜在能力）

マーケティング（市場戦略）　　マクロ（巨視的）

マネジメント（経営管理）　　　マルチメディア（複合媒体）

ミスマッチ（不釣り合い）　　　モニタリング（継続監視）

モラルハザード（倫理崩壊）　　ライブラリー（図書館）

リアルタイム（即時）　　　　　ログイン（接続開始）

ワークショップ（研究集会）

【第3回「外来語」言い換え提案】

アカウンタビリティ（説明責任）イニシアティブ（主導・発議）

カウンターパート（対応相手）　ガバナンス（統治）

コンファレンス（会議）　　　　コンプライアンス（法令遵守）

サプライサイド（供給側）　　　スキル（技能）

スタンス（立場）　　　　　　　ステレオタイプ（紋切り型）

セーフガード（緊急輸入制限）　セットバック（壁面後退）

ソリューション（問題解決）　　ツール（道具）

デジタルデバイド（情報格差）

デフォルト（債務不履行・初期設定）

ドクトリン（原則）　　　　　　ハザードマップ（災害予測地図）

パブリックインボルブメント（住民参画）

パブリックコメント（意見公募）

プライオリティ（優先順位）　　ブレークスルー（突破）

プレゼンス（存在感）　　　　　フロンティア（新分野）

ポートフォリオ（資産構成）　　ボトルネック（支障）

マンパワー（人的資源）　　　　ミッション（使節団・使命）

モビリティ（移動性）

ユニバーサルデザイン（万人向け設計）

リテラシー（読み書き能力・活用能力）

ロードプライシング（道路課金）

【第４回「外来語」言い換え提案】

アクセシビリティー（利用しやすさ）

アミューズメント（娯楽）　　　　オーガナイザー（まとめ役）

オーナーシップ（所有権・主体性）

オフサイトセンター（原子力防災センター）

オペレーション（公開市場操作・作戦行動）

カスタムメード（特注生産）　　　クライアント（顧客）

コージェネレーション（熱伝併給）

コンポスト（たい肥・生ゴミたい肥化装置）

サプリメント（栄養補助食品）　　サムターン（内鍵つまみ）

センサス（全数調査・大規模調査）

ソフトランディング（軟着陸）　　デポジット（預かり金）

ドナー（臓器提供者・資金提供国）

トラウマ（心の傷）　　　　　　　ナノテクノロジー（超微細技術）

ネグレクト（育児放棄・無視）　　バイオテクノロジー（生命工学）

バイオマス（生物由来資源）　　　ハイブリッド（複合型）

ヒートアイランド（都市高温化）　ビオトープ（生物生息空間）

フリーランス（自由契約）

メディカルチェック（医学的検査）

リードタイム（事前所要時間）　　リターナブル（回収再使用）

リデュース（ごみ発生抑制）　　　リバウンド（揺り戻し）

リユース（再使用）　　　　　　　リリース（発表）

レシピエント（移植患者）

ワークシェアリング（仕事の分かち合い）

ワンストップ（一箇所）

●ローマ字の書き方

　ローマ字文の書き方については、統一的なルールはない。一般的なことを挙げると、文頭や固有名詞の初字は、大文字とする。助動詞を除き、全ての単語は、分かち書きをする。助詞の「は」は wa と、「へ」は e と、「を」は o とつづる。長音は、shadô（車道）のようにサーカムフレックス又はマクロン（ ˉ ）を用いて表記する。ただし、地名、人名等の固有名詞には用いないことが多い。例外的に oo ii などを用いるが、ou や oh は原則として用いない。また、keizai（経済）のように ei は長音としない。撥音（はつおん）とナ行を区別するときは、hon'i（本意）のようにアポストロフィを用いる。ハイフンはできるだけ用いず、Okada-san のような敬称や Osaka-shi のような都市名に限って用いる。「 、」には（ ， ）を、「 。」には（ ． ）を用いる。

　ローマ字表記については、公用文では、広くヘボン式が採用され、いわゆる訓令式にない shi chi tsu fu を用いている。しかし、細かな点については必ずしも統一的な基準はなく、各行政分野でそれぞれの方式が採られている。ヘボン式では、「ジ・ヂ」には ji を、「ズ・ヅ」には zu を用い、拗音（ようおん）には sha shu sho cha chu cho ja ju jo を用いる。ラ行に l は、用いない。

　ちなみに、ローマ字による日本人の姓名の表記については、令和元年10月の関係府省庁申合せにより、従来の慣行を改め、姓名の順によることとされた。その際、特に姓名を明確に区別させる必要があるときは、姓を全て大文字とし、「YAMADA Haruo」のように表記する。このことは、2021年東京オリンピック・パラリンピック大会で国際的にも実現され、「公用文作成の考え方」でも確認された。

　＊　旅券の姓名の表記については、ヘボン式を原則としつつ、一定のルールがある。外国人の姓名表記に限られるが、「ヴ」は、vu を用いずに bu とし、「ヴァ・ヴォ」は bua buo と表記する。「ファ・フォ」も fua fuo と表記する。長音は、末尾の「オオ」に限って Takatoo（高遠）のように o を重ねることが認められているが、途中の長音 oo(oh) uu ou は原則

として認められない。「大野」は Ono 、「優香」は Yuka とされ、私の名の「陽輔」も Yosuke なので「与助」と勘違いされてしまう。サーカムフレックスやマクロン等の長音符号も用いない。撥音の「ン」は、n で表記するが、Namba（難波）のように b m p の前では m とする。ナ行と区別するためのアポストロフィやハイフンの使用は、認められない。促音の「ッ」は、次の音の子音文字を重ねるが、ch の前では t を用いて Bitchu（備中）のようにする。なお、初めて旅券を発行するときは、一定の要件の下、ヘボン式によらないことを申請できる。特に長音の oh oo ou uu は、比較的簡単に認められているようである。

* 　公用文でローマ字文を用いることはほとんどないが、案内板表示などでローマ字表記を用いることはよくある。日本由来の固有名詞等にローマ字表記を用いることは当然であるが、かつて道路標識では普通名詞にもローマ字表記が用いられていた。例えば「国会前」の交差点は「Kokkai」と、郵便局は「Yuubinkyoku」とされていた。このようなローマ字表記は、最近「The National Diet」「Post Office」と改められた。「道路標識の英語化」と呼ばれている。

　その際、時々指摘されるのは、ローマ字と英語の重複である。例えば「六本木通り」という道路標識は、「Roppongi-dori Ave.」とされている。Ave.はAvenueの略で大通りという意味であるので、doriとAve.が重複していると言われることがある。これは、外国人と日本人が会話するときの分かりやすさを配慮した措置であり、決して担当者が間違えたわけではない。このほかにも、「荒川」「東大寺」のように英語化部分を分離し難い固有名詞があり、「Arakawa River」「Todaiji Temple」のように表記せざるを得ない。

追補2　広報文の書き方

　広報文の書き方について、公的に定まったものはない。これまで、国や地方公共団体の広報の現場において、それぞれの創意工夫によりローカルルールとして形作られてきた。そうはいうものの、広報文の書き方の全てについて、個々の府省庁や地方公共団体においてルール化することは困難であるので、マスコミ表記に倣っている所が多いのも実情である。

　「公用文作成の考え方」では、「解説・広報等」について、一部公用文の書き方の特例を認めた。そのため、今後、府省庁等において、広報文の書き方について再検討される可能性が出てきた。そうした検討に資するため、広報文の書き方のポイントについて、まとめておきたい。

　　＊　「公用文作成の考え方」で「解説・広報等」とされているものの中には、広報誌（紙）のほか、政策パンフレットや府省庁のウェブサイトなども含まれている。これらは、広報文の書き方の対象である。他方、報道発表資料は、「記録・公開資料等」に含められ、扱いを異にしている（11ページ参照）。公用文表記の原則に従って作成されている現状を追認したものと考えられる。しかし、報道発表資料をマスコミ表記に近い広報文の書き方により公表してはならないという理由はないので、今後議論が必要であろう。

●漢字や送り仮名は一般の公用文の書き方によらないことができる（表記）

　「公用文作成の考え方」では、「解説・広報等」においては、読み手にとって分かりやすい表現をするため、常用漢字であっても振り仮名を付けたり、平仮名で書くことができることとした（68ページ）。ただし、国語分科会報告書において若干の例が掲げているほか、その範囲については明らかではない。その適用については、各執筆者が独自に決めるわけにはいかないので、組織ごとにルール作りをする必要がある。し

かし、国語の専門家がいない組織においてルール化するのは実際には困難であるので、勢いマスコミ表記に倣うこともありがちであろう。その場合においても、「常用漢字表」にない漢字や読みを用いないことは、厳守すべきである。当て字や熟字訓の使用も同表付表の範囲に限るべきである。なお、広報文では、副詞や「および」「または」などの接続詞を平仮名で表記することが一般的である（マスコミでは、副詞は訓読みのものは平仮名で、音読みのものは漢字で書くことを原則としているが、それぞれ例外が多数ある。）。「ご意見」など接頭辞の「御」も平仮名で書く。

　送り仮名については、「公用文作成の考え方」では、「解説・広報等」においては、送り仮名を省略せずに、学校教育で学んだ表記によることができるものとしている（86ページ）。公用文では、「送り仮名の付け方」通則6の許容を適用しているが、マスコミでは許容は一切適用していない。したがって、広報文では、通則6の許容を適用しないことにするものと考えられる（例えば「取扱い→取り扱い」「手続→手続き」）。ただし、通則7の送り仮名を付けない慣用が固定していると認められる複合語の表記については、マスコミでも原則として適用しているので（例えば「覚書」「建前」）、ルール作りに当たっては、その違いに十分留意しなければならない。

　数字については、広報文では、算用数字を用いるのが原則である。縦書きでも同様であり、2桁では半角の算用数字をそのまま用い、3桁以上では数字を縦に並べる（西暦等漢数字を並べることもある。）。一般の公用文では「千」を単位に用いないが、広報文では切りの良い数字で単位に用いることがある（例えば「1万3千人」）。また、概数については、漢数字を用いるのが原則であるが（61ページ）、広報文では、読み間違うおそれがないときは、算用数字を用いてもよい（例えば「4、5億ドル」）。

　句読点については、広報文では、括弧の中が文であっても、読み間違うおそれがないときは、句点を付けないのが特徴である（箇条書でも同様の扱いをすることがある。）。読点については、大きな差異はない。「？」

「！」などの符号については、ある程度自由に用いてもよいが、やはり乱用を避けるべきであることは、一般の公用文と変わらない。

●難しい言葉や曖昧な言葉は用いない（用語）

　広報文は、一般の人を対象としたものであり、難しい言葉は用いないのが鉄則である。専門用語や外来語の扱いについては、一般の公用文について前述したこと（129ページ）がそのまま広報文にも当てはまる。広報文では、より厳しい基準で難しい専門用語や外来語を除外することが必要である。

　また、広報文では、法令上の専門用語は、できるだけ用いないようにする。名詞の列挙に用いる「及び」や「又は」は、一般の人には評判が悪い。できるだけ用いずに、三つ以上の列挙が必要なときは、箇条書きにすると良いとされている。ましてや、階層列挙に使う「並びに」や「若しくは」は、用いない。時間の程度を表す「直ちに」「遅滞なく」「速やかに」や類推を規定する「推定する」「みなす」もできるだけ用いない。

　論文調の接続詞も用いない。「第一に」「まず」「つぎに」「しかし」「ただし」「なお」のような段落整序のための接続詞は、できるだけ用いない。「そして」「だから」のような話し言葉で用いられる接続詞も稚拙な感じがするので用いない。「いずれにしても」は、読み手に不快感を与える。一方で、「したがって」「なぜならば」や副詞の「例えば」「つまり」などは、読み手の理解を進める上で有効とされている。不要な接続詞を用いないと、文がすっきりする。

　「等」「など」「ほか」「その他」などの曖昧語もできるだけ用いない。中身が見えない語句を付加すると、読み手に不安を与えてしまう。広報文は、厳密さよりも分かりやすさを優先させるべきであり、説明を要しない事柄を示唆する必要がないときは、こうした用語は思い切って削るべきである。数や量の程度や時期や期間を表す曖昧語（例えば「多め」「早めに」）をできるだけ用いないようにすることは、前述した（129ページ）。

●要点を押さえた簡潔な文章に（文体）

　短い文、短い文章が広報文の要諦である。一文の論点は一つにし、連用形止めや接続助詞を多用せず、句点で文を短く区切っていくのが良い。文章中不要な接続詞を用いず、一つの段落に一つの主張のみ盛り込む。必要がないことは一切書かないことが肝要である。

　広報文には、国民や住民を対象としたお知らせ文書とメディアを対象とした報道発表資料があり、多少性質を異にしているが、分かりやすい文書で読み手の興味を引かなければならないことに違いはない。そのためには、行政が伝えたいことが正面から分かるようにするため、最初に重要な結論から書き始め、順次詳しい説明を加えていくことがポイントである。その際、施策のどこが主な変更点であり、どこに新規性があるのか明確にする必要がある。

　まず、標題（タイトル）が重要である。新聞でも、見出しを見て興味がないと判断されると、本文まで読んでもらえない。通知文の標題と同様の「補正予算案の編成について」のようなタイトルでは、全く役に立たない。「〜について」を用いず、せめて「3,000億円の経済対策を含む補正予算案を編成」ぐらいにしなければならない。具体的な数字を掲げるほか、符号や擬音語、擬態語を用いて強調することも考慮すべきである。サブタイトルを用いて伝えたいことを補完するのも有効である。

　広報文には、リードと呼ばれる前文（要約）が付されることがある。新聞でも一面記事には付されている。ここで、その記事の大要、いつどこで誰が何をどうしたということが簡潔に示される。普通1文から3文までぐらいである。要約ではあるが、後の本文では記述が重複しないようにする。

　本文は、まず施策の主要な内容から記していく。その後で、施策を実施するに至った背景や理由について説明する。施策の期待される効果や影響、今までとの違い、新規性についても説明することが重要である。仮に「日本初」「日本一」ということになれば、メディアにも取り上げ

られやすい。最後に補足的なことや手続的なことを付け加える。少し長い文章になるときは、見出しを適宜付ける。見出しは、あえて短くする必要はなく、それを眺めれば文章の主旨が分かるようなものが良い。

　文章は、5W1Hを踏まえて書く。7W2H、6W3H1Mなどと説いている人もいる。When（いつ）Where（どこで）Who（誰が）What（何を）Why（なぜ）、How（どのように）が基本である。記者ハンドブックは、読者に対して持つ記事の意味・値打ち Worth がもう一つのWになると指摘している。広報文も、具体的な書きぶりは、一般の公用文同様 On the Job Training で習熟するしかない。

　最後に、序章に掲げた通知文を広報文に書き換えてみたので、参考にしてほしい。かなり短縮できることが実感できる。

「種目別拠点校わくわくクラブ」への入部希望者の募集

　種目別拠点校10校で実施する10種類の部活動（わくわくクラブ）への入部希望者を募集します。どうかふるって応募してください。現在運動部に所属していない生徒に限ります。本校生徒が応募できる種目は、次のとおりです。

・バレーボール（男）

・ソフトボール（女）

・ハンドボール（男女）

・柔道（男女）

・相撲（男）

・バドミントン（男女）

　詳細については、入部希望生徒と保護者を対象とした説明会でお知らせします。参加希望の方は、「説明会参加申込書」に必要事項を記入し、5月31日（月）までに各担任へ提出してください。後日、説明会の日時を連絡します。

追補3　コンピューターで使える漢字

　コンピューターが出始めの頃、漢字フォントは、コンピューター本体ではなく、プリンターに実装されているので、プリンターにない漢字を印刷することはできなかった。その後、コンピューター本体で外字を作成することが可能となり、自ら職人芸を披露する人たちが増えてきた。当時は、24ドットや32ドットのドットプリンターが全盛であり、24×24などのマトリクス上に類似文字を変換しつつドット単位で外字を作成したものであった。

　最近では、実用的なほとんどの漢字を含んでいるJIS第1水準（2,965文字）及びJIS第2水準（3,390文字）がコンピューターの標準装備になってきたので、外字を作成することも少なくなってきた。公用文では、それ以外の漢字を使うことは通常考えられないが、唯一の例外が人名であろう。人名も、名の方は一定の制限がなされているが（35ページ参照）、姓の方は基本的に制限がない。堺市は将棋の世界で有名な阪田三吉翁の生まれ育った地であるが、同市では、印刷物を作るとき、故人に敬意を表し、必ず「吉」は、「士に口」ではなく、「土に口」と書くこととしている。この字は、出版業界では「つちよし」と呼ばれているが、JISコードには入っていないのである。JISコードに入っていない有名な文字に、「﨑」や「髙」もあり、それぞれ「たつさき」「はしごだか」と呼ばれている。

　しかし、「﨑」や「髙」は、コンピューター上、実際に表示が可能である。最近のワードプロセッサーでは、パレット入力などと呼ばれる一覧表からの漢字入力が可能となっているので、それを使うと、JIS第1水準及びJIS第2水準の漢字が表形式でずっと表示されるが、JIS第2水準が終わってもあきらめずにもう少し繰り下げていくと、短い漢字表が現れてくる。これは、「IBM拡張文字」と呼ばれているものであり、ほとんどのコンピューターで利用可能である。これをよく見ていくと、

「﨑」や「髙」も含まれている（このほかにも、一棒のある「德」や「隆」など全部で388文字ある。）。ただし、IBM拡張文字は、メールで送ると文字化けをする（添付ファイルは、大丈夫である。）。一方、「つちよし」の方は、この中にも含まれておらず、外字を作らなければならない例外的な漢字となっている。

　さらに、最近、JIS第3水準（1,259文字）及びJIS第4水準（2,436文字）も策定され、「たつさき」はこの中に入れられたので、現在これを標準装備しているコンピューターはないが、いずれ通常に使うことが可能になるものと思われる。一方、コンピューターで使われる文字コードは、将来的には「ユニコード」に統一される見通しであり、このコードは最新のコンピューターには装備されている（コード表はあるが、日本語以外のフォントが入っていないことが多い。）。ユニコードは、各種のアルファベットはもとより、ハングルや中国・台湾の漢字も含み、世界中の言語を表現できるようにすることを目的として作られている。ユニコードのバージョン3.0では、実に約5万文字が定義されている。

　近い将来、あらゆる文字がコンピューター上で表現できるようになるものと考えられる。しかし、そのためには、個々の文字が固有の文字であることが社会的に認識されていなければならない。「つちよし」は、まだその段階に至っていないということであろう。「常用漢字表」の冒頭に「字体についての解説」があり、明朝体活字のデザインについて解説が行われている。例えば「雪」の下の「ヨ」の部分について、活字には、中棒の左端が、左に出たもの、上下の横棒とそろえたもの、中にあるものの3種類があるが、これらは活字のデザインの問題とされ、異字体とは考えられていない。「つちよし」については、異字体と認めてフォントを起こすべきと考えるが、まだ活字のデザインの違いと考えられている節もあり、引き続き研究が必要である。

　＊　正確には、シフトJISコード（文字表）の16進数表記でED40からEEFCまでに掲げられている文字を「NEC選定IBM拡張文字」と呼び、FA40

からFC4Bまでに掲げられている文字を「IBM拡張文字」と呼んでいる。いずれも、漢字は、360文字含まれている。

（IBM拡張文字）

ⅰ ⅱ ⅲ ⅳ ⅴ ⅵⅶⅷⅸ ⅹ Ⅰ Ⅱ Ⅲ Ⅳ Ⅴ Ⅵ Ⅶ Ⅷ Ⅸ Ⅹ ¬ ¦ ' " ㈱№℡∵ 纊褜鍈銈蓜
俉炻昱棈銆舘﨣 ｜ 仡仼伀伃伹佖侒侊侚侔俍偀倢俿倞偆偰偂傔僴僘兊
兤冝冾凬刕劜劦勀勛匀匇匤卲厓厲叝﨎咊咩哿喆坙坥垬埈埇﨏塚增墲
夋奓奛奝奣妤妺孖寀甯寘寬尞岦岺峵崧嵓﨑嵂嵭嶸嶹巐弡弴彧德忞恝悅悊惞
惕愠惲愑愷愰憒揅掔掾揥搆攔敨敥昉昈晝晳暀晴晳暙暭暱曺朎朗
杦枻桒柀桄棏栟楂榉椪榅楐榗楻橫橆橳橾櫢櫤毖氿汜沆汯泚洄涇浯
涖涬淏淸淲淼渽淛渟渼溿澈渹湧滇澋濵瀅瀇炅炫焏焄煜煆煇凞燁燾犱犾猤猪獷珇
珊琦珣琪瑛琰瑤璤璟璱瓈瓈皂皜皞皛皦益皷盰瞖瞳砳砼硅硫砲礰礼神祥禔福
禛竑竫靖竧箞精絈絜綷綠緒繒繷羡羽茁荢荿菇菶葈葟蒴蒿蕙蕫薀薰
藒蚌蟵裗訒訷誾諟諶譓譿賰賴贒赶赸軏遤逸遧郞都郷鄧釚釗釞釭釯釴
釺鈶鈝鈧鈺鉀鉎鉙鉑鈹鉧銧鉷鉸鋧鋗鋙鋐鋍鋕鋠鋓錥錡鋻鋍鏰鐂鐍鑴
鋭鑧鏷鐍鑊鑅鑈鑇閒隆隝隝隯霳靁靃靍靏靑靕顗顥飯飼餧館馞驎髙
髜魩魚魶鮄鮏鮱鵬鶊鶴鶹鷭黑

* 著者の姓は「礒崎」であるが、「礒」はJIS第2水準の漢字であり、通常「イソザキ」と入力して熟語変換しても「磯崎」としか変換されない。JIS第2水準の漢字は、熟語変換しても正しく変換されない場合が多いが、「イソ」だけで単漢字変換すると、大抵の場合その文字が現れてくる。「崎」は、戸籍上は「﨑」であるが、これはIBM拡張文字であり、メールで送れない文字であるので、日常生活では「礒崎」で通用させている。「たつさき」を入力するときはパレット入力により、コード表のFAB1を探す。なお、よく使う文字の場合は、単語登録をしておくと便利である。

* 上記の文章は執筆時のままであり、「ユニコード」についても同様であるが、2021年に制定されたバージョン14.0では、実に144,697文字が定義されている。ちなみに、バージョン12.1では、合成文字の「㊧」が加えられた。なお、「つちよし」もバージョン5.1でユニコードに加えられている（U+20BB7）。

　一方、我が国の戸籍事務においては、名字（氏）に、全国の市町村でユニコードの文字数をはるかに超える約百二万字の外字が用いられている（戸籍統一文字は、約五万六千字）。多くのものは戸籍が手書きで

あった時代の誤字であり、微妙な類字が多く、ICT時代における再整理が求められている。

追補4　Wordでの段落書式の設定

　パソコン用のワードプロセッサーが出始めた頃、マイクロソフト社の
Wordは、英語仕様の色彩が強く、日本語の段落設定が必ずしも適切に
処理できないことがあった。最近かなり改善されてきたが、まだ操作は
複雑であるので、設定に戸惑う人も多い。特に通知文では配字が重要で
あるので、Wordでの段落における字下げの方法等について解説してお
きたい。

　段落の左右端の文字位置の設定のことをインデントと呼ぶ。インデン
トは、段落ごとに設定するが、連続する段落には同時に設定できる。ま
た、インデントを設定した段落を改行したときは、次の段落にもインデ
ントは継承されている。

●ルーラーを使って設定する方法

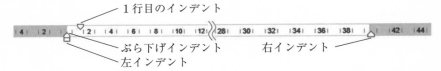

　ルーラーとは、文書の上部に表示されている物差しのような部分のこ
とである（表示されていないときは、上部の「表示」タブをクリックし、
「表示」群の「ルーラー」をチェックする。）。

　段落設定をする際には、必ず対象とする一又は複数の段落をマウスの
ドラッグ等の操作によりあらかじめ選択する。一段落だけを選択すると
きは、その段落の中にカーソルがあれば良い。

　まず、段落の左端を設定するときは、ルーラー左側の「左インデン
ト」（ルーラー下の小さな四角）をマウスでクリックして右に動かす。そ
の際、インデントは一定の単位ごとにしか動かないので、微調整が必要
なときは、Altキーを押しながら動かす。このことは、以下も同様であ

り、重要なテクニックである。

　つぎに、段落の右端を特に設定する必要があるときは、ルーラー右側の「右インデント」（上向き三角）を左に動かす。

　つぎに、公用文では段落の1行目は1字下がりになるので、段落の1行目を下げる必要があるときは、ルーラー左側の「1行目のインデント」（下向き三角）を右に動かす（左にも動かせる。）。複数の段落を選択しているときは、各段落の1行目が同時に字下げされる。

　場合によって段落の2行目以降を更に下げる必要があるときは、ルーラー左側の「ぶら下げインデント」（上向き三角）を右に動かす。このときは、「左インデント」も一緒に動く。

　これらの設定後に「左インデント」を動かすと、「1行目のインデント」と「ぶら下げインデント」の間隔を保ったまま選択範囲の左端を左右させることができる。

●ルーラーを使わないで文字単位で設定する方法

　ルーラーは便利であるが、Altキーを使ってもインデントが文字間にちょうど止まらないことがある。そのときは、ルーラーを使わないで文字単位でインデントを設定する方法がある。

　対象とする段落を選択し、上部の「レイアウト」タブをクリックし、「段落」群の「インデント」で左又は右の字数を入力することにより、左右のインデントを設定できる（「ホーム」タブをクリックし、「段落」群のアイコンでも左インデントを1文字ずつ増減できる。）。

　つぎに、段落で1行目又は2行目以降のインデントを設定する必要があるときは、上記の「段落」群右下の小さな右下向き矢印（「ホーム」タグにもある。）をクリックし、「段落」ダイアログボックスを表示させる。その「インデント」群の「最初の行」で「字下げ」（1行目）又は「ぶら下げ」（2行目以降）を選択し、「幅」に字数を入力することにより、更に下げる文字数を設定できる。両方ともに設定することはできないが、このダイアログボックスで左右のインデントも設定できる。下に

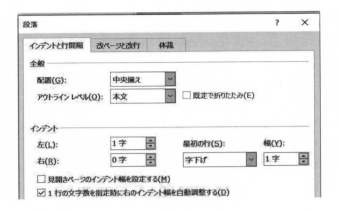

プレビューが表示されている。

　ちなみに、禁則処理等との関係で行の右端にスペースが生じているときは、上記のダイアログボックスの「全般」群の「配置」で「両端揃え」を選択すると適宜均等割付され、右端がそろう（「ホーム」タグをクリックし、「段落」群のアイコンでも設定できる。）。

　　＊　ジャストシステムの一太郎の場合も、ルーラーの使い方は、ほぼ同じである。ただし、左インデントとぶら下げインデントの区別はなく、「2行目以降の行頭インデント」になっている。文字単位で設定するときは、「書式」→「インデント/タブ」で「1カラム右（Shift+Ctrl+F）」又は「1カラム左（Shift+Ctrl+D）」を選択し、カラム（半角）単位で行頭インデントを設定できる。また、「インデント設定」のダイアログボックスで、他のインデントも一度に設定できる。

参考資料

【表の見方】（「常用漢字表」の記載から抜粋し、一部編集した。）

○この表は、「本表」と「付表」とから成る。

○「本表」には、字種2,136字を掲げ、字体、音訓、語例等を併せ示した。

○字種は字音によって五十音順に並べた。同音の場合はおおむね字画の少ないものを先にした。字音を取り上げていないものは、字訓によった。

○丸括弧に入れて添えたものは、いわゆる康熙字典体である。

○音訓のうち、字音は片仮名で、字訓は平仮名で示した。△で示した音訓は、特別なものか、又は用法のごく狭いものである。

○副詞的用法、接続詞的用法として使うものであって、紛らわしい語には、特に〔副〕、〔接〕という記号を付けた。

○個々の音訓の使用に当たって留意すべき事項は、＊を付して記した。また、異字同訓のあるものは、適宜←→で示した。

○「付表」には、いわゆる当て字や熟字訓など、主として１字１字の音訓としては挙げにくいものを語の形で掲げた。便宜上、その読み方を平仮名で示し、五十音順に並べた。

＝本　表＝

※下線は，旧「常用漢字表」に追加した字種，音訓等について本書で付したもの

あ			
亜（亞）	ア	亜流，亜麻，亜熱帯	
哀	アイ	哀愁，哀願，悲哀	
	あわれ	哀れ，哀れな話，哀れがる	
	あわれむ	哀れむ，哀れみ	
挨	アイ	挨拶	
愛	アイ	愛情，愛読，恋愛	
	＊愛媛（えひめ）県		
曖	アイ	曖昧	
悪（惡）	アク	悪事，悪意，醜悪	
	オ	悪寒，好悪，憎悪	
	わるい	悪い，悪さ，悪者	

握	アク	握手，握力，掌握
	にぎる	握る，握り，一握り
圧（壓）	アツ	圧力，圧迫，気圧
扱	あつかう	扱う，扱い，客扱い
宛	あてる	宛てる，宛先 ⟷ 当てる，充てる

嵐	あらし	嵐，砂嵐
安	アン	安全，安価，不安
	やすい	安い，安らかだ
案	アン	案文，案内，新案
暗	アン	暗示，暗愚，明暗
	くらい	暗い，暗がり

い

以	イ	以上，以内，以後
衣	イ	衣服，衣食住，作業衣
	ころも	衣，羽衣
	＊浴衣（ゆかた）	
位	イ	位置，第一位，各位
	くらい	位，位取り，位する
	＊「三位一体」，「従三位」は， 「サンミイッタイ」，「ジュサン ミ」	
囲（圍）	イ	囲碁，包囲，範囲
	かこむ	囲む，囲み
	かこう	囲う，囲い
医（醫）	イ	医学，医療，名医
依	イ	依頼，依拠，依然
	△エ	帰依
委	イ	委任，委員，委細
	ゆだねる	委ねる
威	イ	威力，威圧，示威
為（爲）	イ	為政者，行為，作為
	＊為替（かわせ）	
畏	イ	畏敬，畏怖
	おそれる	畏れる，畏れ ⟷ 恐れる
胃	イ	胃腸，胃酸，胃弱

尉	イ	尉官，一尉，大尉
異	イ	異論，異同，奇異
	こと	異にする，異なる
移	イ	移転，移民，推移
	うつる	移る，移り変わり
	うつす	移す
萎	イ	萎縮
	なえる	萎える
偉	イ	偉大，偉人，偉観
	えらい	偉い，偉ぶる
椅	イ	椅子
彙	イ	語彙
意	イ	意見，意味，決意
	＊意気地（いくじ）	
違	イ	違反，違法，相違
	ちがう	違う，違い，間違う
	ちがえる	違える，見違える， 間違える
維	イ	維持，維新，繊維
慰	イ	慰安，慰問，慰労
	なぐさめる	慰める，慰め
	なぐさむ	慰む，慰み

203

遺	イ	遺棄，遺産，遺失
	△ユイ	遺言
	*「遺言」は，「イゴン」とも	
緯	イ	緯度，北緯，経緯
域	イキ	域内，地域，区域
育	イク	育児，教育，発育
	そだつ	育つ，育ち
	そだてる	育てる，育て親
	<u>はぐくむ</u>	<u>育む</u>
一	イチ	一度，一座，第一
	イツ	一般，同一，統一
	ひと	一息，一筋，一月目
	ひとつ	一つ
	*一日（ついたち），一人（ひとり）	
壱（壹）	イチ	壱万円
逸（逸）	イツ	逸話，逸品，逸する
茨	△いばら	茨城県
芋	いも	芋，里芋，焼き芋
引	イン	引力，引退，索引
	ひく	引く，字引
		←→弾く
	ひける	引ける

印	イン	印刷，印象，調印
	しるし	印，目印，矢印
因	イン	因果，原因，要因
	よる	因る，……に因る
咽	<u>イン</u>	<u>咽喉</u>
姻	イン	姻族，婚姻
員	イン	満員，定員，社員
院	イン	院内，議院，病院
淫	<u>イン</u>	<u>淫行，淫乱</u>
	<u>みだら</u>	<u>淫らだ</u>
陰	イン	陰気，陰性，光陰
	かげ	陰，日陰
		←→影
	かげる	陰る，陰り
飲	イン	飲料，飲食，痛飲
	のむ	飲む，飲み水
隠（隠）	イン	隠居，隠忍，隠語
	かくす	隠す
	かくれる	隠れる，雲隠れ
韻	イン	韻律，韻文，音韻

う

右	ウ	右岸，右折，右派
	ユウ	左右，座右
	みぎ	右，右手
宇	ウ	宇宙，気宇，堂宇
羽	ウ	羽毛，羽化，羽翼
	は	白羽の矢，一羽（わ），三羽（ば），六羽（ぱ）
	はね	羽，羽飾り

*「羽（は）」は，前に来る音によって「わ」，「ば」，「ぱ」になる。

| 雨 | ウ | 雨量，降雨，梅雨 |

*五月雨（さみだれ），時雨（しぐれ），梅雨（つゆ）

| | あめ | 雨，大雨 |
| | △あま | 雨雲，雨戸，雨具 |

*「春雨」，「小雨」，「霧雨」などは，「はるさめ」，「こさめ」，「きりさめ」。

204

唄	△うた	小唄，長唄 ←→歌
鬱	ウツ	憂鬱
畝	うね	畝，畝間，畝織
浦	うら	浦，津々浦々

運	ウン	運動，運命，海運
	はこぶ	運ぶ
雲	ウン	雲海，風雲，積乱雲
	くも	雲，雲隠れ

え

永	エイ	永続，永久，永遠
	ながい	永い，日永 ←→長い
泳	エイ	泳法，水泳，背泳
	およぐ	泳ぐ，泳ぎ
英	エイ	英雄，英断，俊英
映	エイ	映画，上映，反映
	うつる	映る，映り ←→写る
	うつす	映す ←→写す
	はえる	映える，夕映え ←→栄える
栄（榮）	エイ	栄枯，栄養，繁栄
	さかえる	栄える，栄え
	はえ	栄えある，見栄え，出来栄え ←→映え
	はえる	栄える ←→映える
営（營）	エイ	営業，経営，陣営
	いとなむ	営む，営み
詠	エイ	詠嘆，詠草，朗詠
	よむ	詠む ←→読む
影	エイ	影響，陰影，撮影
	かげ	影，影絵，人影 ←→陰
鋭	エイ	鋭利，鋭敏，精鋭
	するどい	鋭い，鋭さ

衛（衞）	エイ	衛生，護衛，守衛
易	エキ	易者，貿易，不易
	イ	容易，安易，難易
	やさしい	易しい，易しさ
疫	エキ	疫病，悪疫，防疫
	△ヤク	疫病神
益	エキ	有益，利益，益する
	△ヤク	御利益
液	エキ	液体，液状，血液
駅（驛）	エキ	駅長，駅伝，貨物駅
悦	エツ	悦楽，喜悦
越	エツ	越境，超越，優越
	こす	越す，年越し ←→超す
	こえる	越える，山越え ←→超える
謁（謁）	エツ	謁見，拝謁，謁する
閲	エツ	閲覧，閲歴，校閲
円（圓）	エン	円卓，円熟，一円
	まるい	円い，円さ，円み ←→丸い
延	エン	延長，延期，遅延
	のびる	延びる ←→伸びる
	のべる	延べる，延べ ←→伸べる

205

	のばす	延ばす ←→伸ばす				煙たがる
沿	エン	沿海，沿線，沿革	猿	エン	野猿，類人猿，犬猿の仲
	そう	沿う，川沿い ←→添う		さる	猿
炎	エン	炎上，炎天，火炎	遠	エン	遠近，永遠，敬遠
	ほのお	炎		△オン	久遠
怨	エン	怨恨		とおい	遠い，遠出，遠ざかる
	オン	怨念	鉛	エン	鉛筆，亜鉛，黒鉛
宴	エン	宴会，宴席，酒宴		なまり	鉛，鉛色
媛	エン	才媛	塩（鹽）	エン	塩分，塩酸，食塩
	＊愛媛（えひめ）県			しお	塩，塩辛い
援	エン	援助，応援，声援	演	エン	演技，演奏，講演
園	エン	園芸，公園，楽園	縁（緣）	エン	縁故，縁日，血縁
	その	学びの園，花園		ふち	縁，縁取り，額縁
煙	エン	煙突，煙霧，喫煙		＊「因縁」は，「インネン」。	
	けむる	煙る	艶（艷）	エン	妖艶
	けむり	煙		つや	艶，色艶
	けむい	煙い，煙たい，			

お

汚	オ	汚点，汚物，汚名	央	オウ	中央
	けがす	汚す	応（應）	オウ	応答，応用，呼応
	けがれる	汚れる，汚れ		こたえる	応える ←→答える
	けがらわしい	汚らわしい		＊「反応」，「順応」などは，「ハンノウ」，「ジュンノウ」。	
	よごす	汚す，口汚し			
	よごれる	汚れる，汚れ，汚れ物	往	オウ	往復，往来，既往症
	きたない	汚い，汚らしい	押	オウ	押収，押印，押韻
王	オウ	王子，帝王		おす	押す，押し ←→推す
	＊「親王」，「勤王」などは，「シンノウ」，「キンノウ」。			おさえる	押さえる，押さえ ←→抑える
凹	オウ	凹凸，凹面鏡，凹レンズ	旺	オウ	旺盛
	＊凸凹（でこぼこ）		欧（歐）	オウ	欧文，西欧，渡欧

殴（毆）	オウ	殴打
	なぐる	殴る
桜（櫻）	オウ	桜花，観桜
	さくら	桜，桜色，葉桜
翁	オウ	老翁
奥（奥）	オウ	奥義，深奥
	おく	奥，奥底，奥さん

*「奥義」は，「おくギ」とも。

横（横）	オウ	横断，横領，専横
	よこ	横，横顔，横たわる
岡	△おか	

*岡山県，静岡県，福岡県

屋	オク	屋上，屋外，家屋
	や	屋根，花屋，楽屋
		←→家

*母屋（おもや），部屋（へや）

億	オク	億万，一億
憶	オク	記憶，追憶
臆	オク	臆説，臆測，臆病

*「臆説」，「臆測」は，「憶説」，
「憶測」とも書く。

| 虞 | おそれ | 虞 |
| 乙 | オツ | 乙種，甲乙 |

*乙女（おとめ）

俺	おれ	俺
卸	おろす	卸す
		←→下ろす，降ろす
	おろし	卸，卸商
音	オン	音楽，発音，騒音
	イン	福音，母音
	おと	音，物音
	ね	音，音色

*「観音」は，「カンノン」。

恩	オン	恩情，恩人，謝恩
温（温）	オン	温暖，温厚，気温
	あたたか	温かだ ←→暖か
	あたたかい	温かい ←→暖かい
	あたたまる	温まる ←→暖まる
	あたためる	温める ←→暖める
穏（穏）	オン	穏和，穏当，平穏
	おだやか	穏やかだ

*「安穏」は，「アンノン」。

か

下	カ	下流，下降，落下
	ゲ	下水，下車，上下
	した	下，下見
	しも	下，川下
	もと	下，足下
		←→元，本，基
	さげる	下げる ←→提げる
	さがる	下がる
	くだる	下る，下り
	くだす	下す
	くださる	下さる
	おろす	下ろす，書き下ろす
		←→卸す，降ろす
	おりる	下りる ←→降りる

*下手（へた）

化	カ	化石，化学，文化
	ケ	化粧，化身，権化
	ばける	化ける，お化け
	ばかす	化かす
火	カ	火災，灯火，発火
	ひ	火，火花，炭火

		⟷灯		かかる	架かる
	△ほ	火影			⟷掛かる，懸かる
加	カ	加入，加減，追加	夏	カ	夏季，初夏，盛夏
	くわえる	加える		△ゲ	夏至
	くわわる	加わる		なつ	夏，夏服，真夏
可	カ	可否，可能，許可	家	カ	家屋，家庭，作家
仮（假）	カ	仮面，仮定，仮装		ケ	家来，本家，分家
	△ケ	仮病		いえ	家，家柄，家元
	かり	仮の住まい，仮に，仮処分		や	家主，借家 ⟷屋
				＊母家（おもや）	
	＊仮名（かな）		荷	カ	出荷，入荷
何	カ	幾何学		に	荷，荷物，初荷
	なに	何，何者，何事	華	カ	華美，繁華，栄華
	△なん	何本，何十，何点		△ケ	香華，散華
花	カ	花弁，花壇，落花		はな	華やかだ，華やぐ，華々しい ⟷花
	はな	花，花火，草花 ⟷華	菓	カ	菓子，製菓，茶菓
佳	カ	佳作，佳人，絶佳	貨	カ	貨物，貨幣，通貨
価（價）	カ	価値，価格，評価	渦	カ	渦中
	あたい	価 ⟷値		うず	渦，渦潮，渦巻く
果	カ	果実，果断，結果	過	カ	過度，過失，通過
	はたす	果たす，果たして〔副〕		すぎる	過ぎる，昼過ぎ
				すごす	過ごす
	はてる	果てる		あやまつ	過つ
	はて	果て		あやまち	過ち
	＊果物（くだもの）		嫁	カ	再嫁，転嫁，嫁する
河	カ	河川，河口，運河		よめ	嫁，花嫁
	かわ	河 ⟷川		とつぐ	嫁ぐ，嫁ぎ先
	＊河岸（かし），河原（かわら）		暇	カ	余暇，休暇，寸暇
苛	<u>カ</u>	<u>苛酷，苛烈</u>		ひま	暇，暇な時
科	カ	科学，教科，罪科	禍（禍）	カ	禍福，禍根，災禍
架	カ	架橋，架空，書架	靴	カ	製靴
	かける	架ける ⟷掛ける，懸ける，賭ける		くつ	靴，靴下，革靴
			寡	カ	寡黙，寡婦，多寡

歌	カ	歌曲，唱歌，短歌
	うた	歌 ←→唄
	うたう	歌う ←→謡う
箇	カ	箇条，箇所
稼	カ	稼業，稼働
	かせぐ	稼ぐ，稼ぎ
課	カ	課，日課，課する
蚊	か	蚊，蚊柱，やぶ蚊
		＊蚊帳（かや）
牙	ガ	牙城，歯牙
	△ゲ	象牙
	きば	牙
瓦	ガ	瓦解
	かわら	瓦，瓦屋根
我	ガ	我流，彼我，自我
	われ	我，我々，我ら
	わ	我が国
画（畫）	ガ	画家，図画，映画
	カク	画期的，計画，区画
芽	ガ	発芽，麦芽，肉芽
	め	芽，芽生える，新芽
賀	ガ	賀状，祝賀，賀する
雅	ガ	雅趣，優雅，風雅
餓	ガ	餓死，餓鬼，飢餓
介	カイ	介入，紹介，介する
回	カイ	回答，転回，次回
	△エ	回向
	まわる	回る，回り，回り道 ←→周り
	まわす	回す，手回し
灰	カイ	灰白色，石灰
	はい	灰，灰色，火山灰

会（會）	カイ	会話，会計，社会
	エ	会釈，会得，法会
	あう	会う ←→合う，遭う
快	カイ	快活，快晴，明快
	こころよい	快い
戒	カイ	戒心，戒律，警戒
	いましめる	戒める，戒め
改	カイ	改造，改革，更改
	あらためる	改める，改めて〔副〕
	あらたまる	改まる
怪	カイ	怪談，怪物，奇怪
	あやしい	怪しい，怪しげだ ←→妖しい
	あやしむ	怪しむ
拐	カイ	拐帯，誘拐
悔（悔）	カイ	悔恨，後悔
	くいる	悔いる，悔い
	くやむ	悔やむ，お悔やみ
	くやしい	悔しい，悔しがる
海（海）	カイ	海岸，海水浴，航海
	うみ	海，海鳴り
		＊海女・海士（あま），海原（うなばら）
界	カイ	境界，限界，世界
皆	カイ	皆無，皆勤，皆出席
	みな	皆，皆さん
械	カイ	機械
絵（繪）	カイ	絵画
	エ	絵本，絵図，口絵
開	カイ	開始，開拓，展開
	ひらく	開く，川開き
	ひらける	開ける
	あく	開く ←→空く，明く

209

	あける	開ける，開けたて ←→空ける，明ける	崖		ガイ	断崖
階	カイ	階段，階級，地階			がけ	崖下
塊	カイ	塊状，山塊	涯		ガイ	生涯
	かたまり	塊	街		ガイ	街頭，市街，商店街
楷	カイ	楷書			△カイ	街道
解	カイ	解決，解禁，理解			まち	街，街角 ←→町
	ゲ	解脱，解熱剤，解毒剤	慨	（慨）	ガイ	慨嘆，憤慨，感慨
	とく	解く ←→溶く	蓋		ガイ	頭蓋骨
	とかす	解かす ←→溶かす			ふた	蓋，火蓋
	とける	解ける ←→溶ける	該		ガイ	該当，該博，当該
潰	カイ	潰瘍	概	（概）	ガイ	概念，大概，概して
	つぶす	潰す	骸		ガイ	形骸化，死骸
	つぶれる	潰れる	垣		かき	垣，垣根
壊	（壞）	カイ	壊滅，破壊，決壊	柿		かき	柿
	こわす	壊す	各		カク	各自，各種，各位
	こわれる	壊れる			おのおの	各
懐	（懷）	カイ	懐中，懐古，述懐			＊「各々」とも書く。
	ふところ	懐，懐手，内懐	角		カク	角度，三角，頭角
	なつかしい	懐かしい			かど	角，街角，四つ角
	なつかしむ	懐かしむ			つの	角，角笛
	なつく	懐く	拡	（擴）	カク	拡大，拡張，拡声器
	なつける	懐ける	革		カク	革新，改革，皮革
諧	カイ	俳諧			かわ	革，革靴 ←→皮
貝	かい	貝，貝細工，ほら貝	格		カク	格式，規格，性格
外	ガイ	外出，海外，除外			△コウ	格子
	ゲ	外科，外題，外道	核		カク	核心，核反応，結核
	そと	外，外囲い	殻	（殼）	カク	甲殻，地殻
	ほか	外，その外 ←→他			から	殻，貝殻
	はずす	外す，踏み外す	郭		カク	城郭，外郭，輪郭
	はずれる	外れる，町外れ	覚	（覺）	カク	覚悟，知覚，発覚
劾	ガイ	弾劾				
害	ガイ	害悪，被害，損害				

	おぼえる	覚える，覚え
	さます	覚ます，目覚まし
	さめる	覚める，目覚め
較	カク	比較
隔	カク	隔離，隔月，間隔
	へだてる	隔てる，隔て
	へだたる	隔たる，隔たり
閣	カク	閣議，閣僚，内閣
確	カク	確定，確認，正確
	たしか	確かだ，確かさ
	たしかめる	確かめる
獲	カク	獲得，捕獲，漁獲高
	える	獲る，獲物
		←→得る
嚇	カク	威嚇
穫	カク	収穫
学（學）	ガク	学習，科学，大学
	まなぶ	学ぶ
岳（嶽）	ガク	岳父，山岳
	たけ	○○岳
楽（樂）	ガク	楽隊，楽器，音楽
	ラク	楽園，快楽，娯楽
	たのしい	楽しい，楽しさ，楽しげだ
	たのしむ	楽しむ
	＊神楽（かぐら）	
額	ガク	額縁，金額，前額部
	ひたい	額
顎	ガク	顎関節
	あご	顎
掛	かける	掛ける
		←→懸ける，架ける，賭ける
	かかる	掛かる

		←→係る，懸かる，架かる
	かかり	掛 ←→係
潟	かた	干潟，○○潟
括	カツ	括弧，一括，包括
活	カツ	活動，活力，生活
喝（喝）	カツ	喝破，一喝，恐喝
渇（渴）	カツ	渇望，渇水
	かわく	渇く，渇き
		←→乾く
割	カツ	割愛，割拠，分割
	わる	割る
	わり	割がいい，割合，割に，五割
	われる	割れる，ひび割れ
	さく	割く ←→裂く
葛	カツ	葛藤
	くず	葛，葛湯
滑	カツ	滑走，滑降，円滑
	コツ	滑稽
	すべる	滑る，滑り
	なめらか	滑らかだ
褐（褐）	カツ	褐色，茶褐色
轄	カツ	管轄，所轄，直轄
且	かつ	且つ
株	かぶ	株，株式
釜	かま	釜
鎌	かま	鎌，鎌倉時代
刈	かる	刈る，刈り入れ
干	カン	干渉，干潮，若干
	ほす	干す，干し物

	ひる	干上がる，干物，潮干狩り
刊	カン	刊行，発刊，週刊
甘	カン	甘言，甘受，甘味料
	あまい	甘い，甘み
	あまえる	甘える
	あまやかす	甘やかす
汗	カン	汗顔，発汗
	あせ	汗，汗ばむ
缶（罐）	カン	缶，缶詰，製缶
完	カン	完全，完成，未完
肝	カン	肝臓，肝胆，肝要
	きも	肝，肝っ玉
官	カン	官庁，官能，教官
冠	カン	冠詞，王冠，栄冠
	かんむり	冠
巻（卷）	カン	巻頭，圧巻，一巻
	まく	巻く，巻き貝
	まき	巻の一
看	カン	看護，看破，看板
陥（陷）	カン	陥落，陥没，欠陥
	おちいる	陥る
	おとしいれる	陥れる
乾	カン	乾燥，乾杯，乾電池
	かわく	乾く ←→渇く
	かわかす	乾かす
勘	カン	勘弁，勘当
患	カン	患者，疾患
	わずらう	患う，長患い ←→煩う
貫	カン	貫通，縦貫，尺貫法
	つらぬく	貫く
寒	カン	寒暑，寒村，厳寒

	さむい	寒い，寒がる，寒空
喚	カン	喚問，召喚，叫喚
堪	カン	堪忍，堪能
	たえる	堪える ←→耐える
	＊「堪能」は，「タンノウ」とも。	
換	カン	換気，換算，交換
	かえる	換える ←→代える，替える，変える
	かわる	換わる ←→代わる，替わる，変わる
敢	カン	敢然，果敢，勇敢
棺	カン	棺おけ，石棺，出棺
款	カン	定款，借款，落款
間	カン	間隔，中間，時間
	ケン	世間，人間
	あいだ	間，間柄
	ま	間，間違う，客間
閑	カン	閑静，閑却，繁閑
勧（勸）	カン	勧誘，勧奨，勧告
	すすめる	勧める，勧め ←→進める，薦める
寛（寬）	カン	寛大，寛容，寛厳
幹	カン	幹線，幹事，根幹
	みき	幹
感	カン	感心，感覚，直感
漢（漢）	カン	漢字，漢語，門外漢
慣	カン	慣例，慣性，習慣
	なれる	慣れる，慣れ
	ならす	慣らす
管	カン	管理，管制，鉄管
	くだ	管
関（關）	カン	関節，関係，関する
	せき	関，関取，関の山

	かかわる	関わる，関わり	
歓（歡）	カン	歓迎，歓声，交歓	
監	カン	監視，監督，総監	
緩	カン	緩和，緩慢，緩急	
	ゆるい	緩い	
	ゆるやか	緩やかだ	
	ゆるむ	緩む，緩み	
	ゆるめる	緩める	
憾	カン	遺憾	
還	カン	還元，生還，返還	
館	カン	館内，旅館，図書館	
	やかた	館	
環	カン	環状，環境，循環	
簡	カン	簡単，簡易，書簡	
観（觀）	カン	観察，客観，壮観	
韓	カン	韓国	
艦	カン	艦船，艦隊，軍艦	
鑑	カン	鑑賞，鑑定，年鑑	
	かんがみる	鑑みる	
丸	ガン	丸薬，弾丸，砲丸	
	まる	丸，丸太，丸洗い	

	まるい	丸い，丸み，丸さ ←→円い	
	まるめる	丸める	
含	ガン	含有，含蓄，包含	
	ふくむ	含む，含み	
	ふくめる	含める	
岸	ガン	岸壁，対岸，彼岸	
	きし	岸，向こう岸	
	＊河岸（かし）		
岩	ガン	岩石，岩塩，火成岩	
	いわ	岩，岩場	
玩	ガン	玩具，愛玩	
眼	ガン	眼球，眼力，主眼	
	△ゲン	開眼	
	まなこ	眼，どんぐり眼，血眼	
	＊眼鏡（めがね）		
頑	ガン	頑強，頑健，頑固	
顔	ガン	顔面，童顔，厚顔	
	かお	顔，横顔，したり顔	
	＊笑顔（えがお）		
願	ガン	願望，祈願，志願	
	ねがう	願う，願い，願わしい	

き

企	キ	企画，企図，企業	
	くわだてる	企てる，企て	
伎	キ	歌舞伎	
危	キ	危険，危害，安危	
	あぶない	危ない，危ながる	
	あやうい	危うい，危うく	
	あやぶむ	危ぶむ	
机	キ	机上，机辺	

	つくえ	机	
気（氣）	キ	気体，気候，元気	
	ケ	気配，気色ばむ，火の気	
	＊意気地（いくじ），浮気（うわき）		
岐	キ	岐路，分岐，多岐	
	＊岐阜（ぎふ）県		
希	キ	希望，希少，希薄	

忌	キ	忌避，忌中，禁忌
	いむ	忌む
	いまわしい	忌まわしい
汽	キ	汽車，汽船，汽笛
奇	キ	奇襲，奇数，珍奇
	＊数奇屋（すきや）	
祈 （祈）	キ	祈願，祈念
	いのる	祈る，祈り
季	キ	季節，四季，雨季
紀	キ	紀行，紀元，風紀
軌	キ	軌道，広軌，常軌
既 （既）	キ	既成，既婚，既往症
	すでに	既に
記	キ	記入，記号，伝記
	しるす	記す
起	キ	起立，起源，奮起
	おきる	起きる，早起き
	おこる	起こる ←→興る
	おこす	起こす ←→興す
飢	キ	飢餓
	うえる	飢える，飢え
鬼	キ	鬼神，鬼才，餓鬼
	おに	鬼，鬼ごっこ，赤鬼
帰 （歸）	キ	帰還，帰納，復帰
	かえる	帰る，帰り ←→返る
	かえす	帰す ←→返す
基	キ	基礎，基準，基地
	もと	基，基づく ←→下，元，本
	もとい	基
寄	キ	寄宿，寄贈，寄港
	よる	寄る，近寄る，身寄り

	よせる	寄せる，人寄せ
	＊数寄屋（すきや），最寄り（もより），寄席（よせ）	
規	キ	規則，規律，定規
亀 （龜）	キ	亀裂
	かめ	亀
喜	キ	喜劇，悲喜，歓喜
	よろこぶ	喜ぶ，喜び，喜ばしい
幾	キ	幾何学
	いく	幾つ，幾ら，幾日
揮	キ	揮発油，指揮，発揮
期	キ	期間，期待，予期
	△ゴ	最期，この期に及んで
棋	キ	棋士，棋譜，将棋
貴	キ	貴重，貴下，騰貴
	たっとい	貴い ←→尊い
	とうとい	貴い ←→尊い
	たっとぶ	貴ぶ ←→尊ぶ
	とうとぶ	貴ぶ ←→尊ぶ
棄	キ	棄権，放棄，遺棄
毀	キ	毀損，毀誉
旗	キ	旗手，旗艦，国旗
	はた	旗，旗色，手旗
器 （器）	キ	器量，器用，陶器
	うつわ	器
畿	キ	畿内，近畿
輝	キ	輝石，光輝
	かがやく	輝く，輝き，輝かしい
機	キ	機械，機会，危機
	はた	機，機織り

騎	キ	騎士，騎馬，一騎当千
技	ギ	技術，技師，特技
	わざ	技 ←→業
宜	ギ	適宜，便宜
偽（僞）	ギ	偽名，真偽，虚偽
	いつわる	偽る，偽り
	にせ	偽，偽物，偽札
欺	ギ	詐欺
	あざむく	欺く
義	ギ	義理，意義，正義
疑	ギ	疑念，疑問，容疑
	うたがう	疑う，疑い，疑わしい
儀	ギ	儀式，威儀，地球儀
戯（戲）	ギ	戯曲，遊戯，児戯
	たわむれる	戯れる，戯れ
擬	ギ	擬音，擬人法，模擬
犠（犧）	ギ	犠牲，犠打
議	ギ	議論，会議，異議
菊	キク	菊，菊花，白菊
吉	キチ	吉日，吉例，大吉
	キツ	吉報，不吉
		＊「吉日」は，「キツジツ」とも。
喫	キツ	喫煙，満喫，喫する
詰	キツ	詰問，難詰，面詰
	つめる	詰める，詰め物
	つまる	詰まる，行き詰まる
	つむ	詰む，詰み
却	キャク	却下，退却，売却
客	キャク	客間，客車，乗客
	カク	客死，主客，旅客

脚	キャク	脚部，脚本，三脚
	△キャ	脚立，行脚
	あし	脚，机の脚 ←→足
逆	ギャク	逆上，逆転，順逆
	さか	逆立つ，逆さ，逆さま
	さからう	逆らう
虐	ギャク	虐待，虐殺，残虐
	しいたげる	虐げる
九	キュウ	九百，三拝九拝
	ク	九分九厘，九月
	ここの	九日，九重
	ここのつ	九つ
久	キュウ	永久，持久，耐久
	△ク	久遠
	ひさしい	久しい，久々
及	キュウ	及第，追及，普及
	およぶ	及ぶ，及び腰
	および	及び〔接〕
	およぼす	及ぼす
弓	キュウ	弓道，弓状，洋弓
	ゆみ	弓，弓矢
丘	キュウ	丘陵，砂丘
	おか	丘
旧（舊）	キュウ	旧道，新旧，復旧
休	キュウ	休止，休憩，定休
	やすむ	休む，休み
	やすまる	休まる
	やすめる	休める，気休め
吸	キュウ	吸収，吸入，呼吸
	すう	吸う
朽	キュウ	不朽，老朽，腐朽
	くちる	朽ちる

215

臼	<u>キュウ</u>	臼歯, 脱臼
	うす	石臼
求	キュウ	求職, 要求, 追求
	もとめる	求める, 求め
究	キュウ	究明, 研究, 学究
	きわめる	究める ←→窮める, 極める
泣	キュウ	号泣, 感泣
	なく	泣く, 泣き沈む
急	キュウ	急速, 急務, 緊急
	いそぐ	急ぐ, 急ぎ
級	キュウ	等級, 上級, 階級
糾	キュウ	糾弾, 紛糾
宮	キュウ	宮殿, 宮廷, 離宮
	グウ	宮司, 神宮, 東宮
	△ク	*「宮内庁」などと 使う。
	みや	宮, 宮様
救	キュウ	救助, 救援, 救急
	すくう	救う, 救い
球	キュウ	球形, 球技, 地球
	たま	球 ←→玉, 弾
給	キュウ	給水, 配給, 月給
嗅	<u>キュウ</u>	嗅覚
	<u>かぐ</u>	嗅ぐ
窮	キュウ	窮極, 窮屈, 困窮
	きわめる	窮める ←→究める, 極める
	きわまる	窮まる ←→極まる
牛	ギュウ	牛馬, 牛乳, 闘牛
	うし	牛
去	キョ	去年, 去就, 除去
	コ	過去

	さる	去る, 去る○日
巨	キョ	巨大, 巨匠, 巨万
居	キョ	居住, 居室, 住居
	いる	居る, 芝居
	*居士 (こじ)	
拒	キョ	拒絶, 拒否
	こばむ	拒む
拠 (據)	キョ	拠点, 占拠, 根拠
	コ	証拠
挙 (舉)	キョ	挙手, 挙国, 壮挙
	あげる	挙げる, 挙げて〔副〕 ←→上げる, 揚げる
	あがる	挙がる ←→上がる, 揚がる
虚 (虛)	キョ	虚無, 虚偽, 空虚
	△コ	虚空, 虚無僧
許	キョ	許可, 許諾, 特許
	ゆるす	許す, 許し
距	キョ	距離
魚	ギョ	魚類, 金魚, 鮮魚
	うお	魚, 魚市場
	さかな	魚, 魚屋, 煮魚
	*雑魚 (ざこ)	
御	ギョ	御者, 制御
	ゴ	御飯, 御用, 御殿
	おん	御中, 御礼
漁	ギョ	漁業, 漁船, 漁村
	リョウ	漁師, 大漁, 不漁
	*「猟」の字音の転用。	
凶	キョウ	凶悪, 凶作, 吉凶
共	キョウ	共同, 共通, 公共
	とも	共に, 共々, 共食い
叫	キョウ	叫喚, 絶叫
	さけぶ	叫ぶ, 叫び

狂	キョウ	狂気，狂言，熱狂
	くるう	狂う
	くるおしい	狂おしい
京	キョウ	京風，上京，帰京
	ケイ	＊「京浜」，「京阪」 などと使う。
享	キョウ	享有，享受，享楽
供	キョウ	供給，提供，自供
	△ク	供物，供養
	そなえる	供える，お供え ←→備える
	とも	供，子供
協	キョウ	協力，協会，妥協
況	キョウ	状況，実況，概況
峡（峽）	キョウ	峡谷，地峡，海峡
挟（挾）	キョウ	挟撃
	はさむ	挟む
	はさまる	挟まる
狭（狹）	キョウ	狭量，広狭，偏狭
	せまい	狭い，狭苦しい
	せばめる	狭める
	せばまる	狭まる
恐	キョウ	恐怖，恐縮，恐慌
	おそれる	恐れる，恐れ， 恐らく ←→畏れる
	おそろしい	恐ろしい
恭	キョウ	恭賀，恭順
	うやうやしい	恭しい
胸	キョウ	胸囲，胸中，度胸
	むね	胸
	△むな	胸板，胸毛，胸騒ぎ
脅	キョウ	脅迫，脅威
	おびやかす	脅かす

	おどす	脅す，脅し， 脅し文句
	おどかす	脅かす
強	キョウ	強弱，強要，勉強
	ゴウ	強引，強情，強盗
	つよい	強い，強がる
	つよまる	強まる
	つよめる	強める
	しいる	強いる，無理強い
教	キョウ	教育，教訓，宗教
	おしえる	教える，教え
	おそわる	教わる
郷（鄕）	キョウ	郷里，郷土，異郷
	ゴウ	郷土，近郷，在郷
境	キョウ	境界，境地，逆境
	△ケイ	境内
	さかい	境，境目
橋	キョウ	橋脚，鉄橋，歩道橋
	はし	橋，丸木橋
矯	キョウ	矯正，奇矯
	ためる	矯める，矯め直す
鏡	キョウ	鏡台，望遠鏡， 反射鏡
	かがみ	鏡
	＊眼鏡（めがね）	
競	キョウ	競争，競技，競泳
	ケイ	競馬，競輪
	きそう	競う
	せる	競る，競り合う
響（響）	キョウ	音響，影響，交響楽
	ひびく	響く，響き
驚	キョウ	驚異，驚嘆
	おどろく	驚く，驚き
	おどろかす	驚かす

仰	ギョウ	仰視, 仰天, 仰角	近	キン	近所, 近代, 接近
	△コウ	信仰		ちかい	近い, 近づく, 近道
	あおぐ	仰ぐ	金	キン	金属, 金銭, 純金
	おおせ	仰せ		コン	金色, 金剛力, 黄金
暁 (曉)	ギョウ	暁天, 今暁, 通暁		かね	金, 金持ち, 針金
	あかつき	暁		△かな	金物, 金具, 金縛り
業	ギョウ	業績, 職業, 卒業	菌	キン	細菌, 殺菌, 保菌者
	ゴウ	業病, 罪業, 自業自得	勤 (勤)	キン	勤務, 勤勉, 出勤
				△ゴン	勤行
	わざ	業, 仕業, 早業 ←→技		つとめる	勤める, 勤め ←→努める, 務める
凝	ギョウ	凝固, 凝結, 凝視		つとまる	勤まる ←→務まる
	こる	凝る, 凝り性	琴	キン	琴線, 木琴, 手風琴
	こらす	凝らす		こと	琴
曲	キョク	曲線, 曲面, 名曲	筋	キン	筋肉, 筋骨, 鉄筋
	まがる	曲がる		すじ	筋, 筋書, 大筋
	まげる	曲げる	僅	<u>キン</u>	<u>僅差</u>
局	キョク	局部, 時局, 結局		<u>わずか</u>	<u>僅かだ</u>
極	キョク	極限, 終極, 積極的	禁	キン	禁止, 禁煙, 厳禁
	ゴク	極上, 極秘, 至極	緊	キン	緊張, 緊密, 緊急
	きわめる	極める, 極め付き, 極めて〔副〕 ←→究める, 窮める	錦	<u>キン</u>	<u>錦秋</u>
				<u>にしき</u>	<u>錦絵</u>
	きわまる	極まる, 極まり ←→窮まる	謹 (謹)	キン	謹慎, 謹賀, 謹呈
				つつしむ	謹む, 謹んで〔副〕 ←→慎む
	きわみ	極み	襟	キン	襟度, 開襟, 胸襟
玉	ギョク	玉座, 玉石, 宝玉		えり	襟, 襟首
	たま	玉, 目玉 ←→球, 弾	吟	ギン	吟味, 詩吟, 苦吟
巾	<u>キン</u>	<u>頭巾, 雑巾</u>	銀	ギン	銀貨, 銀行, 水銀
斤	キン	斤量			
均	キン	均等, 均一, 平均			

く

区 （區）	ク	区別，区々，地区
句	ク	句集，字句，節句
苦	ク	苦心，苦労，辛苦
	くるしい	苦しい，苦しがる，見苦しい
	くるしむ	苦しむ，苦しみ
	くるしめる	苦しめる
	にがい	苦い，苦虫，苦々しい
	にがる	苦り切る
駆 （驅）	ク	駆使，駆逐，先駆
	かける	駆ける，抜け駆け
	かる	駆る，駆り立てる
具	グ	具体的，具備，道具
惧	グ	危惧
愚	グ	愚問，愚鈍，暗愚
	おろか	愚かだ，愚かしい
空	クウ	空想，空港，上空
	そら	空，空色，青空
	あく	空く，空き巣 ←→開く，明く
	あける	空ける ←→開ける，明ける
	から	空，空手，空手形
偶	グウ	偶然，偶数，配偶者
遇	グウ	境遇，待遇，遇する

隅	グウ	一隅
	すみ	隅，片隅
串	くし	串刺し，串焼き
屈	クツ	屈辱，屈伸，不屈，理屈
掘	クツ	掘削，発掘，採掘
	ほる	掘る
窟	クツ	巣窟，洞窟
熊	くま	熊
繰	くる	繰る，繰り返す
君	クン	君主，君臨，諸君
	きみ	君，母君
訓	クン	訓練，教訓，音訓
勲 （勳）	クン	勲功，勲章，殊勲
薫 （薰）	クン	薫風，薫陶
	かおる	薫る，薫り ←→香る
軍	グン	軍隊，軍備，空軍
郡	グン	郡部，○○郡
群	グン	群居，大群，抜群
	むれる	群れる
	むれ	群れ
	△むら	群すずめ，群千鳥，群がる

け

兄	ケイ	兄事，父兄，義兄
	△キョウ	兄弟

あに	兄
＊兄（にい）さん	

				へる	経る
	＊「兄弟」は，「ケイテイ」と読むこともある。			＊読経（どきょう）	
刑	ケイ	刑罰，刑法，処刑	蛍（螢）	ケイ	蛍光灯，蛍光塗料
形	ケイ	形態，形成，図形		ほたる	蛍
	ギョウ	形相，人形	敬	ケイ	敬意，敬服，尊敬
	かた	形，形見，手形 ←→型		うやまう	敬う
	かたち	形	景	ケイ	景気，風景，光景
系	ケイ	系統，系列，体系		＊景色（けしき）	
径（徑）	ケイ	直径，直情径行	軽（輕）	ケイ	軽快，軽薄，軽率
茎（莖）	ケイ	球茎，地下茎		かるい	軽い，軽々と，手軽だ
	くき	茎，歯茎		かろやか	軽やかだ
係	ケイ	係累，係争，関係	傾	ケイ	傾斜，傾倒，傾向
	かかる	係る ←→掛かる		かたむく	傾く，傾き
	かかり	係，係員，庶務係 ←→掛		かたむける	傾ける
型	ケイ	原型，模型，典型	携	ケイ	携帯，必携，提携
	かた	型，型紙，血液型 ←→形		たずさえる	携える
				たずさわる	携わる
契	ケイ	契約，契機，黙契	継（繼）	ケイ	継続，継承，中継
	ちぎる	契る，契り		つぐ	継ぐ，継ぎ ←→接ぐ，次ぐ
計	ケイ	計算，計画，寒暖計	詣	ケイ	参詣
	はかる	計る ←→測る，量る，図る，謀る		もうでる	詣でる，初詣
	はからう	計らう，計らい	慶	ケイ	慶弔，慶祝，慶賀
	＊時計（とけい）		憬	ケイ	憧憬
恵（惠）	ケイ	恵贈，恵与，恩恵	稽	ケイ	稽古，滑稽
	エ	恵方参り，知恵	憩	ケイ	休憩
	めぐむ	恵む，恵み		いこい	憩い
啓	ケイ	啓発，啓示，拝啓		いこう	憩う
掲（揭）	ケイ	掲示，掲載，前掲	警	ケイ	警告，警戒，警察
	かかげる	掲げる	鶏（鷄）	ケイ	鶏卵，鶏舎，養鶏
渓（溪）	ケイ	渓谷，渓流，雪渓		にわとり	鶏
経（經）	ケイ	経費，経済，経験			
	キョウ	経文，お経，写経			

220

芸 （藝）	ゲイ		芸術，芸能，文芸
迎	ゲイ		迎合，歓迎，送迎
	むかえる		迎える，出迎え
鯨	ゲイ		鯨油，捕鯨
	くじら		鯨
隙	ゲキ		間隙
	すき		隙間
	＊「隙間」は，「透き間」とも書く。		
劇	ゲキ		劇薬，劇場，演劇
撃 （擊）	ゲキ		撃退，攻撃，打撃
	うつ		撃つ，早撃ち ←→打つ，討つ
激	ゲキ		激動，感激，激する
	はげしい		激しい，激しさ
桁	けた		桁違い，橋桁
欠 （缺）	ケツ		欠乏，欠席，補欠
	かける		欠ける
	かく		欠く
穴	ケツ		穴居，墓穴
	あな		穴
血	ケツ		血液，血統，鮮血
	ち		血，鼻血
決	ケツ		決裂，決意，解決
	きめる		決める，取り決め
	きまる		決まる，決まり
結	ケツ		結論，結婚，連結
	むすぶ		結ぶ，結び
	ゆう		結う，元結
	ゆわえる		結わえる
傑	ケツ		傑物，傑作，豪傑
潔	ケツ		潔白，清潔，純潔
	いさぎよい		潔い

月	ゲツ		月曜，明月，歳月
	ガツ		正月，九月
	つき		月，月見，三日月
	＊五月（さつき），五月雨（さみだれ）		
犬	ケン		犬歯，愛犬，野犬
	いぬ		犬
件	ケン		件数，事件，条件
見	ケン		見学，見地，意見
	みる		見る，下見 ←→診る
	みえる		見える
	みせる		見せる，顔見せ
券	ケン		乗車券，旅券，債券
肩	ケン		肩章，双肩，比肩
	かた		肩
建	ケン		建築，建議，封建的
	△コン		建立
	たてる		建てる，建物，二階建て ←→立てる
	たつ		建つ，一戸建ち ←→立つ
研 （研）	ケン		研究，研修
	とぐ		研ぐ
県 （縣）	ケン		県庁，県立，○○県
倹 （儉）	ケン		倹約，節倹，勤倹
兼	ケン		兼用，兼任，兼職
	かねる		兼ねる
剣 （劍）	ケン		剣道，剣舞，刀剣
	つるぎ		剣
拳	ケン		拳銃，拳法
	こぶし		握り拳
軒	ケン		軒数，一軒
	のき		軒，軒先

健	ケン	健康，健闘，強健
	すこやか	健やかだ
険（險）	ケン	険悪，危険，保険
	けわしい	険しい，険しさ
圏（圈）	ケン	圏内，圏外，成層圏
堅	ケン	堅固，堅実，中堅
	かたい	堅い ←→硬い，固い
検（檢）	ケン	検査，検討，点検
嫌	ケン	嫌悪，嫌疑
	△ゲン	機嫌
	きらう	嫌う，嫌い
	いや	嫌だ，嫌がる，嫌気がさす
献（獻）	ケン	献上，献身的，文献
	△コン	献立，一献
絹	ケン	絹布，人絹
	きぬ	絹，薄絹
遣	ケン	遣外，派遣，分遣
	つかう	遣う，金遣い ←→使う
	つかわす	遣わす
権（權）	ケン	権利，権威，人権
	△ゴン	権化，権現
憲	ケン	憲法，憲章，官憲
賢	ケン	賢人，賢明，先賢
	かしこい	賢い
謙	ケン	謙虚，謙譲
鍵	ケン	鍵盤
	かぎ	鍵，鍵穴
繭	ケン	繭糸
	まゆ	繭，繭玉
顕（顯）	ケン	顕著，顕彰，顕微鏡

験（驗）	ケン	試験，経験，実験
	△ゲン	験がある，霊験
懸	ケン	懸垂，懸賞，懸命
	△ケ	懸念，懸想
	かける	懸ける，命懸け ←→掛ける，架ける，賭ける
	かかる	懸かる ←→掛かる，架かる
元	ゲン	元素，元気，多元
	ガン	元祖，元日，元来
	もと	元，元帳，家元 ←→下，本，基
幻	ゲン	幻滅，幻覚，夢幻
	まぼろし	幻
玄	ゲン	玄米，玄関，幽玄
	＊玄人（くろうと）	
言	ゲン	言行，言論，宣言
	ゴン	言上，伝言，無言
	いう	言う，物言い
	こと	言葉，寝言
弦	ゲン	上弦，正弦
	つる	弦
限	ゲン	限度，制限，期限
	かぎる	限る，限り
原	ゲン	原因，原理，高原
	はら	原，野原，松原
	＊海原（うなばら），河原・川原（かわら）	
現	ゲン	現象，現在，表現
	あらわれる	現れる，現れ ←→表れる
	あらわす	現す ←→表す，著す
舷	ゲン	舷側，右舷
減	ゲン	減少，増減，加減

	へる	減る，目減り	厳（嚴）	ゲン	厳格，厳重，威厳	
	へらす	減らす，人減らし		△ゴン	荘厳	
源	ゲン	源泉，水源，資源		おごそか	厳かだ	
	みなもと	源		きびしい	厳しい，厳しさ	

こ

己	コ	自己，利己	個	コ	個人，個性，一個	
	キ	知己，克己	庫	コ	倉庫，文庫，車庫	
	おのれ	己		△ク	庫裏	
戸	コ	戸外，戸籍，下戸	湖	コ	湖水，湖沼，湖畔	
	と	戸，雨戸		みずうみ	湖	
古	コ	古代，古典，太古	雇	コ	雇用，雇員，解雇	
	ふるい	古い，古株，古びる		やとう	雇う，日雇い	
	ふるす	使い古す	誇	コ	誇示，誇大，誇張	
呼	コ	呼吸，呼応，点呼		ほこる	誇る，誇り，誇らしい	
	よぶ	呼ぶ，呼び声				
固	コ	固定，固有，堅固	鼓	コ	鼓動，鼓舞，太鼓	
	かためる	固める，固め		つづみ	鼓，小鼓	
	かたまる	固まる，固まり	鋼	コ	禁錮	
	かたい	固い，固さ	錮			
		←→堅い，硬い	顧	コ	顧慮，顧問，回顧	
	*固唾（かたず）			かえりみる	顧みる　←→省みる	
股	コ	股間，股関節	五	ゴ	五穀，五色，五目飯	
	また	内股，大股		いつ	五日	
虎	コ	虎穴，猛虎		いつつ	五つ	
	とら	虎		*五月（さつき），五月雨（さみだれ）		
孤	コ	孤児，孤独，孤立	互	ゴ	互角，互選，相互	
弧	コ	弧状，括弧，円弧		たがい	互い，互いに，互い違い	
故	コ	故郷，故意，事故				
	ゆえ	故，故に	午	ゴ	午前，正午，子午線	
枯	コ	枯死，枯淡，栄枯	呉	ゴ	呉服，呉越同舟	
	かれる	枯れる，枯れ木	後	ゴ	後刻，前後，午後	
	からす	枯らす，木枯らし		コウ	後続，後悔，後輩	

	のち	後，後添い，後の世		ひろがる	広がる，広がり
	うしろ	後ろ，後ろめたい		ひろげる	広げる
	あと	後，後味，後回し ←→跡，痕	甲	コウ	甲乙，装甲車
	おくれる	後れる，後れ毛，気 後れ ←→遅れる		カン	甲板，甲高い
娯	ゴ	娯楽		*「甲板」は，「コウハン」とも。
悟	ゴ	悟性，覚悟，悔悟	交	コウ	交通，交番，社交
	さとる	悟る，悟り		まじわる	交わる，交わり
碁	ゴ	碁石，碁盤，囲碁		まじえる	交える
語	ゴ	語学，新語，国語		まじる	交じる ←→混じる
	かたる	語る，物語		まざる	交ざる ←→混ざる
	かたらう	語らう，語らい		まぜる	交ぜる，交ぜ織り ←→混ぜる
誤	ゴ	誤解，正誤，錯誤		かう	飛び交う
	あやまる	誤る，誤り		かわす	交わす
護	ゴ	護衛，救護，保護	光	コウ	光線，栄光，観光
口	コウ ク	口述，人口，開口 口調，口伝， 異口同音		ひかる	光る，光り輝く
	くち	口，口絵，出口		ひかり	光，稲光
工	コウ ク	工場，加工，人工 工面，細工，大工	向	コウ	向上，傾向，趣向
				むく	向く，向き
公	コウ	公平，公私，公園		むける	向ける，顔向け
	おおやけ	公		むかう	向かう，向かい
勾	コウ	勾配，勾留		むこう	向こう，向こう側
孔	コウ	鼻孔，気孔	后	コウ	皇后，皇太后
功	コウ	功名，功績，成功	好	コウ	好意，好敵手，良好
	△ク	功徳		このむ	好む，好み， 好ましい
巧	コウ	巧拙，巧妙，技巧		すく	好く，好き嫌い， 好きな絵
	たくみ	巧みな術	江	コウ	江湖
広（廣）	コウ	広大，広言，広義		え	入り江
	ひろい	広い，広場，広々と	考	コウ	考慮，思考，参考
	ひろまる	広まる		かんがえる	考える，考え
	ひろめる	広める	行	コウ	行進，行為，旅行
				ギョウ	行列，行政，修行
				△アン	行脚，行火

	いく	行く ←→逝く
	ゆく	行く，行く末 ←→逝く
	おこなう	行う，行い
	＊行方（ゆくえ）	
坑	コウ	坑道，炭坑，廃坑
孝	コウ	孝行，孝心，不孝
抗	コウ	抗争，抗議，対抗
攻	コウ	攻守，攻撃，専攻
	せめる	攻める
更	コウ	更新，更迭，変更
	さら	更に，今更
	ふける	更ける，夜更け
	ふかす	更かす，夜更かし
効（效）	コウ	効果，効力，時効
	きく	効く，効き目 ←→利く
幸	コウ	幸福，不幸，行幸
	さいわい	幸い，幸いな事
	さち	幸
	しあわせ	幸せ，幸せな人
拘	コウ	拘束，拘留，拘置
肯	コウ	肯定，首肯
侯	コウ	諸侯，王侯
厚	コウ	厚情，厚生，濃厚
	あつい	厚い，厚み
恒（恆）	コウ	恒常，恒例，恒久
洪	コウ	洪水，洪積層
皇	コウ	皇帝，皇室，皇后
	オウ	法皇
	＊「天皇」は，「テンノウ」。	
紅	コウ	紅白，紅茶，紅葉
	△ク	真紅，深紅

	べに	紅，口紅
	くれない	紅
	＊紅葉（もみじ）	
荒	コウ	荒天，荒廃，荒涼
	あらい	荒い，荒波，荒々しい ←→粗い
	あれる	荒れる，荒れ地，大荒れ
	あらす	荒らす，倉庫荒らし
郊	コウ	郊外，近郊
香	コウ	香水，香気，線香
	△キョウ	香車
	か	香，色香，移り香
	かおり	香り ←→薫り
	かおる	香る ←→薫る
候	コウ	候補，気候，測候所
	そうろう	候文，居候
校	コウ	校閲，将校，学校
耕	コウ	耕作，耕地，農耕
	たがやす	耕す
航	コウ	航海，航空，就航
貢	コウ	貢献
	△ク	年貢
	みつぐ	貢ぐ，貢ぎ物
降	コウ	降雨，降参，下降
	おりる	降りる，乗り降り ←→下りる
	おろす	降ろす ←→下ろす，卸す
	ふる	降る，大降り
高	コウ	高低，高級，最高
	たかい	高い，高台，高ぶる
	たか	高，売上高
	たかまる	高まる，高まり
	たかめる	高める

225

康	コウ	健康，小康
控	コウ	控除，控訴
	ひかえる	控える，控え
梗	コウ	心筋梗塞，脳梗塞
黄（黄）	コウ	黄葉
	オウ	黄金，卵黄
	き	黄，黄色い，黄ばむ
	△こ	黄金
	＊硫黄（いおう）	
喉	コウ	喉頭，咽喉
	のど	喉，喉元
慌	コウ	恐慌
	あわてる	慌てる，大慌て
	あわただしい	慌ただしい，慌ただしさ，慌ただしげだ
港	コウ	港湾，漁港，出港
	みなと	港
硬	コウ	硬度，硬貨，生硬
	かたい	硬い，硬さ ←→堅い，固い
絞	コウ	絞殺，絞首刑
	しぼる	絞る，絞り上げる，絞り ←→搾る
	しめる	絞める ←→締める
	しまる	絞まる ←→締まる
項	コウ	項目，事項，条項
溝	コウ	下水溝，排水溝
	みぞ	溝
鉱（鑛）	コウ	鉱物，鉱山，鉄鉱
構	コウ	構造，構内，結構
	かまえる	構える，構え
	かまう	構う，構わない
綱	コウ	綱紀，綱領，大綱
	つな	綱，横綱

酵	コウ	酵母
稿	コウ	草稿，原稿，投稿
興	コウ	興行，復興，振興
	キョウ	興味，興趣，余興
	おこる	興る ←→起こる
	おこす	興す ←→起こす
衡	コウ	均衡，平衡，度量衡
鋼	コウ	鋼鉄，鋼材，製鋼
	はがね	鋼
講	コウ	講義，講演，聴講
購	コウ	購入，購買，購読
乞	こう	乞う，命乞い ←→請う
号（號）	ゴウ	号令，号外，番号
合	ゴウ	合同，合計，結合
	ガッ	合併，合宿，合点
	△カッ	合戦
	あう	合う，落ち合う，試合 ←→会う，遭う
	あわす	合わす
	あわせる	合わせる，問い合わせる ←→併せる
	＊「合点」は，「ガテン」とも。	
拷	ゴウ	拷問
剛	ゴウ	剛健，金剛力
傲	ゴウ	傲然，傲慢
豪	ゴウ	豪遊，豪雨，文豪
克	コク	克服，克明，克己
告	コク	告示，告白，報告
	つげる	告げる
谷	コク	幽谷
	たに	谷，谷川

刻	コク	彫刻，時刻，深刻
	きざむ	刻む，刻み
国（國）	コク	国際，国家，外国
	くに	国，島国
黒（黑）	コク	黒板，漆黒，暗黒
	くろ	黒，真っ黒，白黒
	くろい	黒い，黒さ，腹黒い
穀（穀）	コク	穀物，雑穀，脱穀
酷	コク	酷似，冷酷，残酷
獄	ゴク	獄舎，地獄，疑獄
骨	コツ	骨子，筋骨，老骨
	ほね	骨，骨折り
駒	こま	持ち駒
込	こむ	込む
	こめる	込める，やり込める
頃	ころ	頃，日頃
今	コン	今後，今日，今朝，今年，昨今
	キン	今上
	いま	今，今し方
	*今日（きょう），今朝（けさ），今年（ことし）	
困	コン	困難，困窮，貧困
	こまる	困る
昆	コン	昆虫，昆布
	*「昆布」は，「コブ」とも。	

恨	コン	遺恨，痛恨，悔恨
	うらむ	恨む，恨み
	うらめしい	恨めしい
根	コン	根拠，根気，平方根
	ね	根，根強い，屋根
婚	コン	婚約，結婚，新婚
混	コン	混合，混雑，混迷
	まじる	混じる，混じり物 ←→交じる
	まざる	混ざる ←→交ざる
	まぜる	混ぜる，混ぜ物 ←→交ぜる
	こむ	混む，混み合う，人混み
	*「混み合う」，「人混み」は，「込み合う」，「人込み」とも書く。	
痕	コン	痕跡，血痕
	あと	痕，傷痕 ←→跡，後
紺	コン	紺青，紺屋，濃紺
	*「紺屋」は，「コウや」とも。	
魂	コン	魂胆，霊魂，商魂
	たましい	魂，負けじ魂
墾	コン	開墾
懇	コン	懇切，懇親会
	ねんごろ	懇ろだ

さ

左	サ	左右，左翼，左遷
	ひだり	左，左利き
佐	サ	佐幕，補佐，大佐
沙	サ	沙汰

査	サ	査察，調査，巡査
砂	サ	砂丘，砂糖
	シャ	土砂
	すな	砂，砂場
	*砂利（じゃり）	

唆	サ	教唆，示唆
	そそのかす	唆す
差	サ	差異，差別，誤差
	さす	差す
		⟷刺す，指す，挿す
	*差し支える（さしつかえる）
詐	サ	詐欺，詐取，詐称
鎖	サ	鎖国，連鎖，封鎖
	くさり	鎖
座	ザ	座席，座談，星座
	すわる	座る，座り込み
		⟷据わる
<u>挫</u>	<u>ザ</u>	<u>挫折，頓挫</u>
才	サイ	才能，才覚，秀才
再	サイ	再度，再選，再出発
	△サ	再来年，再来月，再来週
	ふたたび	再び
災	サイ	災害，災難，火災
	わざわい	災い
妻	サイ	妻子，夫妻，良妻
	つま	妻，人妻
<u>采</u>	<u>サイ</u>	<u>采配，喝采</u>
砕（碎）	サイ	砕石，砕氷，粉砕
	くだく	砕く
	くだける	砕ける
宰	サイ	宰領，宰相，主宰
栽	サイ	栽培，盆栽
彩	サイ	彩色，色彩，淡彩
	いろどる	彩る，彩り
採	サイ	採集，採用，採光
	とる	採る
		⟷取る，執る，捕る

済（濟）	サイ	返済，救済，経済
	すむ	済む，使用済み
	すます	済ます
祭	サイ	祭礼，文化祭
	まつる	祭る，祭り上げる
	まつり	祭り，秋祭り
斎（齋）	サイ	斎場，潔斎，書斎
細	サイ	細心，詳細，零細
	ほそい	細い，細腕，心細い
	ほそる	細る
	こまか	細かだ
	こまかい	細かい
菜	サイ	菜園，菜食，野菜
	な	菜，青菜
最	サイ	最大，最近，最先端
	もっとも	最も
	*最寄り（もより）
裁	サイ	裁縫，裁判，体裁
	たつ	裁つ，裁ち物
		⟷断つ，絶つ
	さばく	裁く，裁き
債	サイ	債務，負債，公債
催	サイ	催眠，開催，主催
	もよおす	催す，催し
<u>塞</u>	<u>サイ</u>	<u>要塞</u>
	<u>ソク</u>	<u>脳梗塞，閉塞</u>
	<u>ふさぐ</u>	<u>塞ぐ</u>
	<u>ふさがる</u>	<u>塞がる</u>
歳	サイ	歳末，歳月，二十歳
	△セイ	歳暮
	*二十歳（はたち）
載	サイ	積載，掲載，記載
	のせる	載せる ⟷乗せる
	のる	載る ⟷乗る

228

際	サイ	際限，交際，この際
	きわ	際，際立つ，窓際
埼	△さい	＊埼玉県
在	ザイ	在留，在宅，存在
	ある	在る，在りし日
		←→有る
材	ザイ	材木，材料，人材
剤（劑）	ザイ	薬剤師，錠剤，消化剤
財	ザイ	財産，私財，文化財
	△サイ	財布
罪	ザイ	罪状，犯罪，謝罪
	つみ	罪
崎	さき	○○崎
作	サク	作為，著作，豊作
	サ	作業，作用，動作
	つくる	作る ←→造る，創る
削	サク	削除，削減，添削
	けずる	削る
昨	サク	昨日，昨年，一昨日
	＊昨日（きのう）	
柵	サク	鉄柵
索	サク	索引，思索，鉄索
策	サク	策略，政策，対策
酢	サク	酢酸
	す	酢，酢の物
搾	サク	搾取，圧搾
	しぼる	搾る ←→絞る
錯	サク	錯誤，錯覚，交錯
咲	さく	咲く，遅咲き
冊	サツ	冊子，別冊
	サク	短冊

札	サツ	札入れ，表札，入札
	ふだ	札，名札
刷	サツ	刷新，印刷，増刷
	する	刷る
刹	サツ	古刹，名刹
	セツ	刹那
拶	サツ	挨拶
殺（殺）	サツ	殺人，殺到，黙殺
	△サイ	相殺
	△セツ	殺生
	ころす	殺す，殺し，見殺し
察	サツ	察知，観察，考察
撮	サツ	撮影
	とる	撮る
擦	サツ	擦過傷，摩擦
	する	擦る，擦り傷
	すれる	擦れる，靴擦れ
雑（雜）	ザツ	雑談，雑音，混雑
	ゾウ	雑炊，雑木林，雑兵
	＊雑魚（ざこ）	
皿	さら	皿，灰皿
三	サン	三角，三流，再三
	み	三日月，三日（みっか）
	みつ	三つ指
	みっつ	三つ
	＊三味線（しゃみせん）	
山	サン	山脈，高山，登山
	やま	山
	＊山車（だし），築山（つきやま）	
参（參）	サン	参加，参万円，降参
	まいる	参る，寺参り
桟（棧）	サン	桟，桟橋
	＊桟敷（さじき）	

229

蚕（蠶）	サン	蚕糸，蚕食，養蚕			ちらす	散らす
	かいこ	蚕			ちらかす	散らかす
惨（慘）	サン	惨劇，悲惨，陰惨			ちらかる	散らかる
	ザン	惨死，惨殺	算	サン	算数，計算，予算
	みじめ	惨めだ	酸	サン	酸味，酸素，辛酸
産	サン	産業，生産，出産		すい	酸い，酸っぱい
	うむ	産む，産み月 ←→生む	賛（贊）	サン	賛成，賛同，称賛
	うまれる	産まれる ←→生まれる	残（殘）	ザン	残留，残念，敗残
	うぶ	産湯，産着，産毛		のこる	残る，残り
		＊土産（みやげ）		のこす	残す，食べ残し
傘	サン	傘下，落下傘			＊名残（なごり）
	かさ	傘，雨傘，日傘	斬	<u>ザン</u>	<u>斬殺，斬新</u>
散	サン	散歩，散文，解散		<u>きる</u>	<u>斬る ←→切る</u>
	ちる	散る，散り散りに	暫	ザン	暫時，暫定

し

士	シ	士官，武士，紳士	仕	うじ	氏，氏神
		＊<u>海士（あま）</u>，居士（こじ），博士（はかせ）		シ	仕事，出仕
子	シ	子孫，女子，帽子		△ジ	給仕
	ス	金子，扇子，様子		つかえる	仕える
	こ	子，親子，年子	史	シ	史学，歴史，国史
		＊迷子（まいご），息子（むすこ）	司	シ	司会，司令，上司
支	シ	支持，支障，支店	四	シ	四角，四季，四十七士
	ささえる	支える，支え		よ	四人，四日（よっか），四月目
		＊差し支える（さしつかえる）		よつ	四つ角
止	シ	止宿，静止，中止		よっつ	四つ
	とまる	止まる，行き止まり ←→留まる，泊まる		よん	四回，四階
	とめる	止める，歯止め ←→留める，泊める	市	シ	市民，市況，都市
		＊波止場（はとば）		いち	市，競り市
氏	シ	氏名，姓氏，某氏	矢	シ	一矢を報いる

	や	矢，矢印，矢面
旨	シ	要旨，趣旨，本旨
	むね	旨
死	シ	死亡，死角，必死
	しぬ	死ぬ，死に絶える
糸（絲）	シ	綿糸，蚕糸，製糸
	いと	糸，糸目，毛糸
至	シ	至当，夏至，冬至
	いたる	至る，至って〔副〕
伺	シ	伺候
	うかがう	伺う，伺い
志	シ	志望，有志，寸志
	こころざす	志す
	こころざし	志
私	シ	私立，私腹，公私
	わたくし	私，私する
	わたし	私
使	シ	使役，使者，駆使
	つかう	使う，使い
		←→遣う
刺	シ	刺激，名刺，風刺
	さす	刺す，刺し殺す
		←→差す，指す，挿す
	ささる	刺さる
始	シ	始終，年始，開始
	はじめる	始める，始め
		←→初め，初めて
	はじまる	始まる，始まり
姉	シ	姉妹，諸姉
	あね	姉，姉上
	＊姉（ねえ）さん	
枝	シ	枝葉
	えだ	枝
社（社）	シ	福祉

肢	シ	肢体，下肢，選択肢
姿	シ	姿勢，容姿，雄姿
	すがた	姿
思	シ	思想，意思，相思
	おもう	思う，思い，思わしい
指	シ	指示，指導，屈指
	ゆび	指，指先
	さす	指す，指図，名指し
		←→差す，刺す，挿す
施	シ	施設，施政，実施
	セ	施主，施療，布施
	ほどこす	施す，施し
師	シ	師匠，教師，医師
	＊師走（しわす）	
恣	シ	恣意的
紙	シ	紙面，用紙，新聞紙
	かみ	紙，紙くず，厚紙
脂	シ	脂肪，油脂，樹脂
	あぶら	脂，脂ぎる
		←→油
視（視）	シ	視覚，視力，注視
紫	シ	紫紺，紫煙，紫外線
	むらさき	紫，紫色
詞	シ	歌詞，作詞，品詞
	＊祝詞（のりと）	
歯（歯）	シ	歯科，乳歯，義歯
	は	歯，入れ歯
嗣	シ	嗣子，嫡嗣
試	シ	試験，試作，追試
	こころみる	試みる，試み
	ためす	試す，試し

231

詩	シ	詩情，詩人，詩歌
		＊「詩歌」は，「シイカ」とも。
資	シ	資本，資格，物資
飼	シ	飼育，飼料
	かう	飼う
誌	シ	誌面，日誌，雑誌
雌	シ	雌雄，雌伏
	め	雌花，雌牛，雌しべ
	めす	雌，雌犬
摯	<u>シ</u>	真摯
賜	シ	賜暇，下賜，恩賜
	たまわる	賜る
諮	シ	諮問
	はかる	諮る
示	ジ	示威，示談，指示
	シ	示唆
	しめす	示す，示し
字	ジ	字画，文字，活字
	あざ	字，大字
寺	ジ	寺院，社寺，末寺
	てら	寺，尼寺
次	ジ	次回，次元，目次
	シ	次第
	つぐ	次ぐ，次いで〔副〕 ←→継ぐ
	つぎ	次，次に，次々と
耳	ジ	耳鼻科，中耳炎
	みみ	耳，早耳
自	ジ	自分，自由，各自
	シ	自然
	みずから	自ら
似	ジ	類似，酷似，疑似
	にる	似る，似顔

児（兒）	ジ	児童，幼児，優良児
	△ニ	小児科
	＊稚児（ちご），<u>鹿児島（かごしま）県</u>
事	ジ	事物，無事，師事
	△ズ	好事家
	こと	事，仕事，出来事
侍	ジ	侍従，侍女，侍医
	さむらい	侍
治	ジ	政治，療治
	チ	治安，治水，自治
	おさめる	治める　←→修める
	おさまる	治まる　←→修まる
	なおる	治る　←→直る
	なおす	治す　←→直す
持	ジ	持参，持続，支持
	もつ	持つ
時	ジ	時間，時候，当時
	とき	時，時めく，時々
	＊時雨（しぐれ），時計（とけい）
滋	ジ	滋味，滋養
	＊<u>滋賀（しが）県</u>
慈	ジ	慈愛，慈善，慈悲
	いつくしむ	慈しむ，慈しみ
辞（辭）	ジ	辞書，辞職，式辞
	やめる	辞める
磁	ジ	磁石，磁気，陶磁器
餌［餌］	<u>ジ</u>	<u>好餌，食餌</u>
	<u>えさ</u>	<u>餌</u>
	<u>え</u>	<u>餌食</u>
璽	ジ	御璽，国璽

232

鹿	しか	鹿
	△か	鹿の子
式	シキ	式典，形式，数式
識	シキ	識別，意識，知識
軸	ジク	軸，車軸，地軸
七	シチ	七五三，七福神
	なな	七月目
	ななつ	七つ
	△なの	七日

*七夕（たなばた）
*「七日」は，「なぬか」とも。

叱	シツ	叱責
	しかる	叱る
失	シツ	失望，失敗，消失
	うしなう	失う
室	シツ	室内，皇室，居室
	むろ	室，室咲き
疾	シツ	疾患，疾走，悪疾
執	シツ	執務，執筆，確執
	シュウ	執念，執心，我執
	とる	執る ←→取る，採る
湿（濕）	シツ	湿度，湿地，多湿
	しめる	湿る，湿り
	しめす	湿す
嫉	シツ	嫉妬
漆	シツ	漆器，漆黒，乾漆
	うるし	漆
質	シツ	質問，質実，本質
	シチ	質屋，人質
	△チ	言質
実（實）	ジツ	実力，充実，実に
	み	実，実入り
	みのる	実る，実り

芝	しば	芝，芝居

*芝生（しばふ）

写（寫）	シャ	写真，描写，映写
	うつす	写す，写し ←→映す
	うつる	写る，写り ←→映る
社（社）	シャ	社会，会社，神社
	やしろ	社
車	シャ	車輪，車庫，電車
	くるま	車，歯車

*山車（だし）

舎	シャ	舎監，校舎，寄宿舎

*田舎（いなか）

者（者）	シャ	医者，前者，第三者
	もの	者，若者

*猛者（もさ）

射	シャ	射撃，発射，日射病
	いる	射る
捨	シャ	捨象，取捨，喜捨
	すてる	捨てる，捨て子
赦	シャ	赦免，大赦，恩赦
斜	シャ	斜面，斜線，傾斜
	ななめ	斜め
煮（煮）	シャ	煮沸
	にる	煮る，雑煮
	にえる	煮える，生煮え
	にやす	業を煮やす
遮	シャ	遮断
	さえぎる	遮る
謝	シャ	謝絶，感謝，陳謝
	あやまる	謝る，平謝り
邪	ジャ	邪悪，邪推，正邪

*風邪（かぜ）

233

蛇	ジャ	蛇の目，蛇腹，大蛇
	ダ	蛇行，蛇足，長蛇
	へび	蛇
尺	シャク	尺度，尺貫法
借	シャク	借用，借金，貸借
	かりる	借りる，借り
酌	シャク	酌量，晩酌
	くむ	酌む，酌み交わす
釈（釋）	シャク	釈明，釈放，解釈
爵	シャク	爵位
若	ジャク	若年，若干，自若
	△ニャク	老若
	わかい	若い，若者，若々しい
	もしくは	若しくは

*「老若」は，「ロウジャク」とも。
*若人（わこうど）

弱	ジャク	弱点，弱小，強弱
	よわい	弱い，弱虫，足弱
	よわる	弱る
	よわまる	弱まる
	よわめる	弱める
寂	ジャク	寂滅，静寂，閑寂
	△セキ	寂然，寂として
	さび	寂
	さびしい	寂しい，寂しがる
	さびれる	寂れる

*「寂然」は，「ジャクネン」とも。

手	シュ	手腕，挙手，選手，手，手柄，素手
	て	
	△た	手綱，手繰る

*上手（じょうず），下手（へた），手伝（てつだ）う

主	シュ	主人，主権，施主
	△ス	法主，坊主
	ぬし	主，地主
	おも	主な人々

*「法主（ホッス）」は，「ホウシュ」，「ホッシュ」とも。

守	シュ	守備，保守，攻守
	△ス	留守
	まもる	守る，守り
	もり	お守り，子守，灯台守
朱	シュ	朱肉，朱筆，朱塗り
取	シュ	取捨，取材，聴取
	とる	取る
		←→採る，執る，捕る
狩	シュ	狩猟
	かる	狩る，狩り込み
	かり	狩り，ぶどう狩り
首	シュ	首尾，首席，自首
	くび	首，首飾り
殊	シュ	殊勝，殊勲，特殊
	こと	殊に，殊の外，殊更
珠	シュ	珠玉，珠算，真珠

*数珠（じゅず）

酒	シュ	酒宴，飲酒，洋酒
	さけ	酒，酒好き，甘酒
	△さか	酒屋，酒場，酒盛り

*お神酒（みき）

腫	シュ	腫瘍
	はれる	腫れる，腫れ
	はらす	腫らす
種	シュ	種類，人種，品種
	たね	種，菜種，一粒種
趣	シュ	趣向，趣味，興趣
	おもむき	趣

寿（壽）	ジュ	寿命，長寿，米寿
	ことぶき	寿
受	ジュ	受諾，受験，甘受
	うける	受ける，受付
		←→請ける
	うかる	受かる
呪	ジュ	呪縛，呪文
	のろう	呪う
授	ジュ	授与，伝授，教授
	さずける	授ける
	さずかる	授かる
需	ジュ	需要，需給，必需品
儒	ジュ	儒学，儒教，儒者
樹	ジュ	樹木，樹立，街路樹
収（收）	シュウ	収穫，収入，回収
	おさめる	収める ←→納める
	おさまる	収まる ←→納まる
囚	シュウ	囚人，死刑囚
州	シュウ	州議会，六大州
	す	州，中州，三角州
舟	シュウ	舟運，舟艇，舟航
	ふね	舟，小舟，渡し舟
		←→船
	△ふな	舟遊び，舟宿，舟歌
秀	シュウ	秀逸，秀才，優秀
	ひいでる	秀でる
周	シュウ	周知，周囲，円周
	まわり	周り ←→回り
宗	シュウ	宗教，宗派，改宗
	ソウ	宗家，宗匠
拾	シュウ	拾得，収拾
	ジュウ	拾万円
	ひろう	拾う，拾い物

秋	シュウ	秋季，秋分，晩秋
	あき	秋
臭（臭）	シュウ	臭気，悪臭，俗臭
	くさい	臭い，臭み，臭さ
	におう	臭う，臭い
		←→匂う
修	シュウ	修飾，修養，改修
	△シュ	修行
	おさめる	修める ←→治める
	おさまる	修まる ←→治まる
袖	シュウ	領袖
	そで	袖，半袖
終	シュウ	終了，終日，最終
	おわる	終わる，終わり
	おえる	終える
羞	シュウ	羞恥心
習	シュウ	習得，習慣，練習
	ならう	習う，手習い
		←→倣う
週	シュウ	週刊，週末，毎週
就	シュウ	就任，就寝，去就
	△ジュ	成就
	つく	就く ←→着く，付く
	つける	就ける
		←→着ける，付ける
衆	シュウ	衆寡，民衆，聴衆
	△シュ	衆生
集	シュウ	集合，集結，全集
	あつまる	集まる，集まり
	あつめる	集める，人集め
	つどう	集う，集い
愁	シュウ	愁傷，哀愁，憂愁
	うれえる	愁える ←→憂える
	うれい	愁い ←→憂い

235

酬	シュウ	報酬，応酬
醜	シュウ	醜悪，醜態，美醜
	みにくい	醜い，醜さ
蹴	シュウ	一蹴
	ける	蹴る，蹴散らす
襲	シュウ	襲撃，襲名，世襲
	おそう	襲う
十	ジュウ	十字架，十文字
	ジッ	十回
	とお	十，十日
	と	十色，十重

＊十重二十重（とえはたえ），二十・二十歳（はたち），二十日（はつか）

＊「ジュッ」とも。

汁	ジュウ	果汁，墨汁
	しる	汁，汁粉
充	ジュウ	充実，充電，補充
	あてる	充てる
		←→当てる，宛てる
住	ジュウ	住所，安住，衣食住
	すむ	住む
	すまう	住まう，住まい
柔	ジュウ	柔軟，柔道，懐柔
	ニュウ	柔和，柔弱
	やわらか	柔らかだ ←→軟らか
	やわらかい	柔らかい ←→軟らかい
重	ジュウ	重量，重大，二重
	チョウ	重畳，慎重，貴重
	え	一重，八重桜
	おもい	重い，重たい
	かさねる	重ねる，重ね着
	かさなる	重なる

＊十重二十重（とえはたえ）

従（從）	ジュウ	従事，従順，服従
	△ショウ	従容
	△ジュ	従○位
	したがう	従う
	したがえる	従える
渋（澁）	ジュウ	渋滞，苦渋
	しぶ	渋，渋紙
	しぶい	渋い，渋さ，渋み
	しぶる	渋る
銃	ジュウ	銃砲，銃弾，小銃
獣（獸）	ジュウ	獣類，猛獣，鳥獣
	けもの	獣
縦（縱）	ジュウ	縦横，縦断，操縦
	たて	縦
叔	シュク	伯叔

＊叔父（おじ），叔母（おば）

祝（祝）	シュク	祝賀，祝日，慶祝
	△シュウ	祝儀，祝言
	いわう	祝う

＊祝詞（のりと）

宿	シュク	宿泊，宿題，合宿
	やど	宿，宿屋
	やどる	宿る，雨宿り
	やどす	宿す
淑	シュク	淑女，貞淑，私淑
粛（肅）	シュク	粛清，静粛，自粛
縮	シュク	縮小，縮図，短縮
	ちぢむ	縮む，伸び縮み
	ちぢまる	縮まる
	ちぢめる	縮める
	ちぢれる	縮れる，縮れ毛
	ちぢらす	縮らす
塾	ジュク	塾，私塾

熟	ジュク	熟練，熟慮，成熟
	うれる	熟れる
出	シュツ	出入，出現，提出
	△スイ	出納
	でる	出る，出窓，遠出
	だす	出す
述	ジュツ	叙述，陳述，著述
	のべる	述べる
術	ジュツ	術策，技術，芸術
俊	シュン	俊敏，俊秀，俊才
春	シュン	春季，立春，青春
	はる	春，春めく
瞬	シュン	瞬間，瞬時，一瞬
	またたく	瞬く，瞬き
旬	ジュン	旬刊，上旬
	△シュン	旬，旬の野菜
巡	ジュン	巡回，巡業，一巡
	めぐる	巡る，巡り歩く
	*お巡（まわ）りさん
盾	ジュン	矛盾
	たて	盾，後ろ盾
准	ジュン	准将，批准
殉	ジュン	殉死，殉職，殉難
純	ジュン	純真，純粋，不純
循	ジュン	循環，因循
順	ジュン	順序，順調，従順
準	ジュン	準備，基準，標準
潤	ジュン	潤色，潤沢，湿潤
	うるおう	潤う，潤い
	うるおす	潤す
	うるむ	潤む
遵	ジュン	遵守，遵法

処	（處）	ショ	処置，処罰，処女
初		ショ	初期，初心者，最初
		はじめ	初め ←→始め
		はじめて	初めて〔副〕
		はつ	初の受賞，初雪，初耳
		うい	初陣，初々しい
		そめる	書き初め，出初め式
所		ショ	所得，住所，近所
		ところ	所，台所
書		ショ	書画，書籍，読書
		かく	書く ←→描く
庶		ショ	庶民，庶務
暑	（暑）	ショ	暑気，残暑，避暑
		あつい	暑い，暑さ ←→熱い
署	（署）	ショ	署名，署長，警察署
緒	（緒）	ショ	緒戦，由緒，端緒
		△チョ	情緒
		お	緒，鼻緒
	*「情緒」は，「ジョウショ」とも。
諸	（諸）	ショ	諸君，諸国，諸般
女		ジョ	女子，女流，少女
		ニョ	女人，天女，善男善女
		△ニョウ	女房
		おんな	女，女心，女らしい
		め	女神，女々しい
	*海女（あま），乙女（おとめ）
如		ジョ	欠如，突如，躍如
		ニョ	如実，如来，不如意
助		ジョ	助力，助監督，救助
		たすける	助ける，助け
		たすかる	助かる，大助かり
		すけ	助太刀

237

序		ジョ	序幕，順序，秩序
叙	（敍）	ジョ	叙述，叙景，叙勲
徐		ジョ	徐行，徐々に
除		ジョ	除外，除数，解除
		△ジ	掃除
		のぞく	除く
小		ショウ	小心，大小，縮小
		ちいさい	小さい，小さな
		こ	小型，小鳥，小切手
		お	小川，小暗い
		＊小豆（あずき）	
升		ショウ	
		ます	升，升目
少		ショウ	少年，多少，減少
		すくない	少ない
		すこし	少し
召		ショウ	召喚，国会の召集
		めす	召す，召し上がる
匠		ショウ	師匠，巨匠，意匠
床		ショウ	起床，病床，温床
		とこ	床，床の間，寝床
		ゆか	床，床下
抄		ショウ	抄録，抄本，抄訳
肖		ショウ	肖像，不肖
尚		ショウ	尚早，高尚
招		ショウ	招待，招致，招請
		まねく	招く，招き
承		ショウ	承知，承諾，継承
		うけたまわる	承る
昇		ショウ	昇降，昇進，上昇
		のぼる	昇る　←→上る，登る

松		ショウ	松竹梅，白砂青松
		まつ	松，松原，門松
沼		ショウ	沼沢，湖沼
		ぬま	沼，沼地
昭		ショウ	昭和
宵		ショウ	徹宵
		よい	宵
将	（將）	ショウ	将来，将棋，大将
消		ショウ	消滅，消極的，費消
		きえる	消える，立ち消え
		けす	消す，消しゴム
症		ショウ	症状，炎症，重症
祥	（祥）	ショウ	発祥，吉祥，不祥事
称	（稱）	ショウ	称賛，名称，称する
笑		ショウ	笑覧，微笑，談笑
		わらう	笑う，大笑い
		えむ	ほくそ笑む，笑み
		＊笑顔（えがお）	
唱		ショウ	唱歌，合唱，提唱
		となえる	唱える
商		ショウ	商売，商業，貿易商
		あきなう	商う，商い
渉	（涉）	ショウ	渉外，干渉，交渉
章		ショウ	憲章，勲章，文章
紹		ショウ	紹介
訟		ショウ	訴訟
勝		ショウ	勝敗，優勝，名勝
		かつ	勝つ，勝ち，勝手
		まさる	勝る，男勝り
掌		ショウ	掌中，職掌，車掌
晶		ショウ	結晶，水晶

焼（燒）	ショウ	焼却，燃焼，全焼
	やく	焼く，炭焼き
	やける	焼ける，夕焼け
焦	ショウ	焦土，焦慮，焦心
	こげる	焦げる，黒焦げ
	こがす	焦がす
	こがれる	焦がれる
	あせる	焦る，焦り
硝	ショウ	硝石，硝酸
粧	ショウ	化粧
詔	ショウ	詔勅，詔書
	みことのり	詔
証（證）	ショウ	証拠，証明，免許証
象	ショウ	象徴，対象，現象
	ゾウ	象眼，巨象
傷	ショウ	傷害，負傷，感傷
	きず	傷，古傷，傷つく
	いたむ	傷む　←→痛む，悼む
	いためる	傷める　←→痛める
奨（奬）	ショウ	奨励，奨学金，推奨
照	ショウ	照明，照会，対照的
	てる	照る，日照り
	てらす	照らす
	てれる	照れる
詳	ショウ	詳細，詳報，未詳
	くわしい	詳しい，詳しさ
彰	ショウ	表彰，顕彰
障	ショウ	障害，障子，故障
	さわる	障る，差し障り
憧	ショウ	憧憬
	あこがれる	憧れる，憧れ
	＊「憧憬」は，「ドウケイ」とも。	
衝	ショウ	衝突，衝動，折衝

賞	ショウ	賞罰，賞与，懸賞
償	ショウ	償金，弁償，代償
	つぐなう	償う，償い
礁	ショウ	岩礁，暗礁，さんご礁
鐘	ショウ	半鐘，警鐘
	かね	鐘
上	ジョウ	上旬，上昇，地上
	△ショウ	上人，身上を潰す
	うえ	上，身の上
	△うわ	上着，上積み
	かみ	上，川上
	あげる	上げる，売り上げ ←→揚げる，挙げる
	あがる	上がる，上がり ←→揚がる，挙がる
	のぼる	上る，上り ←→昇る，登る
	のぼせる	上せる
	のぼす	上す
	＊上手（じょうず）	
	＊「身上」は，「シンショウ」と「シンジョウ」とで，意味が違う。	
丈	ジョウ	丈六，丈夫な体
	たけ	丈，背丈
冗	ジョウ	冗談，冗長，冗費
条（條）	ジョウ	条理，条約，箇条
状（狀）	ジョウ	状態，白状，免状
乗（乘）	ジョウ	乗数，乗車，大乗的
	のる	乗る，乗り物 ←→載る
	のせる	乗せる　←→載せる
城	ジョウ	城内，城下町，落城
	しろ	城，城跡
	＊茨城（いばらき）県，宮城（みやぎ）県	

浄（淨）	ジョウ	浄化，清浄，不浄	
剰（剩）	ジョウ	剰余，過剰，余剰	
常	ジョウ	常備，日常，非常	
	つね	常，常に，常々	
	とこ	常夏	
情	ジョウ	情報，情熱，人情	
	△セイ	風情	
	なさけ	情け	
場	ジョウ	場内，会場，入場	
	ば	場，場所，広場	
畳（疊）	ジョウ	畳語，重畳	
	たたむ	畳む，折り畳み	
	たたみ	畳，畳表，青畳	
蒸	ジョウ	蒸気，蒸発	
	むす	蒸す，蒸し暑い	
	むれる	蒸れる	
	むらす	蒸らす	
縄（繩）	ジョウ	縄文，自縄自縛	
	なわ	縄，縄張	
壌（壤）	ジョウ	土壌	
嬢（孃）	ジョウ	令嬢，愛嬢，お嬢さん	
錠	ジョウ	錠前，錠剤，手錠	
譲（讓）	ジョウ	譲渡，譲歩，謙譲	
	ゆずる	譲る，親譲り	
醸（釀）	ジョウ	醸造，醸成	
	かもす	醸す，醸し出す	
色	ショク	原色，特色，物色	
	シキ	色彩，色調，色欲	
	いろ	色，桜色，色づく	
	＊景色（けしき）		
拭	ショク	払拭	
	ふく	拭く	

	ぬぐう	拭う	
食	ショク	食事，食料，会食	
	△ジキ	断食	
	くう	食う，食い物	
	くらう	食らう	
	たべる	食べる，食べ物	
植	ショク	植樹，植物，誤植	
	うえる	植える，植木	
	うわる	植わる	
殖	ショク	生殖，利殖，学殖	
	ふえる	殖える ←→増える	
	ふやす	殖やす ←→増やす	
飾	ショク	装飾，修飾，服飾	
	かざる	飾る，飾り	
触（觸）	ショク	触媒，触発，接触	
	ふれる	触れる	
	さわる	触る	
嘱（囑）	ショク	嘱託，委嘱	
織	ショク	織機，染織，紡織	
	シキ	組織	
	おる	織る，織物	
職	ショク	職業，職務，就職	
辱	ジョク	恥辱，雪辱，屈辱	
	はずかしめる	辱める，辱め	
尻	しり	尻，尻込み，目尻	
	＊尻尾（しっぽ）		
心	シン	心身，感心，中心	
	こころ	心，心得る，親心	
	＊心地（ここち）		
申	シン	申告，申請，内申書	
	もうす	申す，申し上げる	
伸	シン	伸縮，屈伸，追伸	
	のびる	伸びる，背伸び ←→延びる	

	のばす	伸ばす ←→延ばす
	のべる	伸べる ←→延べる
臣	シン	臣下，君臣
	ジン	大臣
芯	シン	芯
身	シン	身体，単身，等身大
	み	身，身内，親身
辛	シン	辛苦，辛酸，香辛料
	からい	辛い，辛み，辛うじて
侵	シン	侵入，侵害，不可侵
	おかす	侵す ←→犯す，冒す
信	シン	信用，信頼，通信
津	シン	興味津々
	つ	津波，津々浦々
神（神）	シン	神聖，神経，精神
	ジン	神社，神宮，神通力
	かみ	神，神様，貧乏神
	△かん	神主
	△こう	神々しい
	＊お神酒（みき），神楽（かぐら），神奈川（かながわ）県	
唇	シン	口唇
	くちびる	唇
娠	シン	妊娠
振	シン	振動，振興，不振
	ふる	振る，振り
	ふるう	振るう ←→奮う，震う
	ふれる	振れる
浸	シン	浸水，浸透
	ひたす	浸す，水浸し
	ひたる	浸る
真（眞）	シン	真偽，写真，純真

	ま	真南，真新しい，真っ先，真ん中
	＊真面目（まじめ），真っ赤（まっか），真っ青（まっさお）	
針	シン	針路，運針，秒針
	はり	針，針金
深	シン	深山，深夜，水深
	ふかい	深い，深入り，深み
	ふかまる	深まる
	ふかめる	深める
紳	シン	紳士
進	シン	進級，進言，前進
	すすむ	進む，進み
	すすめる	進める ←→勧める，薦める
森	シン	森林，森閑，森厳
	もり	森
診	シン	診察，診療，往診
	みる	診る ←→見る
寝（寝）	シン	寝室，寝具，就寝
	ねる	寝る，寝入る，昼寝
	ねかす	寝かす
慎（愼）	シン	慎重，謹慎
	つつしむ	慎む，慎み ←→謹む
新	シン	新旧，新聞，革新
	あたらしい	新しい，新しさ，新しがる
	あらた	新ただ
	にい	新妻，新盆
審	シン	審判，審議，不審
震	シン	震動，震災，地震
	ふるう	震う，身震い ←→奮う，振るう
	ふるえる	震える，震え

241

薪	シン	薪炭，薪水
	たきぎ	薪
親	シン	親族，親友，肉親
	おや	親，親子，父親
	したしい	親しい，親しさ
	したしむ	親しむ
人	ジン	人道，人員，成人
	ニン	人間，人情，人形
	ひと	人，人手，旅人
	*玄人（くろうと），素人（しろうと），仲人（なこうど），若人（わこうど），大人（おとな），一人（ひとり），二人（ふたり）	
刃	ジン	白刃，凶刃，自刃
	は	刃，刃物，両刃
仁	ジン	仁義，仁術
	△ニ	仁王

尽 （盡）	ジン	尽力，無尽蔵
	つくす	尽くす，心尽くし
	つきる	尽きる
	つかす	愛想を尽かす
迅	ジン	迅速，疾風迅雷
甚	ジン	甚大，激甚，幸甚
	はなはだ	甚だ
	はなはだしい	甚だしい
陣	ジン	陣頭，陣痛，円陣
尋	ジン	尋問，尋常，千尋
	たずねる	尋ねる，尋ね人 ←→訪ねる
腎	ジン	腎臓，肝腎
	*「肝腎」は，「肝心」とも書く。	

す

須	ス	必須
図 （圖）	ズ	図画，図表，地図
	ト	図書，意図，壮図
	はかる	図る ←→計る，測る，量る，謀る
水	スイ	水分，水陸，海水
	みず	水，水色，水浴び
	*清水（しみず）	
吹	スイ	吹奏，吹鳴，鼓吹
	ふく	吹く ←→噴く
	*息吹（いぶき），吹雪（ふぶき）	
垂	スイ	垂直，懸垂，胃下垂
	たれる	垂れる，雨垂れ
	たらす	垂らす
炊	スイ	炊事，自炊，雑炊
	たく	炊く，飯炊き

帥	スイ	統帥，元帥
粋 （粹）	スイ	粋人，純粋，精粋
	いき	粋
衰	スイ	衰弱，盛衰，老衰
	おとろえる	衰える，衰え
推	スイ	推進，推薦
	おす	推す ←→押す
酔 （醉）	スイ	酔漢，麻酔，心酔
	よう	酔う，酔い，二日酔い
遂	スイ	遂行，未遂，完遂
	とげる	遂げる
睡	スイ	睡眠，熟睡，午睡
穂 （穗）	スイ	穂状，出穂期
	ほ	穂，稲穂

随（隨）	ズイ	随行，随意，追随
髄（髓）	ズイ	骨髄，脳髄，真髄
枢（樞）	スウ	枢軸，枢要，中枢
崇	スウ	崇拝，崇高
数（數）	スウ	数字，数量，年数
	△ス	人数
	かず	数
	かぞえる	数える，数え年

*数珠（じゅず），数寄屋・数奇

屋（すきや）

＊「人数」は，「ニンズウ」とも。

据	すえる	据える，据え置く
	すわる	据わる，据わり
		←→座る
杉	すぎ	杉，杉並木
裾	すそ	裾，裾野
寸	スン	寸法，寸暇，一寸先

せ

瀬（瀨）	せ	瀬，浅瀬，立つ瀬
是	ゼ	是非，是認，国是
井	セイ	油井，市井
	△ショウ	天井
	い	井戸
世	セイ	世紀，時世，処世
	セ	世界，世間，出世
	よ	世，世の中
正	セイ	正義，正誤，訂正
	ショウ	正直，正面，正月
	ただしい	正しい，正しさ
	ただす	正す
	まさ	正に，正夢
生	セイ	生活，発生，先生
	ショウ	生滅，一生，誕生
	いきる	生きる，長生き
	いかす	生かす
	いける	生ける，生け捕り
	うまれる	生まれる，生まれ
		←→産まれる
	うむ	生む ←→産む
	おう	生い立ち，生い茂る

	はえる	生える，芽生える
	はやす	生やす
	き	生糸，生地，生一本
	なま	生の野菜，生水，生々しい

*芝生（しばふ），弥生（やよい）

成	セイ	成功，完成，賛成
	△ジョウ	成就，成仏
	なる	成る，成り立つ
	なす	成す，成し遂げる
西	セイ	西暦，西部，北西
	サイ	西国，東西
	にし	西，西日
声（聲）	セイ	声楽，声援，名声
	△ショウ	大音声
	こえ	声，呼び声，歌声
	△こわ	声色
制	セイ	制度，制限，統制
姓	セイ	姓名，改姓，同姓
	ショウ	百姓
征	セイ	征服，遠征，出征
性	セイ	性質，理性，男性

	ショウ	性分, 相性, 根性	婿	セイ	女婿
青	セイ	青天, 青銅, 青年		むこ	婿, 花婿
	△ショウ	緑青, 紺青, 群青	晴	セイ	晴天, 晴雨, 快晴
	あお	青, 青ざめる		はれる	晴れる, 晴れ, 晴れやかだ
	あおい	青い, 青さ		はらす	晴らす, 気晴らし
	*真っ青 (まっさお)		勢	セイ	勢力, 優勢, 情勢
斉 (齊)	セイ	斉唱, 一斉		いきおい	勢い
政	セイ	政治, 行政, 家政	聖	セイ	聖書, 聖人, 神聖
	△ショウ	摂政	誠	セイ	誠実, 誠意, 至誠
	まつりごと	政		まこと	誠, 誠に
星	セイ	星座, 流星, 衛星	精	セイ	精米, 精密, 精力
	△ショウ	明星		△ショウ	精進, 不精
	ほし	星, 黒星	製	セイ	製造, 製鉄, 鉄製
牲	セイ	犠牲	誓	セイ	誓約, 誓詞, 宣誓
省	セイ	反省, 内省, 帰省		ちかう	誓う, 誓い
	ショウ	省略, 各省	静 (靜)	セイ	静止, 静穏, 安静
	かえりみる	省みる ←→顧みる		△ジョウ	静脈
	はぶく	省く		しず	静々と, 静けさ
凄	セイ	凄惨, 凄絶		しずか	静かだ
逝	セイ	逝去, 急逝, 長逝		しずまる	静まる ←→鎮まる
	ゆく	逝く ←→行く		しずめる	静める
	いく	逝く ←→行く			←→鎮める, 沈める
清	セイ	清潔, 清算, 粛清	請	セイ	請求, 請願, 申請
	△ショウ	六根清浄		△シン	普請
	きよい	清い, 清らかだ		こう	請う ←→乞う
	きよまる	清まる		うける	請ける, 請負, 下請け
	きよめる	清める			←→受ける
	*清水 (しみず)		整	セイ	整理, 整列, 調整
盛	セイ	盛大, 隆盛, 全盛		ととのえる	整える ←→調える
	△ジョウ	繁盛		ととのう	整う ←→調う
	もる	盛る, 盛り上がる	醒	セイ	覚醒
	さかる	燃え盛る, 盛り, 花盛り	税	ゼイ	税金, 免税, 関税
	さかん	盛んだ, 盛んに			

夕	セキ	今夕，一朝一夕
	ゆう	夕方，夕日，夕べ
	*七夕（たなばた）	
斥	セキ	斥候，排斥
石	セキ	石材，岩石，宝石
	△シャク	磁石
	△コク	石高，千石船
	いし	石，小石
赤	セキ	赤道，赤貧，発赤
	△シャク	赤銅
	あか	赤，赤字，赤ん坊
	あかい	赤い
	あからむ	赤らむ
	あからめる	赤らめる
	*真っ赤（まっか）	
昔	セキ	昔日，昔年，昔時
	△シャク	今昔
	むかし	昔，昔話
析	セキ	析出，分析，解析
席	セキ	席上，座席，出席
	*寄席（よせ）	
脊	セキ	脊髄，脊柱
隻	セキ	隻手，数隻
惜	セキ	惜敗，痛惜，愛惜
	おしい	惜しい
	おしむ	惜しむ，負け惜しみ
戚	セキ	親戚
責	セキ	責務，責任，職責
	せめる	責める，責め
跡	セキ	追跡，旧跡，遺跡
	あと	跡，足跡，屋敷跡 ←→後，痕
積	セキ	積雪，蓄積，面積

	つむ	積む，下積み
	つもる	積もる，見積書
績	セキ	紡績，成績，業績
籍	セキ	書籍，戸籍，本籍
切	セツ	切断，親切，切に
	△サイ	一切
	きる	切る ←→斬る
	きれる	切れる
折	セツ	折衷，折衝，屈折
	おる	折る，折り紙，折り箱
	おり	折，……する折
	おれる	折れる，名折れ
拙	セツ	拙劣，拙速，巧拙
	つたない	拙い
窃（竊）	セツ	窃盗，窃取
接	セツ	接触，接待，直接
	つぐ	接ぐ，接ぎ木，骨接ぎ ←→継ぐ
設	セツ	設立，設備，建設
	もうける	設ける
雪	セツ	雪辱，降雪，積雪
	ゆき	雪，雪解け，初雪
	*雪崩（なだれ），吹雪（ふぶき）	
摂（攝）	セツ	摂取，摂生
節（節）	セツ	節約，季節，関節
	△セチ	お節料理
	ふし	節，節穴
説	セツ	説明，小説，演説
	△ゼイ	遊説
	とく	説く
舌	ゼツ	舌端，弁舌，筆舌
	した	舌，猫舌，二枚舌
絶	ゼツ	絶妙，絶食，断絶

	たえる	絶える
	たやす	絶やす
	たつ	絶つ ←→裁つ,断つ
千	セン	千円,千人力,千差万別
	ち	千草,千々に
川	セン	川柳,河川
	かわ	川,川岸,小川 ←→河
	＊川原（かわら）	
仙	セン	仙骨,仙人,酒仙
占	セン	占拠,占星術,独占
	しめる	占める,買い占め
	うらなう	占う,占い
先	セン	先方,先生,率先
	さき	先,先立つ
宣	セン	宣言,宣誓,宣伝
専（専）	セン	専門,専属,専用
	もっぱら	専ら
泉	セン	泉水,源泉,温泉
	いずみ	泉
浅（淺）	セン	浅薄,浅学,深浅
	あさい	浅い,浅瀬,遠浅
洗	セン	洗面,洗練,洗剤
	あらう	洗う
染	セン	染色,染料,汚染
	そめる	染める,染め物
	そまる	染まる
	しみる	染みる,油染みる
	しみ	染み,染み抜き
扇	セン	扇子,扇風機,扇状地
	おうぎ	扇,舞扇
栓	セン	栓,給水栓,消火栓

旋	セン	旋回,旋律,周旋
船	セン	船舶,乗船,汽船
	ふね	船,大船,親船 ←→舟
	△ふな	船旅,船賃
戦（戰）	セン	戦争,苦戦,論戦
	いくさ	戦,勝ち戦
	たたかう	戦う,戦い ←→闘う
煎	セン	煎茶
	いる	煎る,煎り豆
羨	セン	羨望
	うらやむ	羨む
	うらやましい	羨ましい
腺	セン	前立腺,涙腺
詮	セン	詮索,所詮
践（踐）	セン	実践
箋	セン	処方箋,便箋
銭（錢）	セン	銭湯,金銭
	ぜに	銭,銭入れ,小銭
潜（潛）	セン	潜水,潜在的,沈潜
	ひそむ	潜む
	もぐる	潜る,潜り込む
線	セン	線路,点線,光線
遷	セン	遷延,遷都,変遷
選	セン	選択,選挙,当選
	えらぶ	選ぶ
薦	セン	推薦,自薦
	すすめる	薦める ←→進める,勧める
繊（纖）	セン	繊細,繊維,化繊

鮮	セン	鮮魚，鮮明，新鮮			よい	善い ←→良い	
	あざやか	鮮やかだ		然	ゼン	当然，自然，必然	
全	ゼン	全部，全国，完全			ネン	天然	
	まったく	全く，全うする		禅（禪）	ゼン	禅宗，禅寺，座禅	
	すべて	全て		漸	ゼン	漸次，漸進的，東漸	
前	ゼン	前後，以前，空前		膳	ゼン	膳，配膳	
	まえ	前，前向き，名前		繕	ゼン	修繕，営繕	
善	ゼン	善悪，善処，慈善			つくろう	繕う，繕い	

そ

狙	ソ	狙撃		遡［遡］	ソ	遡及，遡上
	ねらう	狙う，狙い			さかのぼる	遡る
阻	ソ	阻止，阻害，険阻		礎	ソ	礎石，基礎，定礎
	はばむ	阻む			いしずえ	礎
祖（祖）	ソ	祖父，祖述，元祖		双（雙）	ソウ	双肩，双方，無双
租	ソ	租税，公租公課			ふた	双子，双葉
素	ソ	素材，元素，平素				←→二
	ス	素顔，素手，素性		壮（壯）	ソウ	壮大，壮健，強壮
	＊素人（しろうと）			早	ソウ	早朝，早晩，早々に
措	ソ	措置，措辞，挙措			△サッ	早速，早急
粗	ソ	粗密，粗野，精粗			はやい	早い，早口，素早い
	あらい	粗い ←→荒い				←→速い
組	ソ	組織，組成，改組			はやまる	早まる ←→速まる
	くむ	組む，組み込む			はやめる	早める ←→速める
	くみ	組，組長，赤組			＊早乙女（さおとめ），早苗（さなえ）	
疎	ソ	疎密，疎外，親疎		争（爭）	ソウ	争議，競争，紛争
	うとい	疎い			あらそう	争う，争い
	うとむ	疎む，疎ましい		走	ソウ	走行，競走，滑走
訴	ソ	訴訟，告訴，哀訴			はしる	走る，先走る
	うったえる	訴える，訴え			＊師走（しわす）	
塑	ソ	塑像，彫塑，可塑性		奏	ソウ	奏楽，演奏，合奏

247

	かなでる	奏でる
相	ソウ	相当，相談，真相
	ショウ	首相，宰相
	あい	相手，相宿
	＊相撲（すもう）	
荘（莊）	ソウ	荘厳，荘重，別荘
草	ソウ	草案，雑草，牧草
	くさ	草，草花，語り草
	＊草履（ぞうり）	
送	ソウ	送別，放送，運送
	おくる	送る，見送り
		←→贈る
倉	ソウ	倉庫，穀倉
	くら	倉，倉敷料
		←→蔵
捜（搜）	ソウ	捜索，捜査
	さがす	捜す　←→探す
挿（插）	ソウ	挿入，挿話
	さす	挿す，挿絵，挿し木
		←→差す，刺す，指す
桑	ソウ	桑園
	くわ	桑，桑畑
巣（巢）	ソウ	営巣，卵巣，病巣
	す	巣，巣箱，巣立つ
掃	ソウ	掃除，清掃，一掃
	はく	掃く
曹	ソウ	法曹，法曹界，陸曹
曽（曾）	ソウ	曽祖父，曽孫
	△ゾ	未曽有
爽	ソウ	爽快
	さわやか	爽やかだ
窓	ソウ	車窓，同窓，深窓
	まど	窓，窓口，出窓

創	ソウ	創造，独創，刀創
	つくる	創る　←→作る，造る
喪	ソウ	喪失
	も	喪，喪服，喪主
痩（瘦）	ソウ	痩身
	やせる	痩せる
葬	ソウ	葬儀，埋葬，会葬
	ほうむる	葬る
装（裝）	ソウ	装置，服装，変装
	ショウ	装束，衣装
	よそおう	装う，装い
僧（僧）	ソウ	僧院，高僧，尼僧
想	ソウ	想像，感想，予想
	△ソ	愛想
層（層）	ソウ	層雲，高層，断層
総（總）	ソウ	総合，総意，総括
遭	ソウ	遭遇，遭難
	あう	遭う　←→合う，会う
槽	ソウ	水槽，浴槽
踪	ソウ	失踪
操	ソウ	操縦，操作，節操
	みさお	操
	あやつる	操る，操り人形
燥	ソウ	乾燥，焦燥，高燥
霜	ソウ	霜害，晩霜
	しも	霜，霜柱，初霜
騒（騷）	ソウ	騒動，騒音，物騒
	さわぐ	騒ぐ，騒ぎ，騒がしい
藻	ソウ	藻類，海藻，詞藻
	も	藻

造	ゾウ	造船，造花，構造
	つくる	造る ←→作る，創る
像	ゾウ	肖像，現像，想像
増（增）	ゾウ	増減，増加，激増
	ます	増す，水増し
	ふえる	増える ←→殖える
	ふやす	増やす ←→殖やす
憎（憎）	ゾウ	憎悪，愛憎
	にくむ	憎む
	にくい	憎い，憎さ
	にくらしい	憎らしい
	にくしみ	憎しみ
蔵（藏）	ゾウ	蔵書，貯蔵，土蔵
	くら	蔵，酒蔵 ←→倉
贈（贈）	ゾウ	贈与，贈呈，贈答
	△ソウ	寄贈
	おくる	贈る，贈り物 ←→送る

*「寄贈」は，「キゾウ」とも。

臓（臟）	ゾウ	臓器，内臓，心臓
即（卽）	ソク	即応，即席，即興
束	ソク	束縛，結束，約束
	たば	束，花束，束ねる
足	ソク	足跡，遠足，補足
	あし	足，足音，素足 ←→脚
	たりる	足りる
	たる	舌足らず
	たす	足す

*足袋（たび）

促	ソク	促進，促成，催促
	うながす	促す
則	ソク	法則，鉄則，変則

| 息 | ソク | 休息，消息，子息 |
| | いき | 息，息巻く，吐息 |

*息吹（いぶき），息子（むすこ）

捉	ソク	捕捉
	とらえる	捉える ←→捕らえる
速	ソク	速度，敏速，時速
	はやい	速い，速さ ←→早い
	はやめる	速める ←→早める
	はやまる	速まる ←→早まる
	すみやか	速やかだ
側	ソク	側面，側近，側壁
	がわ	側，裏側，片側

*「かわ」とも。

測	ソク	測量，目測，推測
	はかる	測る ←→計る，量る，図る
俗	ゾク	俗事，風俗，民俗
族	ゾク	一族，家族，民族
属（屬）	ゾク	属性，従属，金属
賊	ゾク	賊軍，盗賊
続（續）	ゾク	続出，続行，連続
	つづく	続く，続き
	つづける	続ける
卒	ソツ	卒業，卒中，兵卒
率	ソツ	率先，引率，軽率
	リツ	比率，能率，百分率
	ひきいる	率いる
存	ソン	存在，存続，既存
	ゾン	存分，保存，存じます
村	ソン	村長，村落，農村
	むら	村，村里，村芝居

249

孫	ソン	子孫, 嫡孫
	まご	孫
尊	ソン	尊敬, 尊大, 本尊
	たっとい	尊い ←→貴い
	とうとい	尊い ←→貴い
	たっとぶ	尊ぶ ←→貴ぶ
	とうとぶ	尊ぶ ←→貴ぶ

損	ソン	損失, 欠損, 破損
	そこなう	損なう, 見損なう
	そこねる	損ねる
遜〔遜〕	ソン	謙遜, 不遜

た

他	タ	他国, 自他, 排他的
	ほか	他, ○○の他
		←→外
多	タ	多少, 多数, 雑多
	おおい	多い
汰	タ	沙汰
打	ダ	打撃, 打破, 乱打
	うつ	打つ ←→撃つ, 討つ
妥	ダ	妥当, 妥結, 妥協
唾	ダ	唾液, 唾棄
	つば	唾, 眉唾
	＊固唾（かたず）	
	＊「唾」は,「つばき」とも。	
堕〔墮〕	ダ	堕落
惰	ダ	惰眠, 惰気, 怠惰
駄	ダ	駄菓子, 駄作, 無駄
太	タイ	太陽, 太鼓, 皇太子
	タ	丸太
	ふとい	太い
	ふとる	太る
	＊太刀（たち）	
対〔對〕	タイ	対立, 絶対, 反対
	ツイ	対句, 一対

体〔體〕	タイ	体格, 人体, 主体
	テイ	体裁, 風体
	からだ	体, 体つき
耐	タイ	耐久, 耐火, 忍耐
	たえる	耐える ←→堪える
待	タイ	待機, 待遇, 期待
	まつ	待つ, 待ち遠しい
怠	タイ	怠惰, 怠慢
	おこたる	怠る
	なまける	怠ける, 怠け者
胎	タイ	胎児, 受胎, 母胎
退	タイ	退却, 退屈, 進退
	しりぞく	退く
	しりぞける	退ける
	＊立ち退く（たちのく）	
帯〔帶〕	タイ	携帯, 地帯, 連帯
	おびる	帯びる
	おび	帯, 角帯
泰	タイ	泰然, 泰斗, 安泰
堆	タイ	堆積
袋	タイ	風袋, 郵袋
	ふくろ	袋, 紙袋
	＊足袋（たび）	

逮	タイ	逮捕，逮夜	
替	タイ	代替	
	かえる	替える，両替 ←→換える，代える，変える	
	かわる	替わる ←→換わる，代わる，変わる	
	＊為替（かわせ）		
貸	タイ	貸借，貸与，賃貸	
	かす	貸す，貸し	
隊	タイ	隊列，軍隊，部隊	
滞（滯）	タイ	滞在，滞貨，沈滞	
	とどこおる	滞る	
態	タイ	態勢，形態，容態	
戴	<u>タイ</u>	<u>戴冠，頂戴</u>	
大	ダイ	大小，大胆，拡大	
	タイ	大衆，大した，大して	
	おお	大型，大通り，大水	
	おおきい	大きい，大きさ，大きな	
	おおいに	大いに	
	＊大人（おとな），<u>大和（やまと）</u>		
代	ダイ	代理，世代，現代	
	タイ	代謝，交代	
	かわる	代わる，代わり ←→換わる，替わる，変わる	
	かえる	代える ←→換える，替える，変える	
	よ	代，神代	
	しろ	代物，苗代	
台（臺）	ダイ	台地，灯台，一台	
	タイ	台風，舞台	
第	ダイ	第一，第三者，及第	
題	ダイ	題名，問題，出題	

滝（瀧）	たき	滝，滝つぼ	
宅	タク	宅地，自宅，帰宅	
択（擇）	タク	選択，採択，二者択一	
沢（澤）	タク	光沢，潤沢	
	さわ	沢	
卓	タク	卓越，卓球，食卓	
拓	タク	拓本，開拓	
託	タク	託宣，委託，結託	
濯	タク	洗濯	
諾	ダク	諾否，承諾，快諾	
濁	ダク	濁流，濁音，清濁	
	にごる	濁る，濁り	
	にごす	濁す	
但	ただし	但し，但し書き	
達	タツ	達人，調達，伝達	
	＊友達（ともだち）		
脱	ダツ	脱衣，脱出，虚脱	
	ぬぐ	脱ぐ	
	ぬげる	脱げる	
奪	ダツ	奪回，奪取，争奪	
	うばう	奪う，奪い取る	
棚	たな	棚，戸棚，大陸棚	
誰	<u>だれ</u>	<u>誰</u>	
丹	タン	丹念，丹精	
旦	<u>タン</u>	<u>一旦，元旦</u>	
	<u>ダン</u>	<u>旦那</u>	
担（擔）	タン	担当，担架，負担	
	かつぐ	担ぐ	
	になう	担う	
単（單）	タン	単独，単位，簡単	

炭	タン	炭鉱，木炭，石炭		団（團）	ダン	団結，団地，集団
	すみ	炭，炭火，消し炭			△トン	布団
胆（膽）	タン	大胆，落胆，魂胆		男	ダン	男子，男女，男性
探	タン	探求，探訪，探知			ナン	長男，美男，善男善女
	さぐる	探る，探り			おとこ	男，男らしい
	さがす	探す　←→捜す		段	ダン	段落，階段，手段
淡	タン	淡水，濃淡，冷淡		断（斷）	ダン	断絶，断定，判断
	あわい	淡い，淡雪			たつ	断つ，塩断ち　←→裁つ，絶つ
短	タン	短歌，短所，長短			ことわる	断る，断り
	みじかい	短い		弾（彈）	ダン	弾力，弾圧，爆弾
嘆（嘆）	タン	嘆息，嘆願，驚嘆			ひく	弾く，弾き手　←→引く
	なげく	嘆く，嘆き			はずむ	弾む，弾み
	なげかわしい	嘆かわしい			たま	弾　←→玉，球
端	タン	端正，末端，極端		暖	ダン	暖流，暖房，温暖
	はし	端，片端			あたたか	暖かだ　←→温か
	は	端数，半端，軒端			あたたかい	暖かい　←→温かい
	はた	端，川端，道端			あたたまる	暖まる　←→温まる
綻	タン	破綻			あたためる	暖める　←→温める
	ほころびる	綻びる		談	ダン	談話，談判，相談
誕	タン	誕生，生誕		壇	ダン	壇上，花壇，文壇
鍛	タン	鍛錬			△タン	土壇場
	きたえる	鍛える，鍛え方				
	*鍛冶（かじ）					

ち

地	チ	地下，天地，境地			しる	知る，物知り
	ジ	地面，地震，地元		値	チ	価値，数値，絶対値
	*心地（ここち），意気地（いくじ）				ね	値，値段
池	チ	貯水池，電池			あたい	値，値する　←→価
	いけ	池，古池		恥	チ	恥辱，無恥，破廉恥
知	チ	知識，知人，通知			はじる	恥じる，恥じ入る

	はじ	恥，生き恥
	はじらう	恥じらう，恥じらい
	はずかしい	恥ずかしい
致	チ	誘致，合致，風致
	いたす	致す
遅（遲）	チ	遅延，遅刻，遅速
	おくれる	遅れる，遅れ ←→後れる
	おくらす	遅らす
	おそい	遅い，遅咲き
痴（癡）	チ	痴情，愚痴
稚	チ	稚魚，稚拙，幼稚
	*稚児（ちご）	
置	チ	位置，放置，処置
	おく	置く
緻	<u>チ</u>	<u>緻密，精緻</u>
竹	チク	竹林，竹馬の友，爆竹
	たけ	竹，竹やぶ，さお竹
	*竹刀（しない）	
畜	チク	畜産，牧畜，家畜
逐	チク	逐次，逐一，駆逐
蓄	チク	蓄積，蓄電池，貯蓄
	たくわえる	蓄える，蓄え
築	チク	築港，建築，改築
	きずく	築く，築き上げる
	*築山（つきやま）	
秩	チツ	秩序
窒	チツ	窒息，窒素
茶	チャ	茶色，茶番劇，番茶
	サ	茶菓，茶話会，喫茶
着	チャク	着用，着手，土着
	△ジャク	愛着，執着

	きる	着る，着物，晴れ着
	きせる	着せる，お仕着せ
	つく	着く，船着き場 ←→付く，就く
	つける	着ける ←→付ける，就ける

*「愛着」，「執着」は，「アイチャク」，「シュウチャク」とも。

嫡	チャク	嫡子，嫡流
中	チュウ	中央，中毒，胸中
	△ジュウ	○○中
	なか	中，中庭，真ん中 ←→仲
仲	チュウ	仲介，仲裁，伯仲
	なか	仲，仲間 ←→中
	*仲人（なこうど）	
虫（蟲）	チュウ	虫類，幼虫，害虫
	むし	虫，毛虫
沖	チュウ	沖積層，沖天，沖す
	おき	沖
宙	チュウ	宙返り，宇宙
忠	チュウ	忠実，忠勤，誠忠
抽	チュウ	抽出，抽象
注	チュウ	注入，注意，発注
	そそぐ	注ぐ
昼（晝）	チュウ	昼夜，昼食，白昼
	ひる	昼，昼寝，真昼
柱	チュウ	支柱，円柱，電柱
	はしら	柱，帆柱，大黒柱
衷	チュウ	衷心，折衷，苦衷
酎	<u>チュウ</u>	<u>焼酎</u>
鋳（鑄）	チュウ	鋳造，鋳鉄，改鋳
	いる	鋳る，鋳物，鋳型

駐	チュウ	駐車，駐在，進駐
著（著）	チョ	著名，著作，顕著
	あらわす	著す ←→表す，現す
	いちじるしい	著しい，著しさ

貯	チョ	貯蓄，貯金，貯水池

丁	チョウ	丁数，落丁，二丁目
	テイ	丁字路，甲乙丙丁

弔	チョウ	弔問，弔辞，慶弔
	とむらう	弔う，弔い

庁（廳）	チョウ	庁舎，官庁，県庁

兆	チョウ	兆候，前兆，億兆
	きざす	兆す
	きざし	兆し

町	チョウ	町会，市町村
	まち	町，町外れ ←→街

長	チョウ	長女，長所，成長
	ながい	長い，長さ ←→永い

挑	チョウ	挑戦，挑発
	いどむ	挑む

帳	チョウ	帳面，帳簿，通帳
		＊蚊帳（かや）

張	チョウ	張力，拡張，主張
	はる	張る，欲張る，引っ張る ←→貼る

彫	チョウ	彫刻，彫塑，木彫
	ほる	彫る，木彫り

眺	チョウ	眺望
	ながめる	眺める，眺め

釣	チョウ	釣果，釣魚，釣艇
	つる	釣る，釣り，釣り合い

頂	チョウ	頂上，頂点，絶頂
	いただく	頂く，頂き物
	いただき	頂
		＊「山頂」の意。

鳥	チョウ	鳥類，野鳥，一石二鳥
	とり	鳥，鳥居，小鳥
		＊鳥取（とっとり）県

朝	チョウ	朝食，早朝，今朝
	あさ	朝，朝日，毎朝
		＊今朝（けさ）

貼	チョウ	貼付
	はる	貼る ←→張る
		＊「貼付」は，「テンプ」とも。

超	チョウ	超越，超過，入超
	こえる	超える ←→越える
	こす	超す ←→越す

腸	チョウ	腸炎，大腸，胃腸

跳	チョウ	跳躍
	はねる	跳ねる
	とぶ	跳ぶ，縄跳び ←→飛ぶ

徴（徵）	チョウ	徴収，特徴，象徴

嘲	チョウ	嘲笑，自嘲
	あざける	嘲る

潮	チョウ	潮流，満潮，風潮
	しお	潮，潮風

澄	チョウ	清澄
	すむ	澄む，上澄み
	すます	澄ます，澄まし顔

調	チョウ	調和，調査，好調
	しらべる	調べる，調べ
	ととのう	調う ←→整う

	ととのえる	調える ←→整える	捗	チョク	進捗	
聴（聽）	チョウ	聴覚，聴衆，傍聴	沈	チン	沈滞，沈黙，浮沈	
	きく	聴く ←→聞く		しずむ	沈む，浮き沈み	
懲（懲）	チョウ	懲罰，懲戒，懲役		しずめる	沈める ←→静める，鎮める	
	こりる	懲りる，性懲りもなく				
	こらす	懲らす	珍	チン	珍客，珍重，珍妙	
	こらしめる	懲らしめる		めずらしい	珍しい，珍しさ，珍しがる	
直	チョク	直立，直接，実直	朕	チン		
	ジキ	直訴，直筆，正直	陳	チン	陳列，陳謝，開陳	
	ただちに	直ちに	賃	チン	賃金，賃上げ，運賃	
	なおす	直す，手直し ←→治す	鎮（鎭）	チン	鎮座，鎮静，重鎮	
	なおる	直る，仲直り ←→治る		しずめる	鎮める ←→静める，沈める	
勅（敕）	チョク	勅語，勅使，詔勅		しずまる	鎮まる ←→静まる	

つ

追	ツイ	追跡，追放，訴追		いたむ	痛む，痛み，痛ましい ←→傷む，悼む	
	おう	追う		いためる	痛める ←→傷める	
椎	ツイ	椎間板，脊椎				
墜	ツイ	墜落，墜死，撃墜	塚（塚）	つか	塚，貝塚	
通	ツウ	通行，通読，普通	漬	つける	漬ける，漬物	
	ツ	通夜		つかる	漬かる	
	とおる	通る，通り	坪	つぼ	坪数，建坪	
	とおす	通す，通し	爪	つめ	爪，生爪	
	かよう	通う，通い		△つま	爪先，爪弾く	
痛	ツウ	痛快，苦痛，心痛	鶴	つる	鶴，千羽鶴	
	いたい	痛い，痛さ				

て

低	テイ	低級，低気圧，高低		ひくい	低い，低さ

	ひくめる	低める
	ひくまる	低まる
呈	テイ	呈上, 進呈, 贈呈
廷	テイ	宮廷, 法廷, 出廷
弟	テイ	弟妹, 義弟, 子弟
	△ダイ	兄弟
	△デ	弟子
	おとうと	弟
定	テイ	定価, 安定, 決定
	ジョウ	定石, 定紋, 必定
	さだめる	定める, 定め
	さだまる	定まる
	さだか	定かだ
底	テイ	底流, 海底, 到底
	そこ	底, 奥底
抵	テイ	抵抗, 抵触, 大抵
邸	テイ	邸宅, 邸内, 私邸
亭	テイ	亭主, 料亭
貞	テイ	貞淑, 貞操, 貞節
帝	テイ	帝王, 帝国, 皇帝
訂	テイ	訂正, 改訂
庭	テイ	庭園, 校庭, 家庭
	にわ	庭, 庭先
逓 (遞)	テイ	逓信, 逓送, 逓減
停	テイ	停止, 停車, 調停
偵	テイ	偵察, 探偵, 内偵
堤	テイ	堤防, 防波堤
	つつみ	堤
提	テイ	提供, 提案, 前提
	さげる	提げる, 手提げ ←→下げる
程	テイ	程度, 日程, 過程
	ほど	程, 程遠い, 身の程
艇	テイ	艦艇, 舟艇, 競艇
締	テイ	締結
	しまる	締まる, 締まり ←→閉まる, 絞まる
	しめる	締める, 締め切る, 引き締め ←→閉める, 絞める
諦	テイ	諦観, 諦念
	あきらめる	諦める
泥	デイ	泥土, 雲泥, 拘泥
	どろ	泥, 泥沼, 泥棒
的	テキ	的中, 目的, 科学的
	まと	的, 的外れ
笛	テキ	汽笛, 警笛, 牧笛
	ふえ	笛, 口笛
摘	テキ	摘要, 摘発, 指摘
	つむ	摘む, 摘み草
滴	テキ	水滴, 点滴, 一滴
	しずく	滴
	したたる	滴る, 滴り
適	テキ	適切, 適度, 快適
敵	テキ	敵, 敵意, 匹敵
	かたき	敵, 敵役, 商売敵
溺	デキ	溺愛, 溺死
	おぼれる	溺れる
迭	テツ	更迭
哲	テツ	哲学, 哲人, 先哲
鉄 (鐵)	テツ	鉄道, 鉄筋, 鋼鉄
徹	テツ	徹底, 徹夜, 貫徹
撤	テツ	撤去, 撤回, 撤兵
天	テン	天地, 天然, 雨天

	あめ	天	
	△あま	天の川，天下り	
典	テン	典拠，古典，式典	
店	テン	店舗，開店，本店	
	みせ	店，夜店	
点（點）	テン	点線，点火，採点	
展	テン	展示，展開，発展	
添	テン	添加，添付，添削	
	そえる	添える，添え手紙	
	そう	添う，付き添う	
		←→沿う	
転（轉）	テン	転出，回転，運転	
	ころがる	転がる	
	ころげる	転げる	
	ころがす	転がす	
	ころぶ	転ぶ	

塡	テン	装塡，補塡
田	デン	田地，水田，油田
	た	田，田植え
	＊田舎（いなか）	
伝（傳）	デン	伝言，伝統，宣伝
	つたわる	伝わる
	つたえる	伝える，言い伝え
	つたう	伝う
	＊伝馬船（てんません），手伝（てつだ）う	
殿	デン	殿堂，宮殿，貴殿
	テン	御殿
	との	殿様，殿方
	どの	○○殿
電	デン	電気，電報，発電

と

斗	ト	斗酒，北斗七星	
吐	ト	吐露，吐血，音吐朗々	
	はく	吐く，吐き気	
妬	ト	嫉妬	
	ねたむ	妬む	
徒	ト	徒歩，徒労，信徒	
途	ト	途上，帰途，前途	
都（都）	ト	都会，都心，首都	
	ツ	都合，都度	
	みやこ	都，都落ち	
渡	ト	渡航，渡河，譲渡	
	わたる	渡る，渡り	
	わたす	渡す，渡し	
塗	ト	塗布，塗装，塗料	

	ぬる	塗る，塗り
賭	ト	賭場，賭博
	かける	賭ける，賭け
		←→掛ける，懸ける，架ける
土	ド	土木，国土，粘土
	ト	土地
	つち	土，赤土
	＊土産（みやげ）	
奴	ド	奴隷，守銭奴
努	ド	努力
	つとめる	努める，努めて〔副〕
		←→勤める，務める
度	ド	度胸，制度，限度
	ト	法度

	タク	支度
	たび	度，度重なる，この度
怒	ド	怒号，怒気，激怒
	いかる	怒る，怒り，怒り狂う
	おこる	怒る
刀	トウ	刀剣，短刀，名刀
	かたな	刀
		＊太刀（たち），竹刀（しない）
冬	トウ	冬季，冬至，越冬
	ふゆ	冬，冬枯れ
灯（燈）	トウ	灯火，電灯，点灯
	ひ	灯 ←→火
当（當）	トウ	当惑，当然，妥当
	あたる	当たる，当たり
	あてる	当てる，当て ←→宛てる，充てる
投	トウ	投資，投下，暴投
	なげる	投げる，身投げ
		＊投網（とあみ）
豆	トウ	豆腐，納豆
	△ズ	大豆
	まめ	豆，豆粒，煮豆
		＊小豆（あずき）
東	トウ	東西，東国，以東
	ひがし	東，東側
到	トウ	到着，到底，周到
逃	トウ	逃走，逃亡，逃避
	にげる	逃げる，夜逃げ
	にがす	逃がす
	のがす	逃す，見逃す
	のがれる	逃れる，一時逃れ
倒	トウ	倒産，圧倒，傾倒
	たおれる	倒れる，共倒れ

	たおす	倒す
凍	トウ	凍結，凍死，冷凍
	こおる	凍る，凍り付く
	こごえる	凍える，凍え死に
唐	トウ	唐本，唐突
	から	唐織，唐草模様
島	トウ	島民，半島，列島
	しま	島，島国，離れ島
桃	トウ	桃源郷，白桃，桜桃
	もも	桃，桃色
討	トウ	討伐，討論，検討
	うつ	討つ，敵討ち ←→打つ，撃つ
透	トウ	透写，透明，浸透
	すく	透く
	すかす	透かす，透かし
	すける	透ける
党（黨）	トウ	党派，政党，徒党
悼	トウ	悼辞，哀悼，追悼
	いたむ	悼む ←→痛む，傷む
盗（盗）	トウ	盗難，盗用，強盗
	ぬすむ	盗む，盗み
陶	トウ	陶器，陶酔，薫陶
塔	トウ	五重の塔，石塔
搭	トウ	搭載，搭乗，搭乗券
棟	トウ	上棟，病棟
	むね	棟，別棟
	△むな	棟木
湯	トウ	湯治，熱湯，微温湯
	ゆ	湯，湯水，煮え湯
痘	トウ	種痘，水痘，天然痘
登	トウ	登壇，登校，登記
	ト	登山，登城

	のぼる	登る，山登り ←→上る，昇る		ほら	洞穴
答	トウ こたえる こたえ	答弁，応答，問答 答える　←→応える 答え	胴	ドウ	胴体，双胴船
等	トウ ひとしい	等分，等級，平等 等しい	動	ドウ うごく うごかす	動物，活動，騒動 動く，動き 動かす
筒	トウ つつ	封筒，水筒，円筒形 筒，筒抜け	堂	ドウ	堂々と，殿堂，母堂
統	トウ すべる	統一，統計，伝統 統べる	童	ドウ わらべ	童話，童心，児童 童，童歌
稲（稻）	トウ いね △いな	水稲，陸稲 稲，稲刈り 稲作，稲穂	道	ドウ △トウ みち	道路，道徳，報道 神道 道，近道
踏	トウ ふむ ふまえる	踏破，踏襲，高踏的 踏む，足踏み 踏まえる	働	ドウ はたらく	労働，実働 働く，働き
糖	トウ	糖分，砂糖，製糖	銅	ドウ	銅器，銅像，青銅
頭	トウ ズ △ト あたま かしら	頭部，年頭，船頭 頭脳，頭上，頭痛 音頭 頭，頭金，頭打ち 頭，頭文字，旗頭	導	ドウ みちびく	導入，指導，半導体 導く，導き
謄	トウ	謄写，謄本	瞳	ドウ ひとみ	瞳孔 瞳
藤	トウ ふじ	葛藤 藤，藤色	峠	とうげ	峠，峠道
闘（鬪）	トウ たたかう	闘争，闘志，戦闘 闘う，闘い ←→戦う	匿	トク	匿名，隠匿
			特	トク	特殊，特産，独特
騰	トウ	騰貴，暴騰，沸騰	得	トク える うる	得意，会得，損得 得る　←→獲る 得るところ，書き得る
同	ドウ おなじ	同情，異同，混同 同じ，同じだ，同い年	督	トク	督促，督励，監督
			徳（德）	トク	徳義，徳用，道徳
			篤	トク	篤農，危篤，懇篤
			毒	ドク	毒薬，毒舌，中毒
洞	ドウ	洞穴，洞察，空洞	独（獨）	ドク ひとり	独立，独断，単独 独り，独り者

読（讀）	ドク	読書，音読，購読
	トク	読本
	△トウ	読点，句読点
	よむ	読む，読み
		←→詠む
	＊読経（どきょう）	
栃	△とち	＊栃木県
凸	トツ	凸版，凸レンズ，凹凸
	＊凸凹（でこぼこ）	
突（突）	トツ	突然，突端，衝突
	つく	突く，一突き
届（届）	とどける	届ける，届け
	とどく	届く，行き届く
屯	トン	駐屯，駐屯地

豚	トン	養豚
	ぶた	豚，子豚
頓	トン	頓着，整頓
貪	ドン	貪欲
	むさぼる	貪る
鈍	ドン	鈍感，鈍角，愚鈍
	にぶい	鈍い，鈍さ
	にぶる	鈍る
曇	ドン	曇天
	くもる	曇る，曇り
丼	どんぶり	丼，丼飯
	△どん	牛丼，天丼

な

那	ナ	刹那，旦那
奈	ナ	奈落
内	ナイ	内外，内容，家内
	△ダイ	内裏，参内
	うち	内，内側，内気
梨	なし	梨
謎［謎］	なぞ	謎
鍋	なべ	鍋，鍋料理
南	ナン	南北，南端，指南

	△ナ	南無
	みなみ	南，南向き
軟	ナン	軟化，軟弱，硬軟
	やわらか	軟らかだ
		←→柔らか
	やわらかい	軟らかい
		←→柔らかい
難（難）	ナン	難易，困難，非難
	かたい	許し難い，有り難い
	むずかしい	難しい，難しさ
	＊「むつかしい」とも。	

に

二	ニ	二番目，二分，十二月
	ふた	二重まぶた
	ふたつ	二つ ←→双

＊十重二十重（とえはたえ），二十・二十歳（はたち），二十日（はつか），二人（ふたり），二日（ふつか）

尼	ニ	尼僧，修道尼
	あま	尼，尼寺
弐（貳）	ニ	弐万円
匂	におう	匂う，匂い ←→臭う
肉	ニク	肉類，肉薄，筋肉
虹	にじ	虹
日	ニチ	日時，日光，毎日
	ジツ	連日，平日，休日
	ひ	日，日帰り，月曜日
	か	三日，十日
	*明日（あす），昨日（きのう），今日（きょう），一日（ついたち），二十日（はつか），日和（ひより），二日（ふつか）	
入	ニュウ	入学，侵入，収入
	いる	寝入る，大入り，気に入る ←→要る

乳	いれる	入れる，入れ物
	はいる	入る
	ニュウ	乳児，乳液，牛乳
	ちち	乳
	ち	乳首，乳飲み子
	*乳母（うば）	
尿	ニョウ	尿意，尿素，夜尿症
任	ニン	任意，任務，責任
	まかせる	任せる，人任せ
	まかす	任す
妊	ニン	妊娠，懐妊，不妊
忍	ニン	忍者，忍耐，残忍
	しのぶ	忍ぶ，忍び足，忍びやかだ
	しのばせる	忍ばせる
認	ニン	認識，承認，否認
	みとめる	認める

ね

寧	ネイ	安寧，丁寧
熱	ネツ	熱病，熱湯，情熱
	あつい	熱い，熱さ ←→暑い
年	ネン	年代，少年，豊年
	とし	年，年子，年寄り
	*今年（ことし）	
念	ネン	念願，信念，断念

捻	ネン	捻挫，捻出
粘	ネン	粘土，粘液，粘着
	ねばる	粘る，粘り，粘り強い
燃	ネン	燃焼，燃料，可燃性
	もえる	燃える，燃え尽きる
	もやす	燃やす
	もす	燃す

の

悩（惱）	ノウ	悩殺，苦悩，煩悩
	なやむ	悩む，悩み，悩ましい
	なやます	悩ます

納	ノウ	納入，納涼，収納
	△ナッ	納得，納豆
	△ナ	納屋
	△ナン	納戸

	△トウ	出納
	おさめる	納める，御用納め ←→収める
	おさまる	納まる，納まり ←→収まる
能	ノウ	能力，芸能，効能

脳 （腦）	ノウ	脳髄，首脳，頭脳
農	ノウ	農業，農具，酪農
濃	ノウ	濃厚，濃紺，濃淡
	こい	濃い，濃さ

は

把	ハ	把握，把持，一把（ワ），三把（バ），十把（パ）
		＊「把（ハ）」は，前に来る音によって「ワ」，「バ」，「パ」になる。
波	ハ	波浪，波及，電波
	なみ	波，波立つ，荒波
		＊波止場（はとば）
派	ハ	派遣，派生，流派
破	ハ	破壊，破産，撃破，破棄
	やぶる	破る，型破り
	やぶれる	破れる，破れ ←→敗れる
覇 （霸）	ハ	覇権，覇者，制覇
馬	バ	馬車，競馬，乗馬
	うま	馬，馬小屋
	△ま	馬子，絵馬
		＊伝馬船（てんません）
婆	バ	老婆，産婆役
罵	バ	罵声，罵倒
	ののしる	罵る
拝 （拜）	ハイ	拝見，拝礼，崇拝
	おがむ	拝む，拝み倒す
杯	ハイ	祝杯，銀杯，一杯
	さかずき	杯

背	ハイ	背後，背景，腹背
	せ	背，背丈，背中
	せい	背，上背
	そむく	背く
	そむける	背ける
肺	ハイ	肺臓，肺炎，肺活量
俳	ハイ	俳優，俳句，俳味
配	ハイ	配分，交配，心配
	くばる	配る
排	ハイ	排斥，排気，排除
敗	ハイ	敗北，腐敗，失敗
	やぶれる	敗れる ←→破れる
廃 （廢）	ハイ	廃止，廃物，荒廃
	すたれる	廃れる
	すたる	廃る，はやり廃り
輩	ハイ	輩出，同輩，先輩
売 （賣）	バイ	売買，売品，商売
	うる	売る，売り出す
	うれる	売れる，売れ行き
倍	バイ	倍率，倍加，二倍
梅 （梅）	バイ	梅園，梅雨，紅梅
	うめ	梅，梅見，梅酒
		＊梅雨（つゆ）
培	バイ	培養，栽培
	つちかう	培う

陪	バイ	陪席，陪食，陪審
媒	バイ	媒介，媒体，触媒
買	バイ	買収，売買，購買
	かう	買う，買い物
賠	バイ	賠償
白	ハク	白髪，紅白，明白
	ビャク	黒白
	しろ	白，白黒，真っ白
	△しら	白壁，白む，白ける
	しろい	白い
	＊白髪（しらが）	
伯	ハク	伯仲，画伯
	＊伯父（おじ），伯母（おば）	
拍	ハク	拍手，拍車，一拍
	△ヒョウ	拍子
泊	ハク	宿泊，停泊，外泊
	とまる	泊まる，泊まり
		←→止まる，留まる
	とめる	泊める
		←→止める，留める
迫	ハク	迫害，脅迫，切迫
	せまる	迫る
剝	ハク	剝製，剝奪
	はがす	剝がす
	はぐ	剝ぐ
	はがれる	剝がれる
	はげる	剝げる
舶	ハク	舶来，船舶
博	ハク	博識，博覧，博士号
	△バク	博労，博徒
	＊博士（はかせ）	
薄	ハク	薄情，薄謝，軽薄
	うすい	薄い，薄着，品薄

	うすめる	薄める
	うすまる	薄まる
	うすらぐ	薄らぐ
	うすれる	薄れる
麦（麥）	バク	麦芽，麦秋，精麦
	むぎ	麦，麦粉，小麦
漠	バク	漠然，広漠，砂漠
縛	バク	束縛，捕縛
	しばる	縛る，金縛り
爆	バク	爆発，爆弾，原爆
箱	はこ	箱，箱庭，小箱
箸	はし	箸
畑	はた	畑，畑作
	はたけ	畑，畑違い，麦畑
肌	はだ	肌，肌色，地肌
八	ハチ	八月，八方
	や	八重桜
	やつ	八つ当たり
	やっつ	八つ
	△よう	八日
	＊八百屋（やおや），八百長（やおちょう）	
鉢	ハチ	鉢，植木鉢
	△ハツ	
	＊衣鉢	
発（發）	ハツ	発明，発射，突発
	ホツ	発作，発端，発起
髪（髮）	ハツ	頭髪，白髪，整髪
	かみ	髪，髪結い，日本髪
	＊白髪（しらが）	
伐	バツ	伐採，征伐，殺伐
抜（拔）	バツ	抜群，選抜

	ぬく	抜く，くぎ抜き
	ぬける	抜ける，気抜け
	ぬかす	抜かす
	ぬかる	抜かる，抜かり
罰	バツ	罰金，処罰，天罰
	バチ	罰当たり
閥	バツ	門閥，財閥，派閥
反	ハン	反映，反対，違反
	△ホン	謀反
	△タン	反物
	そる	反る，反り
	そらす	反らす
半	ハン	半分，半面，大半
	なかば	半ば
氾	<u>ハン</u>	<u>氾濫</u>
犯	ハン	犯罪，共犯，侵犯
	おかす	犯す ←→侵す，冒す
帆	ハン	帆船，帆走，出帆
	ほ	帆，帆柱，帆前船
汎	<u>ハン</u>	<u>汎用</u>
伴	ハン	同伴，随伴
	バン	伴奏，伴食
	ともなう	伴う
判	ハン	判定，判明，裁判
	バン	Ａ判，大判
坂	ハン	急坂
	さか	坂，坂道，下り坂
阪	<u>ハン</u>	<u>阪神，京阪</u>

＊大阪（おおさか）府

板	ハン	乾板，鉄板
	バン	黒板，掲示板
	いた	板，板前
版	ハン	版画，写真版，出版
班	ハン	班長，救護班
畔	ハン	湖畔
般	ハン	諸般，一般，先般
販	ハン	販売，販路，市販
斑	<u>ハン</u>	<u>斑点</u>
飯	ハン	御飯，炊飯，赤飯
	めし	飯，飯粒，五目飯
搬	ハン	搬入，搬出，運搬
煩	ハン	煩雑
	△ボン	煩悩
	わずらう	煩う，煩い，煩わしい ←→患う
	わずらわす	煩わす
頒	ハン	頒布，頒価
範	ハン	範囲，師範，模範
繁（繁）	ハン	繁栄，繁茂，繁華街
藩	ハン	藩主，廃藩
晩（晩）	バン	晩夏，今晩，早晩
番	バン	番人，番組，順番
蛮（蠻）	バン	蛮行，蛮人，野蛮
盤	バン	基盤，円盤，碁盤

ひ

比	ヒ	比較，比例，無比
	くらべる	比べる，背比べ
皮	ヒ	皮膚，皮相，樹皮
	かわ	皮，毛皮 ←→革

妃	ヒ	妃殿下，王妃
否	ヒ	否定，適否，安否
	いな	否，否めない
批	ヒ	批判，批評，批准
彼	ヒ	彼我，彼岸
	かれ	彼，彼ら
	△かの	彼女
披	ヒ	披見，披露，直披
肥	ヒ	肥大，肥料，施肥
	こえる	肥える
	こえ	肥，下肥
	こやす	肥やす
	こやし	肥やし
非	ヒ	非難，非常，是非
卑 (卑)	ヒ	卑近，卑屈，卑下
	いやしい	卑しい，卑しさ
	いやしむ	卑しむ
	いやしめる	卑しめる
飛	ヒ	飛行，飛躍，雄飛
	とぶ	飛ぶ，飛び火
		←→跳ぶ
	とばす	飛ばす
疲	ヒ	疲労，疲弊
	つかれる	疲れる，疲れ
秘 (祕)	ヒ	秘密，秘書，神秘
	ひめる	秘める
被	ヒ	被服，被害，被告
	こうむる	被る
悲	ヒ	悲喜，悲劇，慈悲
	かなしい	悲しい，悲しがる
	かなしむ	悲しむ，悲しみ
扉	ヒ	開扉，門扉
	とびら	扉

費	ヒ	費用，消費，旅費
	ついやす	費やす
	ついえる	費える，費え
碑 (碑)	ヒ	碑銘，石碑，記念碑
罷	ヒ	罷業，罷免
避	ヒ	避難，逃避，不可避
	さける	避ける
尾	ビ	尾行，首尾，末尾
	お	尾，尾頭付き，尾根
	*尻尾（しっぽ）	
眉	ビ	眉目，焦眉
	△ミ	眉間
	まゆ	眉毛
美	ビ	美醜，美術，賛美
	うつくしい	美しい，美しさ
備	ビ	備考，守備，準備
	そなえる	備える，備え
		←→供える
	そなわる	備わる
微	ビ	微細，微笑，衰微
鼻	ビ	鼻音，鼻孔，耳鼻科
	はな	鼻，鼻血，小鼻
膝	ひざ	膝，膝頭
肘	ひじ	肘，肘掛け
匹	ヒツ	匹敵，匹夫，馬匹
	ひき	数匹
必	ヒツ	必然，必死，必要
	かならず	必ず，必ずしも
泌	ヒツ	分泌
	ヒ	泌尿器
	*「分泌」は，「ブンピ」とも。	
筆	ヒツ	筆力，筆記，毛筆
	ふで	筆，筆先

姫	ひめ	姫，姫松
百	ヒャク	百貨店，百科全書，数百
	＊八百屋（やおや），八百長（やおちょう）	
氷	ヒョウ	氷点，氷山，結氷
	こおり	氷
	ひ	氷雨
表	ヒョウ	表面，代表，発表
	おもて	表，表門，裏表 ←→面
	あらわす	表す ←→現す，著す
	あらわれる	表れる ←→現れる
俵	ヒョウ	一俵，土俵
	たわら	俵，米俵
票	ヒョウ	票決，投票，伝票
評	ヒョウ	評価，評判，定評
漂	ヒョウ	漂着，漂白，漂流
	ただよう	漂う
標	ヒョウ	標準，標本，目標
苗	ビョウ	種苗，痘苗
	なえ	苗，苗木
	△なわ	苗代
	＊早苗（さなえ）	

秒	ビョウ	秒針，秒速，寸秒
病	ビョウ	病気，病根，看病
	△ヘイ	疾病
	やむ	病む，病み付き
	やまい	病
描	ビョウ	描写，素描，点描
	えがく	描く，描き出す
	<u>かく</u>	描く，絵描き <u>←→書く</u>
猫	ビョウ	愛猫
	ねこ	猫
品	ヒン	品評，作品，上品
	しな	品，品物，手品
浜（濱）	ヒン	海浜
	はま	浜，浜辺，砂浜
貧	ヒン	貧富，貧弱，清貧
	ビン	貧乏
	まずしい	貧しい，貧しさ
賓（賓）	ヒン	賓客，主賓，来賓
頻（頻）	ヒン	頻度，頻発，頻繁
敏（敏）	ビン	敏速，機敏，鋭敏
瓶（瓶）	ビン	瓶，瓶詰，花瓶

ふ

不	フ	不当，不利，不賛成
	ブ	不作法，不用心
夫	フ	夫妻，農夫，凡夫
	△フウ	夫婦，工夫
	おっと	夫
父	フ	父母，父兄，祖父
	ちち	父，父親

	＊叔父・伯父（おじ），<u>父（とう）</u>さん	
付	フ	付与，交付，給付
	つける	付ける，名付け ←→着ける，就ける
	つく	付く，気付く ←→着く，就く
布	フ	布陣，綿布，分布

	ぬの	布，布地，布目	
扶	フ	扶助，扶養，扶育	
府	フ	府県，首府，政府	
怖	フ	恐怖	
	こわい	怖い，怖がる	
阜	△フ	＊岐阜県	
附	フ	附属，寄附	
訃	フ	訃報	
負	フ	負担，負傷，勝負	
	まける	負ける，負け	
	まかす	負かす	
	おう	負う，負い目，背負う	
赴	フ	赴任	
	おもむく	赴く	
浮	フ	浮沈，浮力，浮薄	
	うく	浮く，浮き，浮世絵	
	うかれる	浮かれる	
	うかぶ	浮かぶ	
	うかべる	浮かべる	
		＊浮気（うわき），浮（うわ）つく	
婦	フ	婦人，夫婦，主婦	
符	フ	符号，切符，音符	
富	フ	富強，富裕，貧富	
	△フウ	富貴	
	とむ	富む，富み栄える	
	とみ	富	
		＊富山（とやま）県	
		＊「富貴」は，「フッキ」とも。	
普	フ	普通，普遍，普請	
腐	フ	腐心，腐敗，陳腐	
	くさる	腐る	
	くされる	腐れ縁，ふて腐れる	
	くさらす	腐らす	

敷		フ	敷設
		しく	敷く，敷石，屋敷
		＊桟敷（さじき）	
膚		フ	皮膚，完膚
賦		フ	賦役，月賦，天賦
譜		フ	系譜，楽譜，年譜
侮	（侮）	ブ	侮辱，軽侮
		あなどる	侮る，侮り
武		ブ	武力，武士，文武
		ム	武者人形，荒武者
部		ブ	部分，全部，本部
		＊部屋（へや）	
舞		ブ	舞踏，舞台，鼓舞
		まう	舞う，舞い上がる
		まい	舞，舞扇
封		フウ	封鎖，封書，密封
		ホウ	封建的，素封家
風		フウ	風力，風俗，強風
		△フ	風情，中風
		かぜ	風，そよ風
		△かざ	風上，風車
		＊風邪（かぜ）	
伏		フク	伏線，起伏，潜伏
		ふせる	伏せる，うつ伏せ
		ふす	伏す，伏し拝む
服		フク	服装，服従，洋服
副		フク	副業，副作用，正副
幅		フク	幅員，振幅，全幅
		はば	幅，横幅
復		フク	復活，往復，報復
福	（福）	フク	福祉，福徳，幸福
腹		フク	腹案，空腹，山腹

	はら	腹，腹芸，太っ腹	噴	フン	噴火，噴出，噴水
複	フク	複数，複雑，重複		ふく	噴く，噴き出す
覆	フク	覆面，転覆			←→吹く
	おおう	覆う，覆い	墳	フン	墳墓，古墳
	くつがえす	覆す	憤	フン	憤慨，義憤，発憤
	くつがえる	覆る		いきどおる	憤る，憤り
払（拂）	フツ	払暁，払底	奮	フン	奮起，奮発，興奮
	はらう	払う，払い，月払い		ふるう	奮う，奮い立つ，
沸	フツ	沸騰，沸点，煮沸			奮って〔副〕
	わく	沸く，沸き上がる			←→震う，振るう
		←→湧く	分	ブン	分解，自分，水分
	わかす	沸かす，湯沸かし		フン	分別，分銅，三十分
仏（佛）	ブツ	仏事，仏像，念仏		ブ	一分一厘，五分
	ほとけ	仏，仏様，生き仏		わける	分ける，引き分け
物	ブツ	物質，人物，動物		わかれる	分かれる　←→別れ
	モツ	食物，進物，禁物			る
	もの	物，物語，品物		わかる	分かる
	*果物（くだもの）			わかつ	分かつ，分かち合う
粉	フン	粉末，粉砕，粉飾		*大分（おおいた）県	
	こ	粉，小麦粉	文	ブン	文学，文化，作文
	こな	粉，粉雪		モン	文字，経文，天文学
紛	フン	紛失，紛争，内紛		ふみ	恋文
	まぎれる	紛れる，紛れ		*「文字」は，「モジ」とも。	
	まぎらす	紛らす	聞	ブン	新聞，風聞，見聞
	まぎらわす	紛らわす		モン	聴聞，前代未聞
	まぎらわしい	紛らわしい		きく	聞く，人聞き
雰	フン	雰囲気			←→聴く
				きこえる	聞こえる，聞こえ

へ

丙	ヘイ	丙種，甲乙丙		ひら	平手，平謝り，平たい
平	ヘイ	平面，平和，公平	兵	ヘイ	兵器，兵隊，撤兵
	ビョウ	平等		ヒョウ	兵糧，雑兵
	たいら	平らな土地，平らげる	併（倂）	ヘイ	併合，併用，合併

	あわせる	併せる，併せて〔接〕 ←→合わせる
並（竝）	ヘイ	並行，並列，並立
	なみ	並の品，並木，足並み
	ならべる	並べる，五目並べ
	ならぶ	並ぶ，並び
	ならびに	並びに
柄	ヘイ	横柄，権柄ずく
	がら	柄，家柄，身柄
	え	柄
陛	ヘイ	陛下
閉	ヘイ	閉店，閉口，密閉
	とじる	閉じる，閉じ込める
	とざす	閉ざす
	しめる	閉める ←→締める
	しまる	閉まる ←→締まる
塀（塀）	ヘイ	塀，板塀
幣	ヘイ	貨幣，紙幣，御幣担ぎ
弊	ヘイ	弊害，旧弊，疲弊
蔽	ヘイ	隠蔽
餅［餅］（餅）		
	ヘイ	煎餅
	もち	餅屋，尻餅
米	ベイ	米作，米価，米食
	マイ	精米，新米，白米
	こめ	米，米粒
壁	ヘキ	壁面，壁画，岸壁
	かべ	壁，壁土，白壁
璧	ヘキ	完璧，双璧

癖	ヘキ	習癖，病癖，潔癖
	くせ	癖，口癖
別	ベツ	別離，区別，特別
	わかれる	別れる，別れ ←→分かれる
蔑	ベツ	蔑視，軽蔑
	さげすむ	蔑む
片	ヘン	紙片，破片，断片
	かた	片方，片手，片一方
辺（邊）	ヘン	辺境，周辺，その辺
	あたり	辺り
	べ	海辺，岸辺
返	ヘン	返却，返事，返礼
	かえす	返す，仕返し ←→帰す
	かえる	返る，寝返り ←→帰る
変（變）	ヘン	変化，異変，大変
	かわる	変わる，変わり種 ←→替わる，代わる，換わる
	かえる	変える ←→替える，代える，換える
偏	ヘン	偏向，偏見，偏食
	かたよる	偏る，偏り
遍	ヘン	遍歴，普遍，一遍
編	ヘン	編集，編成，長編
	あむ	編む，手編み
弁（辨・瓣・辯）		
	ベン	弁償，花弁，雄弁
便	ベン	便利，便法，簡便
	ビン	便乗，郵便，定期便
	たより	便り，初便り，花便り
勉（勉）	ベン	勉強，勉学，勤勉

ほ

歩（歩）
ホ	歩道，徒歩，進歩
ブ	歩合，日歩
△フ	歩
あるく	歩く
あゆむ	歩む，歩み

保
ホ	保護，保存，担保
たもつ	保つ

哺
ホ	哺乳類

捕
ホ	捕獲，捕虜，逮捕
とらえる	捕らえる ←→捉える
とらわれる	捕らわれる
とる	捕る，捕り物 ←→取る，採る
つかまえる	捕まえる
つかまる	捕まる

補
ホ	補欠，補充，候補
おぎなう	補う，補い

舗
ホ	舗装，店舗
＊老舗（しにせ）	

母
ボ	母性，父母，祖母
はは	母，母親
＊乳母（うば），叔母・伯母（おば），母屋・母家（おもや），母（かあ）さん	

募
ボ	募金，募集，応募
つのる	募る

墓
ボ	墓地，墓参，墓穴
はか	墓，墓参り

慕
ボ	慕情，敬慕，思慕
したう	慕う，慕わしい

暮
ボ	暮春，歳暮，薄暮
くれる	暮れる，暮れ
くらす	暮らす，暮らし

簿
ボ	簿記，名簿，帳簿

方
ホウ	方法，方角，地方
かた	お乗りの方，話し方，敵方
＊行方（ゆくえ）	

包
ホウ	包囲，包容力，内包
つつむ	包む，包み，小包

芳
ホウ	芳香，芳紀，芳志
かんばしい	芳しい，芳しさ

邦
ホウ	邦楽，本邦，連邦

奉
ホウ	奉納，奉仕，信奉
△ブ	奉行
たてまつる	奉る

宝（寶）
ホウ	宝石，国宝，財宝
たから	宝，宝船，子宝

抱
ホウ	抱負，抱懐，介抱
だく	抱く
いだく	抱く
かかえる	抱える，一抱え

放
ホウ	放送，放棄，追放
はなす	放す，手放す ←→離す
はなつ	放つ
はなれる	放れる ←→離れる
ほうる	放る

法
ホウ	法律，文法，方法
△ハッ	法度
△ホッ	法主
＊「法主」は，「ホウシュ」とも。	

泡
ホウ	気泡，水泡，発泡

	あわ	泡，泡立つ
胞	ホウ	胞子，同胞，細胞
俸	ホウ	俸給，年俸，本俸
倣	ホウ	模倣
	ならう	倣う　←→習う
峰	ホウ	秀峰，霊峰，連峰
	みね	峰，剣が峰
砲	ホウ	砲撃，大砲，鉄砲
崩	ホウ	崩壊
	くずれる	崩れる，山崩れ
	くずす	崩す
	*雪崩（なだれ）	
訪	ホウ	訪問，来訪，探訪
	おとずれる	訪れる，訪れ
	たずねる	訪ねる　←→尋ねる
報	ホウ	報酬，報告，情報
	むくいる	報いる，報い
蜂	<u>ホウ</u>	<u>蜂起</u>
	<u>はち</u>	<u>蜜蜂</u>
豊（豐）	ホウ	豊作，豊満，豊富
	ゆたか	豊かだ
飽	ホウ	飽和，飽食
	あきる	飽きる，飽き，見飽きる
	あかす	……に飽かして
褒（襃）	ホウ	褒章，褒美，過褒
	ほめる	褒める
縫	ホウ	縫合，縫製，裁縫
	ぬう	縫う，縫い目
亡	ボウ	亡父，亡命，存亡
	△モウ	亡者
	ない	亡い，亡き人，亡くす，亡くなる　←→無い

		*多く文語の「亡き」で使う。
乏	ボウ	欠乏，貧乏，耐乏
	とぼしい	乏しい，乏しさ
忙	ボウ	忙殺，多忙，繁忙
	いそがしい	忙しい，忙しさ
坊	ボウ	坊主，朝寝坊，赤ん坊
	△ボッ	坊ちゃん
妨	ボウ	妨害
	さまたげる	妨げる，妨げ
忘	ボウ	忘却，忘年会，備忘
	わすれる	忘れる，物忘れ
防	ボウ	防備，堤防，予防
	ふせぐ	防ぐ，防ぎ
房	ボウ	独房，冷房，僧房
	ふさ	房，一房，乳房
肪	ボウ	脂肪
某	ボウ	某氏，某国，某所
冒	ボウ	冒険，冒頭，感冒
	おかす	冒す　←→犯す，侵す
剖	ボウ	解剖
紡	ボウ	紡績，混紡
	つむぐ	紡ぐ
望	ボウ	望郷，希望，人望
	モウ	所望，大望，本望
	のぞむ	望む，望み，望ましい
		*「大望」は，「タイボウ」とも。
傍	ボウ	傍線，傍聴，路傍
	かたわら	傍ら
帽	ボウ	帽子，脱帽，無帽
棒	ボウ	棒グラフ，棒読み，鉄棒

貿	ボウ	貿易
貌	<u>ボウ</u>	変貌，美貌
暴	ボウ	暴言，横暴，乱暴
	△バク	暴露
	あばく	暴く，暴き出す
	あばれる	暴れる，大暴れ
膨	ボウ	膨大
	ふくらむ	膨らむ，膨らみ
	ふくれる	膨れる，青膨れ
謀	ボウ	謀略，無謀，首謀者
	△ム	謀反
	はかる	謀る ←→計る，量る，図る
頬	<u>ほお</u>	頬，頬張る
	*「頬」は，「ほほ」とも。	
北	ホク	北進，北方，敗北
	きた	北，北風，北半球
木	ボク	木石，大木，土木
	モク	木造，樹木，材木
	き	木，並木，拍子木
	△こ	木立，木陰
	*木綿（もめん）	
朴	ボク	純朴，素朴

牧	ボク	牧場，牧師，遊牧
	まき	牧場
睦	<u>ボク</u>	親睦，和睦
僕	ボク	僕，公僕
墨（墨）	ボク	筆墨，白墨，遺墨
	すみ	墨，墨絵，眉墨
撲	ボク	撲殺，撲滅，打撲
	*相撲（すもう）	
没	ボツ	没収，没交渉，出没
勃	<u>ボツ</u>	勃興，勃発
堀	ほり	堀，外堀，釣堀
本	ホン	本質，本来，資本
	もと	本，旗本 ←→下，元，基
奔	ホン	奔走，奔放，出奔
翻（飜）	ホン	翻意，翻訳，翻刻
	ひるがえる	翻る
	ひるがえす	翻す
凡	ボン	凡人，凡百，平凡
	ハン	凡例
盆	ボン	盆栽，盆地，旧盆

ま

麻	マ	麻薬，麻酔，亜麻
	あさ	麻
摩	マ	摩擦，摩天楼
磨	マ	研磨
	みがく	磨く，磨き粉
魔	マ	魔法，悪魔，邪魔

毎（毎）	マイ	毎度，毎日，毎々
妹	マイ	姉妹，義妹，令妹
	いもうと	妹
枚	マイ	枚数，枚挙，大枚
昧	<u>マイ</u>	曖昧，三昧
埋	マイ	埋没，埋蔵，埋葬

272

	うめる	埋める，埋め立て，穴埋め			すえ	末，末っ子，末頼もしい
	うまる	埋まる			*「末子」，「末弟」は，「マッシ」，「マッテイ」とも。	
	うもれる	埋もれる，埋もれ木	抹		マツ	抹殺，抹消，一抹
幕	マク	幕切れ，天幕，暗幕	万（萬）	マン	万一，万年筆，巨万
	バク	幕府，幕末，幕僚		バン	万国，万端，万全
膜	マク	膜質，鼓膜，粘膜	満（滿）	マン	満月，満足，充満
枕	まくら	枕，枕元		みちる	満ちる，満ち潮
又	また	又，又は		みたす	満たす
末	マツ	末代，本末，粉末	慢	マン	慢性，怠慢，自慢
	バツ	末子，末弟	漫	マン	漫画，漫歩，散漫

み

未	ミ	未来，未満，前代未聞	蜜	ミツ	蜜，蜜月
味	ミ	味覚，意味，興味	脈	ミャク	脈絡，動脈，山脈
	あじ	味，味見，塩味	妙	ミョウ	妙案，奇妙，巧妙
	あじわう	味わう，味わい	民	ミン	民族，民主的，国民
	*三味線（しゃみせん）			たみ	民
魅	ミ	魅力，魅惑，魅する	眠	ミン	不眠，安眠，睡眠
岬	みさき	岬		ねむる	眠る，眠り
密	ミツ	密約，厳密，秘密		ねむい	眠い，眠たい，眠気

む

矛	ム	矛盾		ブ	無事，無礼，無愛想
	ほこ	矛，矛先		ない	無い，無くす，無くなる
務	ム	事務，職務，義務			←→亡い
	つとめる	務める，務め	夢	ム	夢幻，夢中，悪夢
		←→勤める，努める		ゆめ	夢，夢見る，初夢
	つとまる	務まる ←→勤まる	霧	ム	霧笛，濃霧，噴霧器
無	ム	無名，無理，皆無		きり	霧，霧雨，朝霧

| 娘 | むすめ | 娘，娘心，小娘 | |

め

名	メイ	名誉，氏名，有名
	ミョウ	名字，本名，大名
	な	名，名前
	＊仮名（かな），名残（なごり）	
命	メイ	命令，運命，生命
	ミョウ	寿命
	いのち	命，命拾い
明	メイ	明暗，説明，鮮明
	ミョウ	明日，光明，灯明
	あかり	明かり，薄明かり
	あかるい	明るい，明るさ
	あかるむ	明るむ
	あからむ	明らむ
	あきらか	明らかだ
	あける	明ける，夜明け ←→開ける，空ける
	あく	明く ←→開く，空く
	あくる	明くる日，明くる朝
	あかす	明かす，種明かし
	＊明日（あす）	
迷	メイ	迷路，迷惑，低迷
	まよう	迷う，迷い
	＊迷子（まいご）	
冥	メイ	冥福

盟	ミョウ	冥加，冥利
銘	メイ	加盟，同盟，連盟
鳴	メイ	銘柄，碑銘
	メイ	鳴動，悲鳴，雷鳴
	なく	鳴く，鳴き声
	なる	鳴る，耳鳴り
	ならす	鳴らす
滅	メツ	滅亡，消滅，絶滅
	ほろびる	滅びる
	ほろぼす	滅ぼす
免（免）	メン	免許，免除，放免
	まぬかれる	免れる
	＊「まぬがれる」とも。	
面	メン	面会，顔面，方面
	おも	川の面，面影，面長
	おもて	面，細面 ←→表
	つら	面，面魂，鼻面
	＊真面目（まじめ）	
綿	メン	綿布，綿密，純綿
	わた	綿，真綿
	＊木綿（もめん）	
麺（麵）	メン	麺類

も

茂	モ	繁茂
	しげる	茂る，茂み
模	モ	模範，模型，模倣
	ボ	規模

毛	モウ	毛髪，毛細管，不毛
	け	毛，毛糸，抜け毛
妄	モウ	妄信，妄想，迷妄
	ボウ	妄言

		＊「妄言」は，「モウゲン」とも。
盲	モウ	盲点，盲従，文盲
耗	モウ	消耗
	△コウ	心神耗弱
		＊「モウ」は，慣用音。
猛	モウ	猛烈，猛獣，勇猛
		＊猛者（もさ）
網	モウ	網膜，漁網，通信網
	あみ	網，網戸
		＊投網（とあみ）
目	モク	目的，目前，項目
	△ボク	面目
	め	目，目立つ，結び目

	△ま	目の当たり，目深
		＊「面目」は，「メンモク」とも。
		＊真面目（まじめ）
黙（默）	モク	黙殺，暗黙，沈黙
	だまる	黙る，黙り込む
門	モン	門戸，門下生，専門
	かど	門，門口，門松
紋	モン	紋章，指紋，波紋
問	モン	問題，問答，訪問
	とう	問う，問いただす
	とい	問い
	△とん	問屋
		＊「問屋」は，「といや」とも。

や

冶	ヤ	冶金，陶冶
		＊鍛冶（かじ）
夜	ヤ	夜半，深夜，昼夜
	よ	夜が明ける，夜風，月夜
	よる	夜，夜昼
野	ヤ	野外，野性，分野
	の	野，野原，野放し
		＊野良（のら）
弥（彌）	や	＊弥生（やよい）
厄	ヤク	厄，厄年，災厄

役	ヤク	役所，役目，荷役
	エキ	役務，使役，兵役
約	ヤク	約束，約半分，節約
訳（譯）	ヤク	訳文，翻訳，通訳
	わけ	訳，内訳，申し訳
薬（藥）	ヤク	薬剤，薬局，火薬
	くすり	薬，飲み薬
躍	ヤク	躍動，躍起，飛躍
	おどる	躍る，躍り上がる ←→踊る
闇	やみ	闇夜，暗闇

ゆ

由	ユ	由来，経由
	ユウ	自由，理由，事由
	△ユイ	由緒
	よし	……の由

油	ユ	油脂，油田，石油
	あぶら	油，油絵，水油 ←→脂
喩	ユ	比喩

愉	ユ	愉快，愉悦
諭	ユ	諭旨，教諭，説諭
	さとす	諭す，諭し
輸	ユ	輸出，輸送，運輸
癒	ユ	癒着，治癒，平癒
	いえる	癒える
	いやす	癒やす
唯	ユイ	唯一，唯物論，唯美主義
	△イ	唯々諾々
友	ユウ	友好，友情，親友
	とも	友
	＊友達（ともだち）	
有	ユウ	有益，所有，特有
	ウ	有無，有象無象
	ある	有る，有り金 ←→在る
勇	ユウ	勇敢，勇気，武勇
	いさむ	勇む，勇み足，勇ましい
幽	ユウ	幽境，幽玄，幽霊
悠	ユウ	悠然，悠長，悠々
郵	ユウ	郵便，郵送，郵券

湧	ユウ	湧水，湧出
	わく	湧く ←→沸く
猶	ユウ	猶予
裕	ユウ	裕福，富裕，余裕
遊	ユウ	遊戯，遊離，交遊
	△ユ	遊山
	あそぶ	遊ぶ，遊び
雄	ユウ	雄大，英雄，雌雄
	お	雄しべ，雄牛，雄々しい
	おす	雄，雄犬
誘	ユウ	誘惑，誘発，勧誘
	さそう	誘う，誘い水
憂	ユウ	憂愁，憂慮，一喜一憂
	うれえる	憂える，憂え ←→愁える
	うれい	憂い ←→愁い
	うい	憂い，憂き目，物憂い
	＊「憂き」は，文語の連体形。	
融	ユウ	融解，融和，金融
優	ユウ	優越，優柔，俳優
	やさしい	優しい，優しさ
	すぐれる	優れる

与（與）	ヨ	与党，授与，関与
	あたえる	与える
予（豫）	ヨ	予定，予備，猶予
余（餘）	ヨ	余剰，余地，残余
	あまる	余る，余り
	あます	余す
誉（譽）	ヨ	名誉，栄誉

	ほまれ	誉れ
預	ヨ	預金，預託
	あずける	預ける
	あずかる	預かる，預かり
幼	ヨウ	幼児，幼虫，幼稚
	おさない	幼い，幼友達
用	ヨウ	用意，使用，費用

	もちいる	用いる
羊	ヨウ	羊毛，綿羊，牧羊
	ひつじ	羊
妖	ヨウ	妖怪，妖艶
	あやしい	妖しい ←→怪しい
洋	ヨウ	洋楽，洋風，海洋
要	ヨウ	要点，要注意，重要
	かなめ	要
	いる	要る ←→入る
容	ヨウ	容易，容器，形容
庸	ヨウ	凡庸，中庸
揚	ヨウ	意気揚々，抑揚，掲揚
	あげる	揚げる，荷揚げ ←→上げる，挙げる
	あがる	揚がる ←→上がる，挙がる
揺（搖）	ヨウ	動揺
	ゆれる	揺れる，揺れ
	ゆる	揺り返し，揺り籠
	ゆらぐ	揺らぐ
	ゆるぐ	揺るぐ，揺るぎない
	ゆする	揺する，貧乏揺すり
	ゆさぶる	揺さぶる
	ゆすぶる	揺すぶる
葉	ヨウ	葉緑素，落葉，紅葉
	は	葉，枯れ葉，落ち葉
		＊紅葉（もみじ）
陽	ヨウ	陽光，陰陽，太陽
溶	ヨウ	溶解，溶液，水溶液
	とける	溶ける ←→解ける
	とかす	溶かす ←→解かす
	とく	溶く ←→解く

腰	ヨウ	腰痛，腰部
	こし	腰，腰だめ，物腰
様（樣）	ヨウ	様式，様子，模様
	さま	様，○○様
瘍	ヨウ	潰瘍，腫瘍
踊	ヨウ	舞踊
	おどる	踊る ←→躍る
	おどり	踊り
窯	ヨウ	窯業
	かま	窯
養	ヨウ	養育，養子，休養
	やしなう	養う
擁	ヨウ	擁護，擁立，抱擁
謡（謠）	ヨウ	謡曲，民謡，歌謡
	うたい	謡，素謡
	うたう	謡う ←→歌う
曜	ヨウ	曜日，七曜表，日曜
抑	ヨク	抑圧，抑制，抑揚
	おさえる	抑える，抑え ←→押さえる
沃	ヨク	肥沃
浴	ヨク	浴場，海水浴
	あびる	浴びる，水浴び
	あびせる	浴びせる
		＊浴衣（ゆかた）
欲	ヨク	欲望，食欲，無欲
	ほっする	欲する
	ほしい	欲しい，欲しがる
翌	ヨク	翌春，翌年，翌々日
翼	ヨク	左翼，尾翼
	つばさ	翼

ら

拉	ラ	拉致
裸	ラ	裸身，裸体，赤裸々
	はだか	裸，丸裸
羅	ラ	羅列，羅針盤，網羅
来（來）	ライ	来年，来歴，往来
	くる	来る，出来心
	きたる	来る○日
	きたす	来す
雷	ライ	雷雨，雷名，魚雷
	かみなり	雷
頼（賴）	ライ	依頼，信頼，無頼漢
	たのむ	頼む，頼み
	たのもしい	頼もしい
	たよる	頼る，頼り
絡	ラク	連絡，脈絡
	からむ	絡む，絡み付く
	からまる	絡まる
	からめる	絡める
落	ラク	落語，落涙，集落
	おちる	落ちる，落ち着く
	おとす	落とす，力落とし
酪	ラク	酪農
辣	ラツ	辣腕，辛辣
乱（亂）	ラン	乱戦，混乱，反乱
	みだれる	乱れる，乱れ
	みだす	乱す
卵	ラン	卵黄，鶏卵，産卵
	たまご	卵
覧（覽）	ラン	観覧，展覧，一覧
濫	ラン	濫伐，濫費，濫用
藍	ラン	出藍
	あい	藍色，藍染め
欄（欄）	ラン	欄干，欄外，空欄

り

吏	リ	吏員，官吏，能吏
利	リ	利益，鋭利，勝利
	きく	利く，左利き，口利き ←→効く
	＊砂利（じゃり）	
里	リ	里程，郷里，千里眼
	さと	里，里心，村里
理	リ	理科，理由，整理
痢	リ	疫痢，下痢，赤痢
裏	リ	裏面，表裏
	うら	裏，裏口
履	リ	履歴，履行，弊履
	はく	履く，履物
	＊草履（ぞうり）	
璃	リ	浄瑠璃
離	リ	離別，距離，分離
	はなれる	離れる，離れ，乳離れ ←→放れる
	はなす	離す ←→放す
陸	リク	陸地，陸橋，着陸

立	リツ	立案，起立，独立
	△リュウ	建立
	たつ	立つ，立場，夕立 ←→建つ
	たてる	立てる，立て札 ←→建てる
	＊立ち退く（たちのく）	
律	リツ	律動，規律，法律
	△リチ	律儀
慄	リツ	慄然，戦慄
略	リャク	略称，計略，侵略
柳	リュウ	花柳界，川柳
	やなぎ	柳，柳腰
流	リュウ	流行，流動，電流
	△ル	流布，流転，流罪
	ながれる	流れる，流れ
	ながす	流す，流し
留	リュウ	留意，留学，保留
	△ル	留守
	とめる	留める，帯留め ←→止める，泊める
	とまる	留まる，歩留まり ←→止まる，泊まる
竜（龍）	リュウ	竜，竜頭蛇尾
	たつ	竜巻
粒	リュウ	粒子，粒々辛苦
	つぶ	粒，豆粒
隆（隆）	リュウ	隆起，隆盛，興隆
硫	リュウ	硫安，硫酸，硫化銀
	＊硫黄（いおう）	
侶	リョ	僧侶，伴侶
旅	リョ	旅行，旅情，旅券
	たび	旅，旅先，船旅
虜（虜）	リョ	虜囚，捕虜

慮	リョ	遠慮，考慮，無慮
了	リョウ	了解，完了，校了
両（兩）	リョウ	両親，両立，千両
良	リョウ	良好，良心，優良
	よい	良い ←→善い
	＊野良（のら），奈良（なら）県	
料	リョウ	料金，料理，材料
涼	リョウ	涼味，清涼剤，納涼
	すずしい	涼しい，涼しさ
	すずむ	涼む，夕涼み
猟（獵）	リョウ	猟師，狩猟，渉猟
陵	リョウ	陵墓，丘陵
	みささぎ	陵
量	リョウ	量産，測量，度量
	はかる	量る ←→計る，測る，図る，謀る
僚	リョウ	僚友，官僚，同僚
領	リョウ	領土，要領，大統領
寮	リョウ	寮生，寮母，独身寮
療	リョウ	療養，医療，治療
瞭	リョウ	明瞭
糧	リョウ	糧食，糧道
	△ロウ	兵糧
	かて	糧
力	リョク	権力，努力，能力
	リキ	力量，力作，馬力
	ちから	力，力仕事，底力
緑（緑）	リョク	緑茶，緑陰，新緑
	△ロク	緑青
	みどり	緑，薄緑
林	リン	林業，林立，山林
	はやし	林，松林

厘	リン	一分一厘		隣	リン	隣室, 隣接, 近隣
倫	リン	倫理, 人倫, 絶倫			となる	隣り合う
輪	リン	輪番, 一輪, 車輪			となり	隣, 両隣
	わ	輪, 輪切り, 首輪		臨	リン	臨時, 臨床, 君臨
					のぞむ	臨む

る

瑠	ル	浄瑠璃		塁	（壘）	ルイ	塁審, 敵塁, 土塁
涙	（淚）	ルイ	感涙, 声涙, 落涙	類	（類）	ルイ	類型, 種類, 分類
		なみだ	涙, 涙ぐむ, 涙ぐましい			たぐい	類い, ○○の類い
累		ルイ	累計, 累積, 係累				

れ

令		レイ	令嬢, 法令, 命令			たとえる	例える, 例え, 例えば
礼	（禮）	レイ	礼儀, 謝礼, 無礼	鈴		レイ	電鈴, 振鈴, 予鈴
		ライ	礼賛, 礼拝			リン	風鈴, 呼び鈴
		*「礼拝」は, 「レイハイ」とも。			すず	鈴	
冷		レイ	冷却, 冷淡, 寒冷	零		レイ	零下, 零細, 零落
		つめたい	冷たい, 冷たさ	霊	（靈）	レイ	霊感, 霊魂, 霊長類
		ひえる	冷える, 底冷え			リョウ	悪霊, 死霊
		ひや	冷や, 冷や汗, 冷ややかだ			たま	霊, 霊屋
		ひやす	冷やす	隷		レイ	隷書, 隷属, 奴隷
		ひやかす	冷やかす, 冷やかし	齢	（齡）	レイ	樹齢, 年齢, 妙齢
		さめる	冷める	麗		レイ	麗人, 端麗, 美麗
		さます	冷ます, 湯冷まし			うるわしい	麗しい, 麗しさ
励	（勵）	レイ	励行, 奨励, 精励	暦	（曆）	レキ	暦年, 還暦, 太陽暦
		はげむ	励む, 励み			こよみ	暦, 花暦
		はげます	励ます, 励まし	歴	（歷）	レキ	歴史, 歴訪, 経歴
戻	（戾）	レイ	戻入, 返戻	列		レツ	列外, 列車, 陳列
		もどす	戻す, 差し戻し	劣		レツ	劣等, 卑劣, 優劣
		もどる	戻る, 後戻り			おとる	劣る
例		レイ	例外, 例年, 用例				

烈		レツ	烈火，壮烈，猛烈
裂		レツ	決裂，破裂，分裂
		さく	裂く，八つ裂き ←→割く
		さける	裂ける，裂け目
恋	（戀）	レン	恋愛，恋慕，失恋
		こう	恋い慕う，恋い焦がれる
		こい	恋，初恋，恋する
		こいしい	恋しい，恋しがる

連		レン	連合，連続，関連
		つらなる	連なる
		つらねる	連ねる
		つれる	連れる，連れ
廉		レン	廉価，清廉，破廉恥
練	（練）	レン	練習，試練，熟練
		ねる	練る，練り直す
錬	（錬）	レン	錬金術，鍛錬，精錬

ろ

呂		ロ	風呂
炉	（爐）	ロ	炉辺，暖炉，原子炉
賂		ロ	賄賂
路		ロ	路上，道路
		じ	家路，旅路，山路
露		ロ	露出，露店，雨露
		△ロウ	披露
		つゆ	露，夜露
老		ロウ	老巧，老人，長老
		おいる	老いる，老い
		ふける	老ける，老け役
		＊老舗（しにせ）	
労	（勞）	ロウ	労働，労力，疲労
弄		ロウ	愚弄，翻弄
		もてあそぶ	弄ぶ
郎	（郞）	ロウ	新郎
朗	（朗）	ロウ	朗読，朗々と，明朗
		ほがらか	朗らかだ，朗らかさ
浪		ロウ	浪費，波浪，放浪

廊	（廊）	ロウ	廊下，回廊，画廊
楼	（樓）	ロウ	楼閣，鐘楼，望楼
漏		ロウ	漏電，疎漏，脱漏
		もる	漏る，雨漏り
		もれる	漏れる
		もらす	漏らす
籠		ロウ	籠城
		かご	籠
		こもる	籠もる
六		ロク	六月，六法，丈六
		む	六月目
		むつ	六つ切り
		むっつ	六つ
		△むい	六日
録	（録）	ロク	録音，記録，実録
麓		ロク	山麓
		ふもと	麓
論		ロン	論証，論理，議論

281

和	ワ	和解，和服，柔和
	△オ	和尚
	やわらぐ	和らぐ
	やわらげる	和らげる
	なごむ	和む
	なごやか	和やかだ
	＊日和（ひより），大和（やまと）	
話	ワ	話題，会話，童話
	はなす	話す，話し合い
	はなし	話，昔話，立ち話

賄	ワイ	収賄，贈賄
	まかなう	賄う，賄い
脇	わき	脇腹，両脇
惑	ワク	惑星，迷惑，誘惑
	まどう	惑う，惑い
枠	わく	枠，枠内，窓枠
湾（灣）	ワン	湾内，湾入，港湾
腕	ワン	腕章，腕力，敏腕
	うで	腕，腕前，細腕

＝付　表＝

あす	明日	こじ	居士
あずき	小豆	ことし	今年
あま	海女	さおとめ	早乙女
	海士	ざこ	雑魚
いおう	硫黄	さじき	桟敷
いくじ	意気地	さしつかえる	差し支える
いなか	田舎	さつき	五月
いぶき	息吹	さなえ	早苗
うなばら	海原	さみだれ	五月雨
うば	乳母	しぐれ	時雨
うわき	浮気	しっぽ	尻尾
うわつく	浮つく	しない	竹刀
えがお	笑顔	しにせ	老舗
おじ	叔父	しばふ	芝生
	伯父	しみず	清水
おとな	大人	しゃみせん	三味線
おとめ	乙女	じゃり	砂利
おば	叔母	じゅず	数珠
	伯母	じょうず	上手
おまわりさん	お巡りさん	しらが	白髪
おみき	お神酒	しろうと	素人
おもや	母屋	しわす	師走
	母家	（「しはす」とも言う。）	
かあさん	母さん	すきや	数寄屋
かぐら	神楽		数奇屋
かし	河岸	すもう	相撲
かじ	鍛冶	ぞうり	草履
かぜ	風邪	だし	山車
かたず	固唾	たち	太刀
かな	仮名	たちのく	立ち退く
かや	蚊帳	たなばた	七夕
かわせ	為替	たび	足袋
かわら	河原	ちご	稚児
	川原	ついたち	一日
きのう	昨日	つきやま	築山
きょう	今日	つゆ	梅雨
くだもの	果物	でこぼこ	凸凹
くろうと	玄人	てつだう	手伝う
けさ	今朝	てんません	伝馬船
けしき	景色	とあみ	投網
ここち	心地	とうさん	父さん

とえはたえ	十重二十重		二十
どきょう	読経	はたち	二十歳
とけい	時計	はつか	二十日
ともだち	友達	はとば	波止場
なこうど	仲人	ひとり	一人
なごり	名残	ひより	日和
なだれ	雪崩	ふたり	二人
にいさん	兄さん	ふつか	二日
ねえさん	姉さん	ふぶき	吹雪
のら	野良	へた	下手
のりと	祝詞	へや	部屋
はかせ	博士	まいご	迷子
		まじめ	真面目
		まっか	真っ赤
		まっさお	真っ青
		みやげ	土産
		むすこ	息子
		めがね	眼鏡
		もさ	猛者
		もみじ	紅葉
		もめん	木綿
		もより	最寄り
		やおちょう	八百長
		やおや	八百屋
		やまと	大和
		やよい	弥生
		ゆかた	浴衣
		ゆくえ	行方
		よせ	寄席
		わこうど	若人

283

(2) 公用文作成の考え方
（令和4年1月7日文化審議会建議）

内 閣 文 第 1 号
令和 4 年 1 月11日

各 国 務 大 臣　殿

内閣官房長官

「公用文作成の考え方」の周知について

　本日の閣議で文部科学大臣から報告された「公用文作成の考え方」（文化審議会建議）は、現代社会における公用文作成の手引としてふさわしいものであることから、貴管下職員への周知方につき、よろしく御配意願います。

　なお、「公用文改善の趣旨徹底について」（昭和27年4月4日内閣閣甲第16号内閣官房長官依命通知）は、本日付けで廃止します。

公用文作成の考え方

前書き
　文化審議会は、これからの時代にふさわしい公用文作成の手引とするために「公用文作成の考え方」をここに示すこととした。

　昭和26年に当時の国語審議会が建議した「公用文作成の要領」は、翌27年に内閣官房長官依命通知別紙として各省庁に周知されてから約70年を経ている。基本となる考え方は現代にも生きているものの、内容のうちに公用文における実態や社会状況との食い違いがあることも指摘されてきた。

　こうした状況を踏まえ、文化審議会国語分科会は同要領の見直しについて検討し、「新しい「公用文作成の要領」に向けて」（令和3年3月12日）を報告した。以下に示す「公用文作成の考え方」は、国語分科会報告に基づき、「公用文作成の要領」が示してきた理念を生かしつつ、それに代えて政府内で活用されることを目指し取りまとめたものである。

　これは、法令や告示・通知等に用いられてきた公用文の書き表し方の原則が、今後とも適切に適用されることを目指している。それとともに、各府省庁等が作成する多様な文書それぞれの目的や種類に対応するよう、公用文に関する既存のルール、慣用及び実態に基づき、表記、用語、文章の在り方等に関して留意点をまとめたものである。

基本的な考え方
1 公用文作成の在り方
（1）読み手とのコミュニケーションとして捉える
ア 読み手に理解され、信頼され、行動の指針とされる文書を作成する。
イ 多様化する読み手に対応する。広く一般に向けた文書では、義務教育で学ぶ範囲の知識で理解できるように書くよう努める。
ウ 地方公共団体や民間の組織によって活用されることを意識する。
エ 解説・広報等では、より親しみやすい表記を用いてもよい。
オ 有効な手段・媒体を選択し、読み手にとっての利便性に配慮する。
（2）文書の目的や種類に応じて考える（表「公用文の分類例」参照）
ア 原則として、公用文の表記は法令と一致させる。ただし、表「公用文の分類例」がおおよそ示すとおり、文書の目的や種類、想定される読み手に応じた工夫の余地がある。
イ 法令に準ずるような告示・通知等においては、公用文表記の原則に従って書き表す。
ウ 議事録、報道発表資料、白書などの記録・公開資料等では、公用文表記の原則に基づくことを基本としつつ、必要に応じて読み手に合わせた書き表し方を工夫する。
エ 広く一般に向けた解説・広報等では、特別な知識を持たない人にとっての読みやすさを優先し、書き表し方を工夫するとともに、施策への関心を育むよう工夫する。

（表）公用文の分類例

大　別	具体例	想定される読み手	手段・媒体の例
法　令	法律、政令、省令、規則	専門的な知識がある人	官報
告示・通知等	告示・訓令 通達・通知 公告・公示	専門的な知識がある人	官報 府省庁が発する文書
記録・公開資料等	議事録・会見録 統計資料 報道発表資料 白書	ある程度の専門的な知識がある人	専門的な刊行物 府省庁による冊子 府省庁ウェブサイト
解説・広報等	法令・政策等の解説 広報 案内 Q＆A 質問等への回答	専門的な知識を特に持たない人	広報誌 パンフレット 府省庁ウェブサイト 同SNSアカウント

※「想定される読み手」は、各文書を実際に読み活用する機会が多いと考えられる人を指す。

2 読み手に伝わる公用文作成の条件
（1）正確に書く
ア　誤りのない正確な文書を作成する。誤りが見つかった場合には、速やかに訂正する。

イ　実効性のある告示・通知等では、公用文の書き表し方の原則に従う。

ウ　基となる情報の内容や意味を損なわない。

エ　関係法令等を適宜参照できるように、別のページやリンク先に別途示す。

オ　厳密さを求めすぎない。文書の目的に照らして必要となる情報の範囲を正確に示す。

（2）分かりやすく書く
ア　読み手が十分に理解できるように工夫する。

イ　伝えることを絞る。副次的な内容は、別に対応する。

ウ　遠回しな書き方を避け、主旨を明確に示す。

エ　専門用語や外来語をむやみに用いないようにし、読み手に通じる言葉を選ぶ。

オ　図表等によって視覚的な効果を活用する。

カ　正確さとのバランスをとる。

（3）気持ちに配慮して書く
ア　文書の目的や種類、読み手にふさわしい書き方をする。

イ　読み手が違和感を抱かないように書く。型にはまった考え方に基づいた記述を避ける。

ウ　対外的な文書においては、「です・ます」体を基本として簡潔に敬意を表す。

エ　親しさを伝える。敬意とのバランスを意識し、読み手との適度な距離感をとる。

I　表記の原則
「現代仮名遣い」（昭和61年内閣告示第1号）による漢字平仮名交じり文を基本とし、特別な場合を除いて左横書きする。

1　漢字の使い方
漢字の使用は、「常用漢字表」（平成22年内閣告示第2号）に基づくものとする。また、その具体的な運用については「公用文における漢字使用等について」（平成22年内閣訓令第1号）の「1　漢字使用について」及び「3　その他」に基づくものとする。

ただし、広く一般に向けた解説・広報等においては、読み手に配慮し、漢字を用いることになっている語についても、仮名で書いたり振り仮名を使っ

たりすることができる。

2 送り仮名の付け方

　　送り仮名の付け方は、「送り仮名の付け方」（昭和48年内閣告示第2号）に基づくものとする。また、その具体的な運用については、「公用文における漢字使用等について」（平成22年内閣訓令第1号）の「2　送り仮名の付け方について」及び「3　その他」に基づくものとする。

　　ただし、広く一般に向けた解説・広報等においては、読み手に配慮し、送り仮名を省いて書くことになっている語についても、送り仮名を省かずに書くことができる。

3 外来語の表記

　　外来語の表記は、「外来語の表記」（平成3年内閣告示第2号）に基づくものとする。「外来語の表記」の第1表によって日本語として広く使われている表記を用いることを基本とし、必要に応じて第2表を用いる。第1表及び第2表にない表記は、原則として使用しない。

4 数字を使う際は、次の点に留意する

　ア　横書きでは、算用数字を使う。

　　　例）令和2年11月26日　　午後2時37分　　72%
　　　　　電話：03-5253-＊＊＊＊

　イ　大きな数は、三桁ごとにコンマで区切る。

　　　例）5,000　　62,250円　　1,254,372人

　ウ　兆・億・万の単位は、漢字を使う。

　　　例）5兆　　100億　　30万円

　エ　全角・半角は、文書内で使い分けを統一する。

　オ　概数は、漢数字を使う。

　　　例）二十余人　　数十人　　四、五十人

　カ　語を構成する数や常用漢字表の訓による数え方などは、漢数字を使う。

　　　例）二者択一　　一つ、二つ…　　一人、二人…　　六法全書
　　　　　七五三

　キ　縦書きする場合には、漢数字を使う。

　ク　縦書きされた漢数字を横書きで引用する場合には、原則として算用数字にする。

　ケ　算用数字を使う横書きでは、「○か所」「○か月」と書く（ただし、漢数字を用いる場合には「○箇所」「○箇月」のように書く。）。

　　　例）3か所　　7か月　　三箇所　　七箇月

5 符号を使う際は、次の点に留意する

（1）句読点や括弧の使い方

　ア　句点には「。」（マル）読点には「、」（テン）を用いることを原則とす

る。横書きでは、読点に「,」(コンマ)を用いてもよい。ただし、一つの文書内でどちらかに統一する。

イ　「・」(ナカテン)は、並列する語、外来語や人名などの区切り、箇条書の冒頭等に用いる。

ウ　括弧は、()(丸括弧)と「」(かぎ括弧)を用いることを基本とする。()や「」の中に、更に()や「」を用いる場合にも、そのまま重ねて用いる。

　　　例)(平成26(2014)年)　　「「異字同訓」の漢字の使い分け例」

エ　括弧の中で文が終わる場合には、句点(。)を打つ。ただし、引用部分や文以外(名詞、単語としての使用、強調表現、日付等)に用いる場合には打たない。また、文が名詞で終わる場合にも打たない。

　　　例)(以下「基本計画」という。)　　「決める。」と発言した。
　　　　　議事録に「決める」との発言があった。　　「決める」という動詞を使う。
　　　　　国立科学博物館(上野)　　「わざ」を高度に体現する。

オ　文末にある括弧と句点の関係を使い分ける。文末に括弧がある場合、それが部分的な注釈であれば閉じた括弧の後に句点を打つ。二つ以上の文、又は、文章全体の注釈であれば、最後の文と括弧の間に句点を打つ。

カ　【　】(隅付き括弧)は、項目を示したり、強調すべき点を目立たせたりする。

　　　例)【会場】文部科学省講堂　　【取扱注意】

キ　そのほかの括弧等はむやみに用いず、必要な場合は用法を統一して使用する。

(2)様々な符号の使い方

ア　解説・広報等においては、必要に応じて「?」「!」を用いてよい。

　　　例)○○法が改正されたのを知っていますか?　　来月20日、開催!

イ　他の符号を用いる場合には、文書内で用法を統一し、濫用を避ける。

ウ　矢印や箇条書等の冒頭に用いる符号は、文書内で用法を統一して使う。

エ　単位を表す符号を用いる場合は、文書内で用法を統一して使う。

6　そのほか、次の点に留意する

ア　文の書き出しや改行したときには、原則として1字下げする。

イ　繰り返し符号は、「々」のみを用いる。2字以上の繰り返しはそのまま書く。

　　　例)並々ならぬ　東南アジアの国々　正々堂々　ますます　一人一人

ウ　項目の細別と階層については、例えば次のような順序を用いる。

　　　(横書きの場合の例)　第1　1　(1)　ア　(ア)
　　　　　　　　　　　　　　第2　2　(2)　イ　(イ)
　　　　　　　　　　　　　　第3　3　(3)　ウ　(ウ)

（縦書きの場合の例）

第一	一	1	（一）	（1）	ア
第二	二	2	（二）	（2）	イ
第三	三	3	（三）	（3）	ウ

エ　ローマ字（ラテン文字。いわゆるアルファベットを指す。）を用いるときには、全角・半角を適切に使い分ける。

オ　日本人の姓名をローマ字で示すときには、差し支えのない限り「姓─名」の順に表記する。姓と名を明確に区別させる必要がある場合には、姓を全て大文字とし（YAMADA Haruo）、「姓─名」の構造を示す。

カ　電子的な情報交換では、内容が意図するとおりに伝わるよう留意する。

キ　読みやすい印刷文字を選ぶ。

ク　略語は、元になった用語を示してから用い、必要に応じて説明を添える。

　　　例）クオリティー・オブ・ライフ（Quality of Life。以下「ＱＯＬ」という。）

ケ　図表を効果的に用いる。図表には、分かりやすい位置に標題を付ける。

Ⅱ　用語の使い方

1　法令・公用文に特有の用語は適切に使用し、必要に応じて言い換える

　　　例）及び　　並びに　　又は　　若しくは

2　専門用語は、語の性質や使う場面に応じて、次のように対応する

ア　言い換える。

　　　例）頻回 → 頻繁に、何回も　　埋蔵文化財包蔵地 → 遺跡

イ　説明を付けて使う。

　　　例）罹災証明書（支援を受けるために被災の程度を証明する書類）

ウ　普及を図るべき用語は、工夫してそのまま用いる。

3　外来語は、語の性質や使う場面に応じて、次のように対応する

ア　日本語に十分定着しているものは、そのまま使う。

　　　例）ストレス　　ボランティア　　リサイクル

イ　日常使う漢語や和語に言い換える。

　　　例）アジェンダ → 議題　　インキュベーション → 起業支援
　　　　　インタラクティブ → 双方向的　　サプライヤー → 仕入先、供給業者

ウ　分かりやすく言い換えることが困難なものは、説明を付ける。

　　　例）インクルージョン（多様性を受容し互いに作用し合う共生社会を目指す考え）
　　　　　多様な人々を受け入れ共に関わって生きる社会を目指す「インク

　　　　ルージョン」は…

　　エ　日本語として定着する途上のものは、使い方を工夫する。

　　　　例）リスクを取る　→　あえて困難な道を行く、覚悟を決めて進む、賭
　　　　　　ける

4　専門用語や外来語の説明に当たっては、次の点に留意する

　　ア　段階を踏んで説明する。

　　イ　意味がよく知られていない語は、内容を明確にする。

　　ウ　日常では別の意味で使われる語は、混同を避けるようにする。

5　紛らわしい言葉を用いないよう、次の点に留意する

　　ア　誤解や混同を避ける。

　（ア）同音の言葉による混同を避ける。

　（イ）異字同訓の漢字を使い分ける。

　　イ　曖昧さを避ける。

　（ア）「から」と「より」を使い分ける。

　　　　例）東京から京都まで　　午後１時から始める　　長官から説明が
　　　　　　ある

　　　　　　東京より京都の方が寒い

　　　　　　会議の開始時間は午前10時より午後１時からが望ましい

　（イ）程度や時期、期間を表す言葉に注意する。

　　　　例）幾つか指摘する　→　３点指摘する　　少人数でよい　→　３人以
　　　　　　上でよい

　　　　　　早めに　→　１週間以内（5月14日正午まで）に

　　　　　　本日から春休みまで　→　春休み開始まで／春休みが終了するま
　　　　　　で

　（ウ）「等」「など」の類は、慎重に使う。これらの語を用いるときには、
　　　　具体的に挙げるべき内容を想定しておき、「等」「など」の前には、代表
　　　　的・典型的なものを挙げる。

　　ウ　冗長さを避ける。

　（ア）表現の重複に留意する。

　　　　例）諸先生方　→　諸先生、先生方

　　　　　　各都道府県ごとに　→　各都道府県で、都道府県ごとに

　　　　　　第１日目　→　第１日、１日目　　約20名くらい　→　約20名、20
　　　　　　名くらい

　（イ）回りくどい言い方や不要な繰り返しはしない。

　　　　例）利用することができる　→　利用できる

　　　　　　調査を実施した　→　調査した

　　　　　　教育費の増加と医療費の増加により　→　教育費と医療費の増加

により

6 文書の目的、媒体に応じた言葉を用いる

ア 誰に向けた文書であるかに留意して用語を選択する。

例）喫緊の課題 → すぐに対応すべき重要な課題
可及的速やかに → できる限り早く

イ 日本語を母語としない人々に対しては、平易で親しみやすい日本語（や
さしい日本語）を用いる。

ウ 敬語など相手や場面に応じた気遣いの表現を適切に使う。解説・広報等
における文末は「です・ます」を基調とし、「ございます」は用いない。
また、「申します」「参ります」も読み手に配慮する特別な場合を除いては
使わない。「おります」「いたします」などは必要に応じて使うが多用しな
い。

エ 使用する媒体に応じた表現を用いる。ただし、広報等においても、広い
意味での公用文であることを意識して一定の品位を保つよう留意する。

7 読み手に違和感や不快感を与えない言葉を使う

ア 偏見や差別につながる表現を避ける。

イ 特定の用語を避けるだけでなく読み手がどう感じるかを考える。

ウ 過度に規制を加えたり禁止したりすることは慎む。

エ 共通語を用いて書くが、方言も尊重する。

8 そのほか、次の点に留意する

ア 聞き取りにくく難しい漢語を言い換える。

例）橋梁 → 橋 塵埃 → ほこり 眼瞼 → まぶた

イ 「漢字1字＋する」型の動詞を多用しない。

例）模する → 似せる 擬する → なぞらえる 賭する → 賭ける
減する → 減ぼす

ウ 重厚さや正確さを高めるには、述部に漢語を用いる。

例）決める → 決定（する） 消える → 消失（する）

エ 分かりやすさや親しみやすさを高めるには、述部に訓読みの動詞を用い
る。

例）作業が進捗する → 作業がはかどる、順調に進む、予定どおりに
運ぶ

オ 紋切り型の表現（型どおりの表現）は、効果が期待されるときにのみ用
いる。

Ⅲ 伝わる公用文のために

1 文体の選択に当たっては、次の点に留意する

ア 文書の目的や相手に合わせ、常体と敬体を適切に選択する。法令、告

示、訓令などの文書は常体（である体）を用い、通知、依頼、照会、回答
　　など、特定の相手を対象とした文書では敬体（です・ます体）を用いる。
　イ　一つの文・文書内では、常体と敬体のどちらかで統一する。
　ウ　常体では、「である・であろう・であった」の形を用いる。
　エ　文語の名残に当たる言い方は、分かりやすい口語体に言い換える。
　　　　例）〜のごとく　→　〜のように　　進まんとする　→　進もうとする
　　　　　　大いなる進歩　→　大きな進歩
　オ　「べき」は、「用いるべき手段」「考えるべき問題」のような場合には用
　　いるが「べく」「べし」の形は用いない。また、「べき」がサ行変格活用の
　　動詞（「する」「〜する」）に続くときは、「〜するべき…」としないで「〜
　　すべき…」とする。また、「〜すべき」で文末を終えずに「〜すべきであ
　　る」「〜すべきもの」などとする。

2　標題・見出しの付け方においては、次のような工夫をする
　ア　標題（タイトル）では、主題と文書の性格を示す。また、報告、提案、
　　回答、確認、開催、許可などの言葉を使って文書の性格を示す。
　　　　例）新国立体育館について　→　新国立体育館建設の進捗状況に関する
　　　　　　報告
　　　　　　予算の執行について　→　令和2年度文化庁予算の執行状況（報
　　　　　　告）
　　　　　　文化審議会について　→　第93回文化審議会（令和2年11月22日）
　　　　　　を開催します
　イ　分量の多い文書では、見出しを活用し、論点を端的に示す。
　ウ　中見出しや小見出しを適切に活用する。
　エ　見出しを追えば全体の内容がつかめるようにする。
　オ　標題と見出しを呼応させる。
　カ　見出しを目立たせるよう工夫する。

3　文の書き方においては、次の点に留意する
　ア　一文を短くする。
　イ　一文の論点は、一つにする。
　ウ　三つ以上の情報を並べるときには、箇条書を利用する。
　　　　例）国語に関する内閣告示には、常用漢字表、外来語の表記、現代仮
　　　　　　名遣い、送り仮名の付け方、ローマ字のつづり方の五つがある。
　　　　　　→　国語に関する内閣告示には、次の五つがある。
　　　　　　　　・常用漢字表
　　　　　　　　・外来語の表記
　　　　　　　　・現代仮名遣い
　　　　　　　　・送り仮名の付け方

　　　　　・ローマ字のつづり方

エ　基本的な語順（「いつ」「どこで」「誰が」「何を」「どうした」）を踏まえ
　　て書く。

オ　主語と述語の関係が分かるようにする。

カ　接続助詞や中止法（述語の用言を連用形にして、文を切らずに続ける方
　　法）を多用しない。

キ　同じ助詞を連続して使わない。

　　　例）本年の当課の取組の中心は… → 本年、当課が中心的に取り組ん
　　　　　でいるのは…

ク　複数の修飾節が述部に掛かるときには、長いものから示すか、できれば
　　文を分ける。

ケ　受身形をむやみに使わない。

コ　二重否定はどうしても必要なとき以外には使わない。

　　　例）…しないわけではない → …することもある
　　　　　○○を除いて、実現していない → ○○のみ、実現した

サ　係る語とそれを受ける語、指示語と指示される語は近くに置く。

シ　言葉の係り方によって複数の意味に取れることがないようにする。

ス　読点の付け方によって意味が変わる場合があることに注意する。

4　文書の構成に当たっては、次のような工夫をする

ア　文書の性格に応じて構成を工夫する。

イ　結論は早めに示し、続けて理由や詳細を説明する。

ウ　通知等は、既存の形式によることを基本とする。

エ　解説・広報等では、読み手の視点で構成を考える。

オ　分量の限度を決めておく。

カ　「下記」「別記」等を適切に活用する。

(3) 公用文における漢字使用等について
（平成22年11月30日内閣訓令第1号）

政府は、本日、内閣告示第2号をもって、「常用漢字表」を告示した。

今後、各行政機関が作成する公用文における漢字使用等については、別紙によるものとする。

なお、昭和56年内閣訓令第1号は、廃止する。

平成22年11月30日

内閣総理大臣

（別紙）

公用文における漢字使用等について

1 漢字使用について

(1) 公用文における漢字使用は、「常用漢字表」（平成22年内閣告示第2号）の本表及び付表（表の見方及び使い方を含む。）によるものとする。

なお、字体については通用字体を用いるものとする。

(2) 「常用漢字表」の本表に掲げる音訓によって語を書き表すに当たっては、次の事項に留意する。

ア 次のような代名詞は、原則として、漢字で書く。

例 俺 彼 誰 何 僕 私 我々

イ 次のような副詞及び連体詞は、原則として、漢字で書く。

例（副詞）

余り 至って 大いに 恐らく 概して 必ず 必ずしも
辛うじて 極めて 殊に 更に 実に 少なくとも 少し 既に
全て 切に 大して 絶えず 互いに 直ちに 例えば 次いで
努めて 常に 特に 突然 初めて 果たして 甚だ 再び 全く
無論 最も 専ら 僅か 割に

（連体詞）

明くる 大きな 来る 去る 小さな 我が（国）

ただし、次のような副詞は、原則として、仮名で書く。

例 かなり ふと やはり よほど

ウ 次の接頭語は、その接頭語が付く語を漢字で書く場合は、原則として、漢字で書き、その接頭語が付く語を仮名で書く場合は、原則として、仮名で書く。

例 御案内（御＋案内） 御挨拶（御＋挨拶）

ごもっとも（ご＋もっとも）

エ 次のような接尾語は、原則として、仮名で書く。
　　　例　　げ（惜し<u>げ</u>もなく）　　ども（私<u>ども</u>）　　ぶる（偉<u>ぶる</u>）
　　　　　　み（弱<u>み</u>）　　め（少な<u>め</u>）

オ 次のような接続詞は、原則として、仮名で書く。
　　　例　　おって　かつ　したがって　ただし　ついては　ところが
　　　　　ところで　また　ゆえに
　　ただし、次の４語は、原則として、漢字で書く。
　　　　　　及び　並びに　又は　若しくは

カ 助動詞及び助詞は、仮名で書く。
　　　例　　ない（現地には、行か<u>ない</u>。）
　　　　　　ようだ（それ以外に方法がない<u>ようだ</u>。）
　　　　　　ぐらい（二十歳<u>ぐらい</u>の人）
　　　　　　だけ（調査した<u>だけ</u>である。）
　　　　　　ほど（三日<u>ほど</u>経過した。）

キ 次のような語句を、（ ）の中に示した例のように用いるときは、原則とし
　て、仮名で書く。
　　　例　　ある（その点に問題が<u>ある</u>。）
　　　　　　いる（ここに関係者が<u>いる</u>。）
　　　　　　こと（許可しない<u>こと</u>がある。）
　　　　　　できる（だれでも利用が<u>できる</u>。）
　　　　　　とおり（次の<u>とおり</u>である。）
　　　　　　とき（事故の<u>とき</u>は連絡する。）
　　　　　　ところ（現在の<u>ところ</u>差し支えない。）
　　　　　　とも（説明する<u>とも</u>に意見を聞く。）
　　　　　　ない（欠点が<u>ない</u>。）
　　　　　　なる（合計すると１万円に<u>なる</u>。）
　　　　　　ほか（その<u>ほか</u>…、特別の場合を除く<u>ほか</u>…）
　　　　　　もの（正しい<u>もの</u>と認める。）
　　　　　　ゆえ（一部の反対の<u>ゆえ</u>にはかどらない。）
　　　　　　わけ（賛成する<u>わけ</u>にはいかない。）
　　　　　　・・・かもしれない（間違い<u>かもしれない</u>。）
　　　　　　・・・てあげる（図書を貸し<u>てあげる</u>。）
　　　　　　・・・ていく（負担が増え<u>ていく</u>。）
　　　　　　・・・ていただく（報告し<u>ていただく</u>。）
　　　　　　・・・ておく（通知し<u>ておく</u>。）
　　　　　　・・・てください（問題点を話し<u>てください</u>。）
　　　　　　・・・てくる（寒くなっ<u>てくる</u>。）

・・・てしまう（書い<u>てしまう</u>。）
・・・てみる（見<u>てみる</u>。）
・・・てよい（連絡し<u>てよい</u>。）
・・・にすぎない（調査だけ<u>にすぎない</u>。）
・・・について（これ<u>について</u>考慮する。）

2 送り仮名の付け方について

(1) 公用文における送り仮名の付け方は、原則として、「送り仮名の付け方」（昭和48年内閣告示第2号）の本文の通則1から通則6までの「本則」・「例外」、通則7及び「付表の語」（1のなお書きを除く。）によるものとする。

ただし、複合の語（「送り仮名の付け方」の本文の通則7を適用する語を除く。）のうち、活用のない語であって読み間違えるおそれのない語については、「送り仮名の付け方」の本文の通則6の「許容」を適用して送り仮名を省くものとする。なお、これに該当する語は、次のとおりとする。

明渡し　預り金　言渡し　入替え　植付け　魚釣用具　受入れ　受皿
受持ち　受渡し　渦巻　打合せ　打合せ会　打切り　内払　移替え
埋立て　売上げ　売惜しみ　売出し　売場　売払い　売渡し　売行き
縁組　追越し　置場　贈物　帯留　折詰　買上げ　買入れ　買受け
買換え　買占め　買取り　買戻し　買物　書換え　格付　掛金
貸切り　貸金　貸越し　貸倒れ　貸出し　貸付け　借入れ　借受け
借換え　刈取り　缶切　期限付　切上げ　切替え　切下げ　切捨て
切土　切取り　切離し　靴下留　組合せ　組入れ　組替え　組立て
くみ取便所　繰上げ　繰入れ　繰替え　繰越し　繰下げ　繰延べ
繰戻し　差押え　差止め　差引き　差戻し　砂糖漬　下請　締切り
条件付　仕分　据置き　据付け　捨場　座込み　栓抜　備置き
備付け　染物　田植　立会い　立入り　立替え　立札　月掛　付添い
月払　積卸し　積替え　積込み　積出し　積立て　積付け　釣合い
釣鐘　釣銭　釣針　手続　問合せ　届出　取上げ　取扱い　取卸し
取替え　取決め　取崩し　取消し　取壊し　取下げ　取締り　取調べ
取立て　取次ぎ　取付け　取戻し　投売り　抜取り　飲物　乗換え
乗組み　話合い　払込み　払下げ　払出し　払戻し　払渡し
払渡済み　貼付け　引上げ　引揚げ　引受け　引起し　引換え
引込み　引下げ　引締め　引継ぎ　引取り　引渡し　日雇　歩留り
船着場　不払　賦払　振出し　前払　巻付け　巻取り　見合せ
見積り　見習　未払　申合せ　申合せ事項　申入れ　申込み　申立て
申出　持家　持込み　持分　元請　戻入れ　催物　盛土　焼付け
雇入れ　雇主　譲受け　譲渡し　呼出し　読替え　割当て　割増し
割戻し

(2)　(1)にかかわらず、必要と認める場合は、「送り仮名の付け方」の本文の通則
　　２、通則４及び通則６ （(1)のただし書の適用がある場合を除く。）の「許容」並
　　びに「付表の語」の１のなお書きを適用して差し支えない。

3　その他

(1)　１及び２は、固有名詞を対象とするものではない。

(2)　専門用語又は特殊用語を書き表す場合など、特別な漢字使用等を必要とする場
　　合には、１及び２によらなくてもよい。

(3)　専門用語等で読みにくいと思われるような場合は、必要に応じて、振り仮名を
　　用いる等、適切な配慮をするものとする。

4　**法令における取扱い**

　　法令における漢字使用等については、別途、内閣法制局からの通知による。

　平成22年11月30日付け内閣告示第２号をもって「常用漢字表」が告示され、同日付け内閣訓令第１号「公用文における漢字使用等について」が定められたことに伴い、法令における漢字使用等について、次のように定める。

　平成22年11月30日

内閣法制局長官

法令における漢字使用等について

１　漢字使用について

⑴　法令における漢字使用は、次の⑵から⑹までにおいて特別の定めをするもののほか、「常用漢字表」（平成22年内閣告示第２号。以下「常用漢字表」という。）の本表及び付表（表の見方及び使い方を含む。）並びに「公用文における漢字使用等について」（平成22年内閣訓令第１号）の別紙の１「漢字使用について」の⑵によるものとする。また、字体については、通用字体を用いるものとする。

　　なお、常用漢字表により漢字で表記することとなったものとしては、次のようなものがある。

挨拶	宛先	椅子	咽喉	隠蔽	鍵	覚醒	崖	玩具
毀損	亀裂	禁錮	舷	拳銃	勾留	柵	失踪	焼酎
処方箋	腎臓	進捗	整頓	脊柱	遡及	堆積	貼付
賭博	剝奪	破綻	汎用	氾濫	膝	肘	払拭	閉塞
捕捉	補塡	哺乳類	蜜蜂	明瞭	湧出	拉致	賄賂
関わる	鑑みる	遡る	全て

⑵　次のものは、常用漢字表により、（　）の中の表記ができることとなったが、引き続きそれぞれ下線を付けて示した表記を用いるものとする。

　　　　<u>壊滅</u>（潰滅）　　<u>壊乱</u>（潰乱）　　<u>決壊</u>（決潰）
　　　　<u>広範</u>（広汎）　　<u>全壊</u>（全潰）　　<u>倒壊</u>（倒潰）
　　　　<u>破棄</u>（破毀）　　<u>崩壊</u>（崩潰）　　<u>理屈</u>（理窟）

⑶　次のものは、常用漢字表により、下線を付けて示した表記ができることとなったので、（　）の中の表記に代えて、それぞれ下線を付けて示した表記を用いるものとする。

　　　　<u>臆説</u>（憶説）　　<u>臆測</u>（憶測）　　<u>肝腎</u>（肝心）

⑷　次のものは、常用漢字表にあるものであっても、仮名で表記するものとする。

虞 ）
恐れ ） → おそれ

且つ → かつ

従って（接続詞） → したがって

但し → ただし

但書 → ただし書

外 ）
他 ） → ほか

又 → また（ただし、「または」は「又は」と表記する。）

因る → よる

(5) 常用漢字表にない漢字で表記する言葉及び常用漢字表にない漢字を構成要素として表記する言葉並びに常用漢字表にない音訓を用いる言葉の使用については、次によるものとする。

　ア　専門用語等であって、他に言い換える言葉がなく、しかも仮名で表記すると理解することが困難であると認められるようなものについては、その漢字をそのまま用いてこれに振り仮名を付ける。

　　【例】

　　暗渠_{きょ}　按_{あん}分　蛾_が　瑕_か疵_し　管渠_{きょ}　涵_{かん}養　強姦_{かん}
　　砒_ひ素　埠_ふ頭

　イ　次のものは、仮名で表記する。

　　拘わらず → かかわらず

　　此 → この

　　之 → これ

　　其 → その

　　煙草 → たばこ

　　為 → ため

　　以て → もって

　　等（ら） → ら

　　猥褻 → わいせつ

　ウ　仮名書きにする際、単語の一部だけを仮名に改める方法は、できるだけ避ける。

　　【例】

　　斡旋 → あっせん（「あっ旋」は用いない。）

　　煉瓦 → れんが（「れん瓦」は用いない。）

　　ただし、次の例のように一部に漢字を用いた方が分かりやすい場合は、この限りでない。

【例】
　　あへん煙　　えん堤　　救じゅつ　　橋りょう　　し尿
　　出えん　　じん肺　　ため池　　ちんでん池　　でん粉
　　てん末　　と畜　　ばい煙　　排せつ　　封かん　　へき地
　　らく印　　漏えい

エ　常用漢字表にない漢字又は音訓を仮名書きにする場合には、仮名の部分に傍
点を付けることはしない。

(6)　次のものは、（　）の中に示すように取り扱うものとする。

　　　　　匕　首（用いない。「あいくち」を用いる。）
　　　　委　棄（用いない。）
　　　慰藉料（用いない。「慰謝料」を用いる。）
　　　　溢　水（用いない。）
　　　　違　背（用いない。「違反」を用いる。）
　　　　印　顆（用いない。）
　　　　湮　滅（用いない。「隠滅」を用いる。）
　　　　苑　地（用いない。「園地」を用いる。）
　　　　汚　穢（用いない。）
　　　　解　止（用いない。）
　　　　戒　示（用いない。）
　　　　灰　燼（用いない。）
　　　　改　訂・改　定（「改訂」は書物などの内容に手を加えて正すという
　　　　　　　意味についてのみ用いる。それ以外の場合は「改定」を用いる。）
　　　　開　披（用いない。）
　　　　牙　保（用いない。）
　　　　勧　解（用いない。）
　　　　監　守（用いない。）
　　　　管　守（用いない。「保管」を用いる。）
　　　　陥　穽（用いない。）
　　　　干　与・干　預（用いない。「関与」を用いる。）
　　　　義　捐（用いない。）
　　　　汽　鑵（用いない。「ボイラー」を用いる。）
　　　　技　監（特別な理由がある場合以外は用いない。）
　　　　規　正・規　整・規　制（「規正」はある事柄を規律して公正な姿に当て
　　　　　　　はめることという意味についてのみ、「規整」はある事柄を規律し
　　　　　　　て一定の枠に納め整えることという意味についてのみ、それぞれ用
　　　　　　　いる。それ以外の場合は「規制」を用いる。）
　　　　羈　束（用いない。）

吃　水（用いない。「喫水」を用いる。）

規　程（法令の名称としては、原則として用いない。「規則」を用いる。）

欺　瞞（用いない。）

欺　罔（用いない。）

狭　隘（用いない。）

饗　応（用いない。「供応」を用いる。）

驚　愕（用いない。）

魚　艙（用いない。「魚倉」を用いる。）

紀　律（特別な理由がある場合以外は用いない。「規律」を用いる。）

空気槽（用いない。「空気タンク」を用いる。）

具　有（用いない。）

繋　船（用いない。「係船」を用いる。）

繋　属（用いない。「係属」を用いる。）

計　理（用いない。「経理」を用いる。）

繋　留（用いない。「係留」を用いる。）

懈　怠（用いない。）

牽　連（用いない。「関連」を用いる。）

溝　渠（特別な理由がある場合以外は用いない。）

交叉点（用いない。「交差点」を用いる。）

更　代（用いない。「交代」を用いる。）

弘　報（用いない。「広報」を用いる。）

骨　牌（用いない。「かるた類」を用いる。）

戸　扉（用いない。）

誤　謬（用いない。）

詐　偽（用いない。「偽り」を用いる。）

鑿　井（用いない。）

作　製・作　成（「作製」は製作（物品を作ること）という意味について
　　　のみ用いる。それ以外の場合は「作成」を用いる。）

左　の（「次の」という意味では用いない。）

鎖　鑰（用いない。）

撒水管（用いない。「散水管」を用いる。）

旨　趣（用いない。「趣旨」を用いる。）

枝　条（用いない。）

首　魁（用いない。「首謀者」を用いる。）

酒　精（用いない。「アルコール」を用いる。）

鬚　髯（用いない。）

醇　化（用いない。「純化」を用いる。）

竣　功（特別な理由がある場合以外は用いない。「完成」を用いる。）
傷　痍（用いない。）
焼　燬（用いない。）
銷　却（用いない。「消却」を用いる。）
情　況（特別な理由がある場合以外は用いない。「状況」を用いる。）
檣　頭（用いない。「マストトップ」を用いる。）
証　標（用いない。）
証　憑・憑　拠（用いない。「証拠」を用いる。）
牆　壁（用いない。）
塵　埃（用いない。）
塵　芥（用いない。）
侵　蝕（用いない。「侵食」を用いる。）
成　規（用いない。）
窃　用（用いない。「盗用」を用いる。）
船　渠（用いない。「ドック」を用いる。）
洗　滌（用いない。「洗浄」を用いる。）
僣　窃（用いない。）
総　轄（用いない。「総括」を用いる。）
齟　齬（用いない。）
疏　明（用いない。「疎明」を用いる。）
稠　密（用いない。）
通　事（用いない。「通訳人」を用いる。）
定繋港（用いない。「定係港」を用いる。）
呈　示（用いない。「提示」を用いる。）
停　年（用いない。「定年」を用いる。）
捺　印（用いない。「押印」を用いる。）
売　淫（用いない。「売春」を用いる。）
配　付・配　布（「配付」は交付税及び譲与税配付金特別会計のような特
　　　　　別な場合についてのみ用いる。それ以外の場合は「配布」を用い
　　　　　る。）
蕃　殖（用いない。「繁殖」を用いる。）
版　図（用いない。）
誹　毀（用いない。）
彼　此（用いない。）
標　示（特別な理由がある場合以外は用いない。「表示」を用いる。）
紊　乱（用いない。）
編　綴（用いない。）

房　室（用いない。）

膨　脹（用いない。「膨張」を用いる。）

法　例（用いない。）

輔　助（用いない。「補助」を用いる。）

満限に達する（特別な理由がある場合以外は用いない。「満了する」を用いる。）

宥　恕（用いない。）

輸　贏（用いない。）

踰　越（用いない。）

油　槽（用いない。「油タンク」を用いる。）

落　磐（用いない。「落盤」を用いる。）

臨　検・立入検査（「臨検」は犯則事件の調査の場合についてのみ用いる。それ以外の場合は「立入検査」を用いる。）

鄰　佑（用いない。）

狼　狽（用いない。）

和　諧（用いない。「和解」を用いる。）

2　送り仮名の付け方について

(1)　単独の語

ア　活用のある語は、「送り仮名の付け方」（昭和48年内閣告示第2号の「送り仮名の付け方」をいう。以下同じ。）の本文の通則1の「本則」・「例外」及び通則2の「本則」の送り仮名の付け方による。

イ　活用のない語は、「送り仮名の付け方」の本文の通則3から通則5までの「本則」・「例外」の送り仮名の付け方による。

［備考］　表に記入したり記号的に用いたりする場合には、次の例に示すように、原則として、（　）の中の送り仮名を省く。

【例】

晴（れ）　　曇（り）　　問（い）　　答（え）　　終（わり）

生（まれ）

(2)　複合の語

ア　イに該当する語を除き、原則として、「送り仮名の付け方」の本文の通則6の「本則」の送り仮名の付け方による。ただし、活用のない語で読み間違えるおそれのない語については、「送り仮名の付け方」の本文の通則6の「許容」の送り仮名の付け方により、次の例に示すように送り仮名を省く。

【例】

明渡し　　預り金　　言渡し　　入替え　　植付け　　魚釣用具　　受入れ

受皿　　受持ち　　受渡し　　渦巻　　打合せ　　打合せ会　　打切り

内払　　移替え　　埋立て　　売上げ　　売惜しみ　　売出し　　売場

売払い　　売渡し　　売行き　　縁組　　追越し　　置場　　贈物　　帯留
折詰　　買上げ　　買入れ　　買受け　　買換え　　買占め　　買取り
買戻し　　買物　　書換え　　格付　　掛金　　貸切り　　貸金　　貸越し
貸倒れ　　貸出し　　貸付け　　借入れ　　借受け　　借換え　　刈取り
缶切　　期限付　　切上げ　　切替え　　切下げ　　切捨て　　切土
切取り　　切離し　　靴下留　　組合せ　　組入れ　　組替え　　組立て
くみ取便所　　繰上げ　　繰入れ　　繰替え　　繰越し　　繰下げ
繰延べ　　繰戻し　　差押え　　差止め　　差引き　　差戻し　　砂糖漬
下請　　締切り　　条件付　　仕分　　据置き　　据付け　　捨場
座込み　　栓抜　　備置き　　備付け　　染物　　田植　　立会い
立入り　　立替え　　立札　　月掛　　付添い　　月払　　積卸し
積替え　　積込み　　積出し　　積立て　　積付け　　釣合い　　釣鐘
釣銭　　釣針　　手続　　問合せ　　届出　　取上げ　　取扱い　　取卸し
取替え　　取決め　　取崩し　　取消し　　取壊し　　取下げ　　取締り
取調べ　　取立て　　取次ぎ　　取付け　　取戻し　　投売り　　抜取り
飲物　　乗換え　　乗組み　　話合い　　払込み　　払下げ　　払出し
払戻し　　払渡し　　払渡済み　　貼付け　　引上げ　　引揚げ　　引受け
引起し　　引換え　　引込み　　引下げ　　引締め　　引継ぎ　　引取り
引渡し　　日雇　　歩留り　　船着場　　不払　　賦払　　振出し　　前払
巻付け　　巻取り　　見合せ　　見積り　　見習　　未払　　申合せ
申合せ事項　　申入れ　　申込み　　申立て　　申出　　持家　　持込み
持分　　元請　　戻入れ　　催物　　盛土　　焼付け　　雇入れ　　雇主
譲受け　　譲渡し　　呼出し　　読替え　　割当て　　割増し　　割戻し

イ　活用のない語で慣用が固定していると認められる次の例に示すような語については、「送り仮名の付け方」の本文の通則7により、送り仮名を付けない。

【例】
合図　　合服　　合間　　預入金　　編上靴　　<u>植木</u>　　（進退）伺
浮袋　　<u>浮世絵</u>　　受入額　　受入先　　受入年月日　　<u>請負</u>　　<u>受付</u>
受付係　　<u>受取</u>　　受取人　　受払金　　打切補償　　埋立区域
埋立事業　　埋立地　　裏書　　<u>売上</u>（高）　　売掛金　　売出発行
売手　　売主　　<u>売値</u>　　売渡価格　　売渡先　　<u>絵巻物</u>　　襟巻　　沖合
<u>置物</u>　　<u>奥書</u>　　奥付　　押売　　押出機　　覚書　　（博多）織
折返線　　織元　　<u>織物</u>　　卸売　　買上品　　買受人　　買掛金
外貨建債権　　概算払　　買手　　買主　　<u>買値</u>　　書付　　<u>書留</u>
過誤払　　貸方　　貸越金　　貸室　　貸席　　貸倒引当金　　貸出金
貸出票　　<u>貸付</u>（金）　　貸主　　貸船　　貸本　　貸間　　<u>貸家</u>
箇条書　　貸渡業　　肩書　　<u>借入</u>（金）　　借受人　　借方　　借越金

刈取機　　借主　　仮渡金　　缶詰　　気付　　切手　　切符

切替組合員　　切替日　　くじ引　　組合　　組入金　　組立工　　倉敷料

繰上償還　　繰入金　　繰入限度額　　繰入率　　繰替金　　繰越（金）

繰延資産　　消印　　月賦払　　現金払　　小売　　小売（商）　　小切手

木立　　小包　　子守　　献立　　先取特権　　作付面積　　挿絵

差押（命令）　　座敷　　指図　　差出人　　差引勘定　　差引簿　　刺身

試合　　仕上機械　　仕上工　　仕入価格　　仕掛花火　　仕掛品　　敷網

敷居　　敷石　　敷金　　敷地　　敷布　　敷物　　軸受　　下請工事

仕出屋　　仕立券　　仕立物　　仕立屋　　質入証券　　支払

支払元受高　　字引　　仕向地　　事務取扱　　事務引継　　締切日

所得割　　新株買付契約書　　据置（期間）　　（支出）済（額）　　関取

備付品　　（型絵）染　　ただし書　　立会演説　　立会人　　立入検査

立場　　竜巻　　立替金　　立替払　　建具　　建坪　　建値　　建前

建物　　棚卸資産　　（条件）付（採用）　　月掛貯金　　付添人　　漬物

積卸施設　　積出地　　積立（金）　　積荷　　詰所　　釣堀　　手当

出入口　　出来高払　　手付金　　手引　　手引書　　手回品　　手持品

灯台守　　頭取　　（欠席）届　　留置電報　　取扱（所）

取扱（注意）　　取入口　　取替品　　取組　　取消処分　　（麻薬）取締法

取締役　　取立金　　取立訴訟　　取次（店）　　取付工事　　取引

取引（所）　　取戻請求権　　問屋　　仲買　　仲立業　　投売品　　並木

縄張　　荷扱場　　荷受人　　荷造機　　荷造費　　（春慶）塗

（休暇）願　　乗合船　　乗合旅客　　乗換（駅）　　乗組（員）　　場合

羽織　　履物　　葉巻　　払込（金）　　払下品　　払出金　　払戻金

払戻証書　　払渡金　　払渡郵便局　　番組　　番付　　控室　　引当金

引受（時刻）　　引受（人）　　引換（券）　　（代金）引換　　引継事業

引継調書　　引取経費　　引取税　　引渡（人）　　日付　　引込線

瓶詰　　歩合　　封切館　　福引（券）　　船積貨物　　踏切　　振替

振込金　　振出（人）　　不渡手形　　分割払　　（鎌倉）彫　　掘抜井戸

前受金　　前貸金　　巻上機　　巻紙　　巻尺　　巻物　　待合（室）

見返物資　　見込額　　見込数量　　見込納付　　水張検査　　水引

見積（書）　　見取図　　見習工　　未払勘定　　未払年金　　見舞品

名義書換　　申込（書）　　申立人　　持込禁止　　元売業者　　物置

物語　　物干場　　（備前）焼　　役割　　屋敷　　雇入契約　　雇止手当

夕立　　譲受人　　湯沸器　　呼出符号　　読替規定　　陸揚地　　陸揚量

両替　　割合　　割当額　　割高　　割引　　割増金　　割戻金　　割安

［備考１］　　下線を付けた語は、「送り仮名の付け方」の本文の通則７において
　　　　　例示された語である。

305

［備考２］　　「売上（高）」、「（博多）織」などのようにして掲げたものは、
　　　　　　　　　　（　　）の中を他の漢字で置き換えた場合にも、「送り仮名の付け
　　　　　　　　　　方」の本文の通則７を適用する。
　（3）　付表の語
　　　　「送り仮名の付け方」の本文の付表の語（１のなお書きを除く。）の送り仮名
　の付け方による。

3　その他

（1）　１及び２は、固有名詞を対象とするものではない。
（2）　１及び２については、これらを専門用語及び特殊用語に適用するに当たって、
　　必要と認める場合は、特別の考慮を加える余地があるものとする。

　　　附　　則

1　この決定は、平成22年11月30日から施行する。
2　この決定は、法律については次回国会（常会）に提出するものから、政令につい
　ては平成23年１月１日以後最初の閣議に提出するものから、それぞれ適用する。
3　新たな法律又は政令を起案する場合のほか、既存の法律又は政令の改正について
　起案する場合（文語体の法律又は勅令を文体を変えないで改正する場合を除く。）
　にも、この決定を適用する。なお、この決定を適用した結果、改正されない部分に
　用いられている語の表記と改正される部分に用いられるこれと同一の内容を表す語
　の表記とが異なることとなっても、差し支えない。
4　署名の閣議に提出される条約については平成23年１月１日以後最初の閣議に提出
　されるものから、国会に提出される条約（平成23年１月１日以後最初の閣議より前
　に署名の閣議に提出された条約であって日本語が正文であるものを除く。）につい
　ては次回国会（常会）に提出するものから、それぞれこの決定を適用する。なお、
　条約の改正についても、この決定を適用した結果、改正されない部分に用いられて
　いる語の表記と改正される部分に用いられるこれと同一の内容を表す語の表記とが
　異なることとなっても、差し支えない。

⑸ 人名用漢字の変遷

1 昭和26年に「人名用漢字別表」を制定（92字）

丑 丞 乃 之 也 亙 亥 亦 亨 亮 仙 伊 匡 卯 只 吾 呂 哉
嘉 圭 奈 宏 寅 尚 巌 巳 庄 弘 弥 彦 悌 敦 昌 晃 晋 智
暢 朋 杉 桂 桐 楠 橘 欣 欽 毅 浩 淳 熊 爾 猪 玲 琢 瑞
甚 睦 磨 磯 祐 禄 禎 稔 穣 綾 惣 聡 肇 胤 艶 蔦 藤 蘭
虎 蝶 輔 辰 郁 酉 錦 鎌 靖 須 馨 駒 鯉 鯛 鶴 鹿 麿 斉
龍 亀

2 昭和51年に次の漢字を追加（28字）

佑 允 冴 喬 怜 悠 旭 杏 杵 梢 梨 沙 渚 瑠 瞳 紗 紘 絢
翠 耶 芙 茜 葵 藍 那 阿 隼 鮎

3 昭和56年の常用漢字表の制定に伴い、次の漢字を削除（8字）

尚 甚 杉 斉 仙 磨 悠 龍
同時に次の漢字を追加（54字）

伍 伶 侑 尭 孟 峻 嵩 嶺 巴 彬 惇 惟 慧 斐 旦 昂 李 栗
楓 槙 汐 絢 洸 渥 瑛 瑶 璃 甫 皓 眸 矩 碧 笹 緋 翔 脩
苑 茉 莉 萌 萩 蓉 蕗 虹 諒 赳 迪 遥 遼 霞 頌 駿 鳩 鷹

4 平成2年に次の漢字を追加（118字）

伎 伽 侃 倖 倭 偲 冶 凌 凛 凪 凱 勁 叡 叶 唄 啄 奎 媛
嬉 宥 峻 嵐 嵯 巽 彗 彪 恕 憧 拳 捷 捺 於 旺 昂 晏 晟
晨 暉 曙 朔 杜 柊 柚 柾 栞 梧 椋 椎 椰 椿 楊 榛 槻 樺
檀 毬 汀 汰 洲 湧 滉 漱 澪 熙 燎 燦 燿 爽 玖 琳 瑚 瑳
皐 眉 瞭 碩 秦 稀 稜 竣 笙 紬 絃 綜 綸 綺 耀 胡 舜 芹
茄 茅 莞 菖 董 蒔 蒼 蓮 蕉 衿 袈 裟 詢 誼 諄 邑 醇 采
雛 鞠 颯 魁 鳳 鴻 鵬 麟 黎 黛

5 平成9年に次の漢字を追加（1字）

琉

6 平成16年に次の漢字を追加（698字）

曽（2月、1字）
獅（6月、1字）
瀧 毘 駕（7月、3字）

串 乎 云 些 仔 佃 俣 俄 俠 俐 侶 俺 倶 倦 僅 備 儲 兎
兜 其 冥 冨 凄 涼 凛 凧 凰 函 刹 劉 劫 勃 匂 勾 勿 廿

8　平成22年の常用漢字表の改正に伴い、次の漢字を削除（129字）

串　伎　侶　俺　僅　冥　冶　凄　刹　勃　勾　匂　呂　唄　埼　堆　塞　塡
奈　妖　媛　宛　岡　崖　嵐　巾　弥　憧　戚　戴　捗　拭　挨　拳　捉　捻
斑　旦　旺　昧　曖　曽　枕　柵　柿　栃　桁　梗　梨　椅　椎　汎　沙　汰
湧　煎　熊　爪　爽　牙　玩　瑠　璃　瓦　畏　畿　眉　睦　瞳　瞭　稽　窟
箸　羨　肘　脇　腎　膳　臆　臼　舷　艶　芯　茨　葛　蓋　蔽　藤　藍　虎
虹　蜂　蜜　袖　裾　詣　詮　誰　諦　謎　貌　貼　蹴　遡　遜　那　酎　醒
采　釜　錦　鍋　鍵　鎌　闇　阜　阪　隙　韓　頃　須　頓　煩　餅　駒　鶴
鹿　麓　亀

同時に次の漢字を追加（5字）

勺　匁　脹　銑　錘

9　平成27年に次の漢字を追加（1字）

巫

10　平成29年に次の漢字を追加（1字）

渾

用字用語索引

この索引は、この本に掲載されているほとんどの用字用語例を五十
音順に並べ、簡易な用字用語辞書を兼ねている。
　各項目は、読み仮名、表記法、説明ページの順に記載されている。
　用いた略号は、次のとおりである。
　（動）動詞、（副）副詞、（接）接続詞、（助）助詞

310

え

お

き

く

け

こ

さ

し

す

ち

つ

て

と

な

ひ

Q1　①「足元」とは、足の下の地面や床のことです。「足元」は、すくえません。「足をすくう」のでしょう。②これも、「顔」がこぼれることはありません。こぼれるのは、「笑み」です。③「ばん回」は取り戻すという意味。汚名を取り戻しては、困ります。「汚名を返上する」又は「汚名をすすぐ」が正解。④「髪」は、丸めるとパーマになります。丸めるのは、「頭」です。⑤彼女は、「寸暇を惜しんだ」から成功したのです。⑥「デッドロック」とは、壊れた鍵のこと。鍵の上には乗り上げられません。「暗礁に乗り上げる」との混用でしょう。⑦「顔をしかめる」も「眉をひそめる」も、漢字では「顰める」と書きますが、読み方は決まっています。なお、「眉をしかめる」という表現があるとしている辞書も希少ながら存在します。⑧「晴らす」とは、悪いことを取り除く意味です。「無実を晴らし」ては、有罪です。「無実が明らかにされる」ぐらいでしょうか。⑨「おざなり」とは、適当に済ませるということ。「なおざり」とは、放っておいて何もしないこと。似ていますが、この文脈では、「なおざり」のほうが良いでしょう。⑩承知してもしないでもという「否が応でも」との混同です。「いや（弥）が上にも」で、「ますます一層」という意味です。

Q2　①上にあるものを下にしなければならないほどの混雑という意味。「上を下への」②「枯れ木も山のにぎわい」とは、つまらないものもないよりはましという意味です。「枯れ木に花」とは、衰えたものがよみがえること。③丑三つ時（刻）には草木も「眠る」のです。④クモではなくて「クモの子」です。⑤「古式ゆかしく」です。⑥「轍」は、わだち（車輪の跡）のこと。したがって、「前車」が正解。⑦手が濡れていると手にたくさんの「粟」粒が付くのです。「濡れ手に粟」とも言います。⑧この場合の「下手」は、知恵のない人のこと。そうすると、「下手の考え」となります。⑨「敷居が高い」は、自分が不義理などして顔を出しにくいことをいいます。こういう場合は、単に「行きづらい」などを使うべきでしょう。⑩これは、現実によくある間違いです。「役不足」とは、自分にとって役が不足していることであり、不遜な表現です。「力不足」ならば、分かります。

Q3　①合いの手は、「入れる」。②「怒りがこみ上げてくる」の連想による誤りでしょう。「怒り心頭に発する」が正解です。③上前は、「はねる」と言います。④「思いも寄らない」。⑤苦杯は、「なめる」又は「喫する」と言います。⑥公算は、「大きい」「小さい」と言います。「強弱」「高低」「多少」の表現を認めている辞書もあります。⑦御託は、「並べ」ます。⑧照準は、「合わせる」です。「焦点を当てる」の混用です。⑨中国の故事にちなんで「食指を動かす」と言います。「触手」ならば、「伸ばす」で正解です。⑩「人道にもと（悖）る」と言います。人の従うべき規

範に反することです。

Q4 ①同じ場所に集まる意。「一堂」が正解です。②「一念発起」。思い立って決心することですが、元々仏教用語です。③「隠然」。間違いやすい熟語です。④髪の毛の幅ほどの所でという意味です。「間一髪」。ちなみに、「間髪を入れず」は、「かん、はつをいれず」と読みます。⑤「転嫁」。よく試験に出題されます。⑥的は矢で「射る」のです。なお、最近「的を得る」という表現もあるという説があります。⑦さわりは、「障り」と書きます。⑧大変間違いやすい例ですが、「是か非か」が正しいのです。⑨「とんぼ返り」で、空中回転を意味します。転じて、すぐに引き返すことをいいます。⑩方針や見通しが立たず困惑すること。霧の中をさまよう「五里霧中」です。

Q5 ①愛想がいいとか愛想を尽かすとは言いますが、愛想を振りまくとは言いません。振りまくのは、「愛きょう（嬌）」です。「愛想を振りまく」を認めている辞書もあります。②「折り紙付き」は、推薦されているという意味です。このようなときは、「札付き」でしょう。「札付き」も、元々確かなものという意味ですが、専ら悪い意味に使われます。③悪夢には「うなされる」でよいのですが、熱には「浮かされる」と言います。④「眠気眼」とは言わないでしょう。「寝ぼけ眼」です。⑤人質は、犯罪者ではありません。「解放」と言うべきでしょう。⑥「たわわ」とは、しなっていることです。「実」は、しなりません。「枝」が、正解です。⑦「たぎる」は、水が沸騰すること。炎は、「燃え盛る」と言います。⑧「弓」は引けますが、「矢」は引けません。「弓を引く」とします。⑨「焼けぼっくい」が正しい表現です。ぼっくいは、「木杭」のこと。焼け差しの木くずに再び火が付くことをいい、転じて一度冷めた男女の仲が復活することをいいます。⑩「金に飽かせて」の誤りです。余っているものをふんだんに使うという意味です。

Q6 ①「かしげる」とは、傾けること。傾けるのは、「首」です。②これは、「骨髄に徹する」と言います。「骨髄に入る」とも言います。③合わせるのは、「口裏」です。「口車に乗る」との混用です。④これもよく間違いますが、「舌先三寸」です。⑤「顔色（かおいろ）をうかがう」です。「顔色を失う」は、「がんしょく」と読みます。⑥これも慣用句で、煮えくり返るのは腹ではなくて「はらわた（腸）」です。⑦「やつす」とは、みすぼらしい様子に変わることをいいます。身はやつせますが、骨はやつせません。骨身は、「削る」が正解です。⑧「胸三寸」です。上記の「舌先三寸」との混用に注意しましょう。⑨犬ではないので、「目鼻が利く」とは言

いません。「目端（めはし）」が正解であり、眼力、すなわち物を見る力のことをいいます。⑩「目は口ほどに物を言う」との混用です。「目に物見せる」で、思い知らせるという意味です。

Q7 ①よくある間違いですが、「屋上屋を架する」と言うのが正解です。最近の辞書の中には「屋上屋を重ねる」を認めたものがありますが、原典は「屋下に屋を架する」であって屋根の下に屋根を作るという意味ですので、屋は「架する」と覚えたいものです。②「女手一つ」です。③「風上」から臭気が漂うのはたまらないという意味です。④「気が置けない」で気遣いしなくて済むという意味。⑤碁は「打つ」、将棋は「指す」と言います。⑥頭角は、角ではなく、頭の先と言う意味であり、「現す」と言います。⑦二の句は朗詠の第二句であり、読み手の次の声が出てこないという意味から「二の句が継げない」と言います。⑧留（溜）飲とは、胸焼けのことです。胸焼けが良くなること、すなわち引っかかっていたことがさっぱりすることは、「留飲が下がる」と言います。⑨押しても押されても動じない立派な人という意味であり、「押しも押されもせぬ」が正解です。「押しも押されぬ」という誤用が広がっています。⑩「流れにさお（棹）さす」とは流れに沿って船を進める意味であり、時流に乗ることであって、全く逆の意味です。「流れに逆らって」ならば、分かります。

Q8 ①犠牲は、受けるものではなく、ささげるものです。したがって、犠牲は「出す」です。②くしの歯は、「欠ける」と言います。③よく間違いますが、「知らなすぎる」が正しい表現です。④「働きずくめ」という言葉は、ありません。「働き詰め」の勘違いです。⑤「分かった、分かった」と言うこと。「二つ返事」。⑥意味は同じですが、「老骨に鞭打つ」というのが慣用です。⑦暇で体を「もてあまし」ていること。「もてあます」は、処理に困るという意味です。⑧「無尽蔵」は、取っても取ってもなくならないことですが、「無尽蔵に使う」とは言いません。「際限なく使う」ぐらいが正解でしょう。⑨これは慣用句ですから、理屈抜きで「火を見るより」と覚えてください。⑩「火蓋」とは、火縄銃の火口の蓋のことであり、切って落としてしまうと銃が壊れてしまいます。同じく物事の始まりを意味する「幕を切って落とす」との混用であり、「切られた」で十分です。

Q9 ①「一抹の不安」との混用です。「一る（縷）の望み」が正解。「一縷」とは、一本の細い糸のこと。転じて、僅かな望みを意味します。②「雪辱」とは、恥をそそぐこと。したがって、「雪辱した」と言えば、足ります。③玄人がはだしで

逃げ出す意から、「玄人はだし」と言います。「素人離れ」とも言います。④心血は、「注ぐ」と言います。⑤「苦虫をかみつぶした」です。⑥「念頭に置く」と言います。⑦「人波」は、群衆が押し寄せる様子をいいます。この場合は、「人影」でしょう。⑧物議は、「かもす（醸す）」と言います。⑨「恩を売る」との混用であり、正しくは「恩に着せる」と言います。⑩よくある間違いですが、体調は「崩す」、体は「壊す」と言います。「調子」は、「壊れる」とは言いません。

Q10　①病気が良くなるのは、「薄紙をはぐように」と言います。②「しばたたく」とは、しきりにまばたきすること。③洗い流されて何もない貧しい状況をいいます。清貧ではなく、「赤貧」です。④彼は、彼の理屈（自説）を曲げないのではなく、志すなわち「節」（節操）を曲げないのです。⑤「慎ましい」と言えば、控え目ということ。この文脈では、生活が地味であるという意味の「つましい」（倹しい）の方が適当でしょう。⑥「二の舞を繰り返す」は、馬から落馬する類の言葉です。二の舞は、「演ずる」が正解です。「二の舞を踏む」は、「二の足を踏む」の混用ですが、最近これを認めている辞書もあります。⑦「全力を尽くす」の混用です。万全は、「期する」と言います。⑧これも言いそうですが、「論陣を張る」が正しい用法です。⑨「溺れる者はわらをもつかむ」との混用であり、「わらにもすがる」思いと言います。なお、頼りない者にも期待する意味であるので、頼んだ相手にこう言っては叱られます。⑩元々鳥獣が相手の毛並みを見て好き嫌いすることから来ている言葉であり、「毛嫌い」と書きます。

礒　崎　陽　輔

経歴　1982年　東京大学法学部卒業、同年自治省入省
　　　　北海道、消防庁、自治省財政局主査
　　　　和歌山市財政部長、沖縄開発庁課長補佐
　　　　静岡県市町村課長、自治大臣官房課長補佐
　　　　自治大学校研究部長・教授
　　　　堺市財政局長、総務省大臣官房企画官
　　　　内閣官房内閣参事官、総務省国際室長
　　　　総務省大臣官房参事官
　　　　参議院議員、文教科学委員長、行政監視委員長
　　　　内閣総理大臣補佐官、農林水産副大臣
著書　分かりやすい法律・条例の書き方（著）
　　　　国民保護法の読み方（著）
　　　　武力攻撃事態対処法の読み方（著）
　　　　対訳「日本の地方自治」（編集代表）
　　　　特別地方公共団体と地方公社・第三セクター・NPO（共著）
　　　　地域経済と地方財政（共著）

分かりやすい公用文の書き方　第2次改訂版

平成16年 3 月15日　　初版発行
平成17年 5 月20日　　増補版発行
平成22年 7 月30日　　改訂版発行
平成30年 8 月30日　　改訂版（増補）発行
令和 4 年 4 月20日　　第 2 次改訂版第 1 刷発行
令和 4 年 6 月30日　　第 2 次改訂版第 2 刷発行

著者　　礒崎　陽輔
　　　　いそざき　ようすけ

発行　　株式会社ぎょうせい

〒136—8575　東京都江東区新木場 1 —18—11
URL：https://gyosei.jp

フリーコール　0120—953—431

ぎょうせい お問い合わせ　検索　https://gyosei.jp/inquiry/

印刷　ぎょうせいデジタル株式会社　　　Ⓒ2022 Printed in Japan
落丁・乱丁本はお取り替えいたします。
ISBN978-4-324-11115-4
（5108788-00-000）
〔略号：公用文（ 2 訂）〕